'문화의 세기' 한국의 문화정책

보고사

머리말

문화의 영역은 일상적 범주로 구분하든 학문적 대상으로 분류하든 크게 두 가지 범주이다. 생활양식으로 보는 광의적 의미와 흔히 문화예술로 지칭하는 예술의 영역이다. 어느 쪽이든 문화는 삶의 동기를 부여하는 것으로서 인간생활과 불가분의 관계에 있다. 특히 전반적인 생활 수준의 향상과 여가의 의미가 이전보다 강하게 부각된 현대사회에서 삶의 질의 문제와 직결되어 문화의 중요성은 어느 때보다 강조된다. 노동과 여가를 엄격히 구분하는 산업사회의 맥락에서 본다면 삶의 질은 여가의 중요성을, 그리고 그 여가시간은 바로 문화와 직결되기 때문이다. 아무튼 여가시간이 일상적 여가이든, 주기적 여가이든 문화와는 뗄 수 없는 관계에 서 있음은 주지의 사실이다.

그래서 초기에는 문화재의 보호와 문화예술의 지원에 우선되었던 문화정책의 범위가 생활문화의 영역도 공공서비스의 대상으로 끌어안게 되었다. 말하자면 문화정책 하면 흔히 문화예술정책에 한정된 시대는 지난 셈이다. 나아가 현재 우리 나라의 문화정책은 이러한 본질적인 의미에 더하여 문화산업의 범위를 포함하여 점점 그 외연이 확대되고 있으며, 이는 '문화의 세기'라는 모토가 세기말부터 대두되면서 문화가 국가경쟁력이고 그 첨단에 문화산업이 있다는 관점에서 출발한 것으로 판단된다.

그러나 이러한 외연의 확대와는 달리 우리 나라의 문화정책의 철학과 목표는 구시대적 전통에서 크게 벗어나지 못하고 있는 실정이다. 이는 무엇보다도 문화정책을 담당하는 위정자와 관료조직의 인식이 예나 지금이나 큰 변화가 없기 때문이다. 과거 개발지상주의 시대에 문화정책은 발전논리로 짜여진 체제정당화의 기능으로서 지배이데올로기 생산 및 강화라는 도구주의적 관점에서 지속되어 왔고, 오늘날 그 전통에서 완전히 자유롭지 못하기 때문이다. 그러다 보니 사회 전반에 걸쳐 문화는 늘 '빵 다음의 것'이 라는 인식에서 벗어나지 못하고 있고, 문화가 경제발전의 기본토양이고 자원이라는, 다시 말해 문화가 생활의 풍요화의 전제라는 점은 구두선에 머물고 있는 실정이다. 즉 사회발전의 창조적 원동력으로서 문화의 위상은 불행하게도 아직 우리 사회에서는 일부의 견해일 뿐 구체적 문화정책의 철학이나 목표로서 자리매김하지 못하고 있다는 것이다.

이러한 상황인식이 이 공동연구를 하게 된 배경이었다. 언론학, 종교학, 민속학, 경제학, 교육학, 윤리학 전공의 6명의 인문사회전공자가 각기 전공영역에서 보는 문화정책의 내용을 분석하여 문제점을 지적하고 새로이 변화된 사회경제적 환경에서 적용 가능한 대안을 제시해 보자는 것이 연구목적이었다. 이 연구에서 다룬 문화정책은 포괄적인 내용을 담고 있기 때문에 문화정책의 세부 내용을 분야별로 다루고 있지는 않다.

즉 중앙정부의 문화정책이나 지방자치단체의 문화행정의 세부적 분야를 대상으로 구체적인 분석을 시도하지는 않았다. 하지만 그것과 별개의 내용을 다루는 것도 아니다. 말하자면 이 연구는 현재 시행되는 정책을 대상으로 문화정책과 행정의 세부영역에 대한 분석과는 다른 차원에서 시도되었다. 즉 우리가 의도한 것은 인문·사회과학 전공자들이 각 전공자의 시야에서 본 문화정책에 대하여 현재의 상황을 분석하고 새로운 전망을 제시하고자 한 것이다.

바로 이 점에서 우리는 이 연구의 한계 또한 인정하고자 한다. 연구진이 각기 다른 분야의 전공자 6명으로 구성되었기 때문에 정책학적 문제제기에서는 한계를 가질 수밖에 없다는 점이 그것이다. 각자 연구자들의 전공영역에서 문화정책의 하위분야와 연계되는 부분을 대상으로 지금까지의 문화정책의 문제점과 한계를 분석하고 21세기 이른바 '문화의 세기'의 문화정책의 방향과 과제를 제시하고자 했기 때문이다. 그리하여 문화정책의 실무적 행정에 밀착된 접근과 분석보다는 포괄적인 논의에 주력하게 되었다. 하지만 문화정책에 대한 관심이 현안에 대한 즉각적인 찬반 대응 수준에 머물고 있는 현실과 정책학적 관심 또한 미시적 분석에 주력하고 있는 경향을 고려한다면, 이 공동연구의 거시적 논의도 일정한 의의를 가진다고 판단된다.

또한 문화정책에 대한 학술적인 접근이 극히 제한된 상황에서 문화와 문화정책에 직간접적으로 연관된 인문사회과학 분야의 학제적 연구의 성과로서 첫발을 딛는다는 의미를 부여하고자 한다. 결론적으로 보면, '문화의 세기'를 표방한 문화정책이 장식적 화두에 머물 수 없고 한국의 문화의 성숙으로 이어져, 대외적으로는 국가이미지 제고에 기여하고 대내적으로는 문화의 수준 향상으로 결실을 맺기 위해서는 보다 많은 인문사회과학적 성과가 요구된다 하겠다.

2003년 2월 연구자 일동

차 례

Ⅰ장 '문화의 세기' 문화와 문화정책··9
  1. 서론 ··· 11
  2. 문화 선진국의 문화정책과 한국의 문화정책 ················ 30
  3. 한국 문화정책의 이념과 발전방향 ······························ 42
  4. 요약 및 결론 ·· 47
    ■ 참고문헌 · 51

Ⅱ장 한국의 문화 정체성과 종교정책··53
  1. 서론 ··· 55
  2. 지구촌의 종교변화 양상 ·· 58
  3. 한국종교의 현실과 문화 정체성 ································· 63
  4. 종교정책의 현재 ··· 70
  5. 종교정책의 미래 ··· 77
  6. 요약 및 결론 ·· 84
    ■ 참고문헌 · 86

Ⅲ장 전통문화정책의 진단과 전망··89
  1. 서론 ··· 91
  2. 전통문화의 개념 ··· 94
  3. 문화재정책 ·· 106
  4. 지역축제정책 ··· 117
  5. 전통문화상품화정책 ·· 124
  6. 요약 및 결론 ··· 135
    ■ 참고문헌 · 139

Ⅳ장   지식정보시대의 문화산업정책 방향··141
  1. 서론 ·· *143*
  2. 문화산업에 대한 이해 ·· *145*
  3. 문화산업정책 : 문화정책인가 산업정책인가 ············ *148*
  4. 문화산업비전21 계획에 대한 평가 및 제안 ············ *171*
  5. 요약 및 결론 ·· *179*
     ■ 참고문헌 · *181*

Ⅴ장   21세기 한국 문화교육의 새 패러다임 탐색··183
  1. 서론 ·· *185*
  2. 문화의 의미와 특성 ·· *190*
  3. 문화교육의 재개념화 ·· *199*
  4. 문화교육의 패러다임 탐색 ·· *204*
  5. 요약 및 결론 ·· *214*
     ■ 참고문헌 · *219*

Ⅵ장   21세기 사이버 공간과 정보문화 정책··223
  1. 서론 ·· *225*
  2. 사이버 공간의 실태와 문제 ······································ *228*
  3. 사이버 공간의 음란물 규제에 대한 근거 ················ *239*
  4. 사이버 공간의 음란물 규제에 대한 외국인 입법사례 ······ *255*
  5. 사이버 공간에 대한 정보문화 정책의 방향 모색 ······ *261*
  6. 요약 및 결론 ·· *266*
     ■ 참고문헌 · *271*

I 장 '문화의 세기' 문화와 문화정책

김복수 (한국정신문화연구원, 교수)

1. 서론
2. 문화 선진국의 문화정책과 한국의 문화정책
3. 한국 문화정책의 이념과 발전방향
4. 요약 및 결론

Ⅰ장 '문화의 세기' 문화와 문화정책

1. 서론

가. 문제제기

역사적 개념으로서 문화의 의미는 매우 다의적(多義的)이다. 문화의 개념은 일반적으로 문학 및 예술분야만을 지칭하거나 때로는 지성, 지식, 개화된 것, 발전된 것을 의미한다. 혹은 특정한 인간 집단, 한 지역이나 나라에서 특징적으로 나타나는 생활양식과 행동방식을 총괄해서 지칭하는 개념으로 사용되기도 한다.

근대사회 성립 이후에는 세계적, 정책적, 다 학문적, 일상적 개념으로 문화를 정의·사용하는 경향을 보이고 있다. 특히 과학기술 발달에 따른 인류사회의 급속한 정보화와 세계화, 문화의 대중화와 산업화로 인해 문화의 의미는 범세계적·다 학문적·광의적 개념으로 사용되고 있다.

최근에는 2001년 11월 2일 프랑스 파리에서 열린 유네스코 총회에서 채택된 '세계 문화다양성 선언'[1]이 상징하고 있는 것처럼, 문화적 다양성

---

* 김복수(한국정신문화연구원, 교수)
1) 이 가운데 주요 조항을 인용·제시하면 다음과 같다. 제8조(문화상품과 서비스의 특수성) 문화상품과 서비스는 정체성, 가치, 그리고 의미의 매개체로서 단순 생활용품이나 소비자 상품으로 취급돼서는 안 되며 특별한 인식이 필요하다. 제9조(창의성의 촉매로서의 문화정책) 모든 국가는 다양한 문화상품과 서비스를 생산하고 널리 보급하는 데 이바지할 수 있는 조건을 만들어줘야 하며, 지원이나 적절한 규제 등 각국의 실정에 맞는 방법을 통해 이를 실행해야 한다.

과 문명간 화해와 대화가 문화의 주요 의제(agenda)가 되고 있다.[2] 특히 이 선언은 문화를 단순한 상품으로 보아서는 안되며 문화다양성을 보호하는 것이 윤리적 의무이자 또한 인간 존엄성과 관계되는 것임을 천명하고 있다. 뿐만 아니라 유네스코는 이 선언을 구체적으로 실천하기 위한 국제적 연대기구(문화의 다양성을 위한 새 국제기구・NIICD)도 결성한 바 있다.

이와 같이 전 세계적으로 문화는 사회・경제적인 이유로, 문화정체성과 직결되는 문제로, 문화의 사활이 민족 정체성・국가 정체성과 직접 연관되는 문제로 인식되고 있는 이 시대의 중요한 주제어(key word)가 되고 있다.

정책적 측면에서도 문화에 대한 관심의 증대와 인식의 변화에 따른 정부 차원에서의 문화정책 수립, 문화정책이 지향해야 할 이념과 방향의 설정 등에 대한 필요성과 이에 따른 구체적 방안들이 제기되고 있다. 문화정책은 대체로 19세기 이후 문화현상 전반에 대한 관심이 증대되면서 프랑스, 독일, 영국, 미국, 일본 등 소위 문화선진국을 중심으로 문화의 발굴・보호・육성・전승을 위하여, 또 한편으로는 식민지 국가의 효율적 경영을 위한 수단으로 수립・집행되어 왔다.

문화정책의 이념과 방향은 문화의 의미가 세계적・일상적 개념으로 자리 매김 되면서 점차 규제에서 지원으로, 중앙정부 중심에서 지방정부 중심으로, 문화소비 중심에서 문화자원 중심으로, 문화생산자 중심에서 문화수용자 중심의 문화복지 개념으로 변화해 가고 있다. 문화에 대한 연

---

[2] 164개 유네스코 회원국이 참가하여 서문과 12개항의 조항을 채택한 이 선언문의 기본 취지는 미국 중심의 세계화로 위협받는 각 나라・각 지역의 문화적 고유성과 다양성을 보호하고 증진하고자 하는 데 있다.

구는 (문화)인류학과 민속학 중심에서 다 학문 영역으로, 개별 학문연구에서 협동(interdisciplinary)연구로, 이론연구에서 정책연구로 나아가는 경향을 보이고 있다.

주지하다시피, 문화정책은 전통적으로 순수 문화예술과 소수 문화생산자를 보호하고 육성하기 위한 법과 제도, 조직, 인력, 재정, 시설 등 문화행정 제도의 정비와 기반 시설의 확충이 근간을 이루어 왔다. 구체적으로는 문화재, 제작권, 국어, 종무, 국제문화교류, 문화지원 등에 대한 정책이 주종을 이루었다. 특히 문화행정 체계의 정비, 문화예술 발전을 위한 소수 문화 생산자 지원 및 일반 국민의 문화 향유 기회 확대, 중앙과 지방간의 문화격차와 지방문화의 보호·육성 등에 정책의 역점을 두어왔다.

20세기 중반 이후에는 정보화와 세계화의 급속한 진전에 따라 지배문화에 의한 문화의 획일화(또는 보편화), 피 지배(혹은 지역)문화의 보호·육성(특수화), 경제논리에 우선한 문화의 대중화와 산업화, 문화 수용자 중심의 문화복지 향상 등의 문제가 정책적으로 부각되는 경향을 보이고 있다.

요컨대, 오늘날 문화와 문화정책은 범세계적으로, 국가적·사회적으로 주요한 의제(agenda)가 되고 있으며, 이에 대한 논의가 이미 일상화되고 있고 그 영향도 심대하다고 할 수 있다는 것이다. 이러한 사실은 다음과 같은 몇 가지 사례를 통해 확인해 볼 수 있다. 21세기는 '문화의 세기'가 될 것이다. '문화가 곧 국가 경쟁력'이다. 21세기는 '문화가 국가와 민족의 운명을 좌우'하게 될 것이다. 최근에 발간된 한 번역서는 서명(書名)을 『문화가 중요하다— 문화적 가치가 인류발전을 결정한다』(새뮤엘 P. 헌팅턴·로렌스 E. 해리슨 공편, 2001)고 명명하고 있다.

우리 나라의 경우에도 문화와 문화정책은 이미 주요한 국가적·사회적 의제가 되고 있다. '국민의 정부'는 '문화국가 건설', '문화의 힘으로 제2의 건국' 등 문화를 주제어(key word)로 한 구호와 정책을 표방한 바 있다. 문화관광부는 '21세기 문화국가 실현'을 위한 정책을 입안·발표하였다. 우리의 일상생활 가운데서도 문화라는 말은 이미 일상적으로 그리고 다의적으로 사용되고 있다. 일상생활 가운데에서 흔히 문화가 접두어 혹은 접미어가 되어 사용되고 있는 전통문화, 문화인, 문화생활, 문화민족, 문화올림픽, 고급문화, 대중문화, 문화시민, 음식문화, 자동차문화, 지방문화, 문화산업, 한국문화, 일본문화, '문화월드컵'[3] 등이 바로 그것이다.

이처럼 오늘날 문화와 문화정책은 이 시대의 주요한 화두(話頭)가 되고 있으며, 21세기에는 20세기를 지배해온 이데올로기나 정치·경제분야보다 문화가 국가와 민족의 운명과 미래를 결정짓게 될 것이라는 인식이 확대되고 있다. 이러한 관점은 문화가 사회를 결정해 왔으며 더구나 21세기 사회는 문화에 의해 주도될 것이라는 존슨(R. Johnson)의 소위 문화주의(또는 문화결정론)적 입장의 연장선상에서 이해될 수 있으며, 이러한 맥락에서 많은 미래학자들은 21세기를 '문화의 세기'로 지칭하고 있다고 볼 수 있다.

그리고 이러한 문화와 문화정책에 대한 인식의 변화에 따라 이에 대한 보다 체계적이고 심층적인 탐구가 여러 수준에서 요구되고 있다. 구체적으로 말하면 첫째, 여러 학문영역에서 학제적, 심층적으로 문화와 문화정책의 문제를 진단하고 이를 토대로 바람직한 21세기의 문화와 문화정책의 방향을 탐색하는 연구의 필요성이 제기되고 있다.

---

[3] 2002 월드컵 축구대회 문화예술행사의 총 지휘자인 김치곤 예술총감독은 "88 올림픽대회 정신이 좌우 이데올로기의 화합을 모색하는 것이었다면, 2002 한·일 월드컵대회는 동·서양 문명의 상호보완 추구에 무게를 둘 것이다."고 말한 바 있다.

둘째, 정치적·경제적·행정적 논리뿐만 아니라 그것이 갖는 한계를 문화의 논리로 진단하고 처방하여 소위 '문화의 세기'에는 보다 성숙되고 발전된 문화 인식과 문화정책 방향을 탐색해 나가야 할 것이라는 점이 제시되고 있다.

셋째, 문화 중심국과 주변국, 중앙과 지방간의 대립과 갈등의 문화 구조를 대화와 화해의 구조로 변화시켜 나가야만 될 것이라는 문제가 부각되고 있다.

그러나 사실상 이러한 문화와 문화정책에 대한 과제는 일시적, 부분적 연구를 통해 바람직한 방향을 탐색해내기 어려운 주제이다. 주지하다시피, 이는 매우 광범하고 복합적이며, 많은 미해결의 쟁점들을 포함하고 있기 때문이다. 뿐만 아니라 학문적 측면에서도 이에 대한 이론적·실제적 논의가 매우 미진한 실정이기 때문이다.

최근 우리 나라의 경우에도 그간 이론연구에 머물러왔던 문화에 대한 연구가 정책연구를 지향해 가는 추세를 보이긴 하지만 아직도 문화에 대한 실제적, 정책적 연구와 논의는 매우 부족한 실정이다. 또한 우리 문화에 대한 진단도 아직 학문적 성과를 이루어내지 못하고 있는 것이 현실이다. 한국정신문화연구원이 (정신)문화지표조사연구를 추진하고 있는 것도 그 자체가 갖는 의의뿐만 아니라, 우리 문화에 대한 현실 진단이 먼저 이루어져야 될 것이라는 배경을 갖고 있다고 볼 수 있다. 또한 지금까지 우리의 문화정책이 주로 몇몇 문화선진국 문화정책을 수용하는 과정에서 우리 현실에 맞지 않는, 합의되지 않거나 부적절한 개념을 바탕으로 단편적이고 대증적(對症的)인 방식으로 수립·추진되어 왔다는 점도 부인할 수 없는 현실이다. 이러한 이유로 현재와 같은 문화인식, 문화정책으로는 소위 '문화의 세기'로 지칭되는 21세기를 제대로 맞이할 수 없을 것이라는 지적이 문화전문가들에 의해 제기되고 있다.

따라서 이러한 현실을 고려할 때, 21세기 문화와 문화정책의 연구는 이에 대한 성급한 진단과 방향 제시보다는 먼저 논의의 토대를 마련하고 장기적이고 체계적인 연구의 필요성에 대한 인식의 지평을 확대해 가는 방향에서 문제가 제기될 필요가 있을 것이다. 그리고 이러한 문제점을 해소하기 위해서는 여러 학문 영역에서 문화선진국의 문화정책을 파악하고, 우리 문화 현실을 진단하고, 문제점을 제기하고, 광범한 학제적·실제적 논의를 거쳐 그 방향이 탐색되고 제시되는 과정을 다양하게 전개해 나가야 할 필요가 있을 것이다.

나. 문화의 개념

문화의 개념은 크게 문화과학의 차원과 일상적 문화의 차원으로 나누어 검토해 볼 수 있을 것이다. 문화과학의 차원에서는 대체로 20세기 중반까지 문화인류학과 민속학에 의해 주도되어 왔다고 할 수 있다. 일상적 문화의 차원에서는 (1) 산업사회 이후 등장한 매스 미디어의 사회적 확산과 이에 따른 대중문화 현상의 만연, (2) 집단 구성원의 생활양식 또는 행동방식이라는 확대된 의미로서의 문화에 대한 인식의 증대, (3) 문화의 생산·유통 측면을 보다 중시하는 문화산업적 성격 등으로 학문 영역을 초월하여 광범위하게 연구되는 경향을 보이고 있다.

협의의 문화인류학에서는 문화를 크게 총체론적 입장과 관념론적 입장으로 나누어 기술한다(한상복·이문웅·김광억, 1983). 총체론적 접근은[4]

---

[4] 타일러는 *Primitive Culture* (1871)에서 문화를 '지식, 신앙, 예술, 법률, 도덕, 관습, 그리고 사회의 한 구성원으로서의 인간에 의해 얻어진 다른 모든 능력이나 관습들을 포함하는 복합총체'라고 정의한다. 화이트(Leslie A. White)는 무엇이

사회·문화적 현상과 그 원인 현상들 간의 관계에 초점을 두어 문화를 '한 인간 집단의 생활양식의 총체'로 보는 입장이다. 관념론적 입장은[5] 주로 인간의 사고 및 행위를 연구대상으로 하여 무엇이 이것을 가능하게 했는지에 초점을 둔다. 이러한 관념론적 입장에서 문화라는 말은 실재적인 행동이나 현상과 그것을 지배하는 규칙(문장에서 문법에 해당하는) 또는 원리를 지칭하는 것으로 한정시키고 있다.

그러나 인류학자 아야베 쓰네오는『문화를 보는 열다섯 이론』에서 이러한 문화 개념의 단순화에 반기를 들고 있다. 그는 인류학의 궁극적 관심이 '인간이란 무엇인가'에 있다는 점에 착안하여 문화 개념의 지나친 단순화에 이의를 제기한다. 구체적으로 말하면, 인간됨은 결국 문화에서 찾아진다는 취지에서 문화진화론, 문화전파주의, 기능주의 인류학, 문화양식론, 네덜란드 구조주의, 문화와 퍼스낼리티론, 신진화주의, 마르크스주의와 인류학, 구조주의, 생태인류학, 상징론, 인지인류학, 해석인류학, 문화기호론, 현상학과 인류학 등 15개로 문화를 분류하여 기술하고 있다. 그러나 이 15개라는 유형도 결코 문화인류학이 15가지 이론으로 구성되어 있다거나, 문화인류학의 학설이 열다섯에 불과함을 의미하지는 않는다

인간의 행위를 다른 동물의 그것과 구별짓게 하는가에 주의를 돌리고 인간을 상징을 할 수 있는 유일한 동물임에 유의하여 이것이 바로 문화의 기초라고 파악하고 있다. 화이트는 상징행위에 의거한 사물 및 사건들을 신체외적인 맥락에서, 즉 인간 유기체와의 관련에서보다는 다른 상징물들과의 관련에서 고려할 때 그것을 문화라고 부른다.
[5] 구디나프(Goodenough)는 문화란 사람의 행위나 그 구체적인 사물 자체가 아니라 사람들의 마음속에 있는 모델이요, 현상으로부터 추출된 하나의 추상에 불과하다고 한다. 그는 한 사회의 성원들의 생활양식이 기초하고 있는 관념체계 또는 개념체계를 문화라고 간주한다. 이와 같이 관념론적 입장에서 본 문화는 도구, 행동, 제도 등을 포함하지 않고 단지 사고양식, 즉 행동을 유발하고 관찰할 수 있는 형태로 이끄는 기준, 표준, 규칙을 문화라고 부른다.

고 지적하고 있다(아야베 쓰네오, 1993).

또한 인류학자 크뢰버(Alfred Kroeber)와 클록혼(Clyde Kluckhohn)도 공저(共著)『문화 : 개념과 정의의 한 비판적인 검토』에서 문화의 개념에 대한 150개의 상이한 정의들을 검토한 끝에 자신들의 정의에 도달했지만(A. L. Kroeber and C. Kluckhohn, Culture, 1952), 그것마저 사회과학계에 남겨진 문화에 대한 하나의 추가적 정의로 받아들여지고 있다.

민속학분야에서의 문화에 대한 연구는 주로 사회적 층화(層化)가 다양하게 존재하고 사회적 분업이 광범위하게 형성된 사회의 민족, 그 중에서도 다수 사람에 의해 공유되는 문화를 주요 대상으로 삼는다. 보다 구체적으로 말하면, 전통사회에서의 초기 민속학은 다수 사람이 공유하는 피지배계급의 문화, 농민의 문화를 연구의 주 대상으로 삼았다. 근대사회 성립 이후에는 점차 문화의 의미를 일정한 집단의 일상적 생활양식 또는 생활맥락으로 이해하는 경향이 대두되면서, 하나의 민족문화는 이론상으로 그 민족 구성원 다수에 의해 공유되는 표준문화로서의 민속문화라는 의미를 갖게 되었다. 바꾸어 말하면, 다른 민족과 구별되는 그 민족 고유의 과거 선대(先代)로부터 이 시대까지 유존(遺存)하는 유·무형적 생활양식과 행동방식으로서의 민속문화라는 인식을 갖게 되었다는 것이다.

또 한편으로는 민속을 민중의 문화라는 입장에서 다수 사람들이 향유하고 있는 삶의 양식으로 파악하고자 하는, 소위 '민속주의'로 지칭되는 경향이 나타나게 되었다. 이 관점에서는 민속을 문화의 시간적 차원에서 과거 문화현상의 현재적 재현으로 보고, 과거의 문화현상이 현재의 시간대에서 새로운 사회적 맥락에서 새로운 기능을 가지고 재현되는 것으로 이해하고자 하였다. 달리 말하면, 과거의 민속이 민중의 삶, 민중의 생활 그 자체의 문화였다면 현재 우리가 향유하는 민속은 정치적, 상업적으로

무대에 올려지거나 사람들의 여가활동으로 가치를 가지는 활동이라고 할 수 있다는 것이다.6)

그러나 이러한 차원에서의 민속문화는 근대산업사회 성립 이후 새롭게 대두된 대중문화와 구별하기 어려운 점이 있다. 엄밀히 말하면, 민속문화는 문화의 생산자와 소비자가 같으나 대중문화는 문화의 담당층이 만들어내는 문화가 아니며 대중문화를 향유하는 담당층은 단지 소비층일 뿐이라는 점이 바로 그것이다. 그리고 대중매체가 보편화됨으로써 대중문화의 일반화가 더욱 확대되고 대중매체의 발전에 비례해서 대중문화는 다수 민중이 향유하는 문화로 인식되는 양상을 보이고 있다.

이러한 민중의 일상적 생활로서의 문화의 의미는 문화의 어원과 의미의 발전, 문화정책 등과 밀접히 관련되어 있다. 주지하다시피, 문화는 영어의 culture와 독일어 kultur을 번역한 것이다. 그 어원은 농사, 경작을 의미하는 라틴어 cultura와 그리스어 colere에서 유래되고 있다. 그후, 스토아학파는 철학을 문화적 활동(cultura animi)으로 정의하면서 문화를 철학적, 정신적인 개념으로 이해하고자 하였다. 또한 푸펜도르프(Pufendorf)는 문화에 사회적 의미를 부여하여 자연상태와 대립된 개념으로 문화적 상태를 파악하였다. 그리고 보다 근대적 개념으로서 문화는 헤르더(J. G. Herder)에 의해 제시되었다. 헤르더는 인간 존재의 반영으로서 문화, 공동체와 국가 또는 민족의 문화에 대한 논의를 처음 시작하였다. 그는 여기서 한 민족의 삶의 형태로서 '민족문화'가 나타난다고 보고 있으며 그것의 본질은 다수 민중의 생활 속에서 찾을 수 있다고 주장하였다.

19세기 이후 문화의 개념은 문명 개념이 등장함으로서 보다 구체화

---

6) 이는 본래 가지고 있던 의의와 기능을 상실하고 동일성은 단지 외형적 재현에 있다는 점에서 허위민속이라고도 지칭되기도 한다.

되었다.[7] 영국을 중심으로 산업화에 기반을 둔 서구의 물질적 성장은 서구 제국주의 세력을 확대시켰고 이로 말미암아 문화적 접촉과 교류가 크게 촉진·확대되었다. 이 과정에서 서구의 기준에 따라 발전된 문화와 미개한 문화, 고급문화와 저급문화 등의 이항 대립적 단계가 설정되었다. 그리하여 유럽의 문화는 문명화된 문화(civilized culture)이고 그 밖의 문화는 미개한 문화(primitive culture)로 간주되었다. 그리고 미개한 문화는 다시 여러 발전단계로 재분류되었다.[8] 이러한 문화와 문명의 이분법적 논의는[9] 유럽, 비유럽이라는 구분뿐만 아니라 한 민족의 생활양식에 따른 인간집단을 구분하는 기준으로도 사용되었다. 생활양식의 질적 기준을 설정하여 고급문화와 저급(미개)문화로 분류하고 상층민의 생활양식은 고급문화로, 하층민의 그것은 저급문화로 간주되기도 하였다. 그러나 당시의 상층민은 문화인이고 하층민은 비문화인이라는 분류는 시대가 지나면서 변하였다. 민주주의 사회에서 문화인이라는 개념에 포함된 문화는 사회공동체 생활의 질서유지에 요구되는 행동양식, 즉 한 사회의 특정한 가치를 내포하는 도덕이나 규범을 의미하게 되었다.

독일의 경우에는 문화는 정신적인 측면을, 문명은 물질적인 진보 또는 발전의 의미로 파악되었다. 독일에서의 문화 개념 발전은 정치적인 측면에서 민족적 자의식의 형성을 위한 시도라 할 수 있다. 문화민족의 개념은 존재하지 않는 국가민족의 보상물이며, 가시적인 정신활동으로서 독

---

[7] 영어로 문화는 culture, 문명은 civilization 그리고 독일어로 문화는 kultur, 문명은 zivilisation을 가리킨다. 대체로 사전적 의미로는 문화는 종교, 예술, 문학 등과 같은 정신적 산물을 그리고 문명은 건축, 도시의 발전과 같은 물질적 산물을 지칭한다고 할 수 있다.
[8] 역사적으로 번성한 오리엔트문명이나 중국문명은 이러한 이분법에서 제외된다.
[9] 문화와 문명(civilization)은 발전된 상태라는 점에서는 동일한 의미로 사용되고 있다.

일문화는 그들의 가치의식을 강화하는 데 기여하였다. 문화를 고급의 높은 활동으로 한정하려는 경향은 문화민족과 미개민족의 대비를 통하여 강화되며, 이러한 독일의 전통은 산업화의 과정을 거치면서 육체적인 활동과 정신적인 활동으로 구분되고 문화는 정신적인 면과 미적 창조의 영역으로, 문명은 문화의 사라진 단계로 정착되었다. 또한 정신활동과 미적 창조의 기준은 유럽 상층사회의 예술활동과 예술감상의 그것이 되었고, 이는 예술과 고급문화가 일치하는 이유이기도 하였다. 인간생활의 미적 영역만을 문화라고 부르는 전통은 여기서 유래한다고 할 수 있다. 그래서 문화라 했을 때 시청각적으로 관람할 수 있는 어떤 것을 말하거나, 음악회나 미술전시회 또는 연극을 감상하는 행위가 문화생활로 간주되었다.

　이와 같이 문화의 개념은 지적 배경, 연구 대상, 연구 시대, 연구자의 관점에 따라 매우 다양하게 정의되고 이해되고 있다. 이는 전술한 바와 같이, 문화현상을 파악하고 이해하는 문제가 매우 난해하고 동시에 어떻게 그 개념을 정의하느냐에 따라 문화현상에 대한 기술에 있어서의 강조점이 얼마든지 달라질 수 있다는 것을 반증하고 있다. 또한 여기서 또 하나의 문화에 대한 개념을 정의한다 해도 그것이 또 하나의 추가적인 정의로 받아들여질 수 있으며, 그것이 이후 기술될 각 장(章)에 그대로 적용되기 어렵다는 점을 말해주고 있다고 할 수 있다.

다. 21세기의 문화와 문화의 개념

　따라서 이 책의 총론에 해당하는 이 글에서는 오늘날 소위 '문화의 세기'로 지칭되는 시대에 있어서의 문화와 문화의 개념으로 이를 설명해 보고자 한다.

오늘날 인류사회는 상업화, 정보화, 세계화가 크게 진전되면서 그간 노동력과 자원이 국가의 부를 창출하는 원동력이었던 시대에서 눈에 보이지 않는 지식과 정보 그리고 문화가 가치를 창출하는 사회로 급속히 변화하고 있다. 특히 문화가 국부(國富)를 창출하는 핵심 원천이 되고 한 나라의 문화력(文化力)이 국가의 위상을 결정하는 시대를 맞이하고 있다. 프랑스 문예비평가 기 소르망10)이 "옛날에는 국가의 운명을 왕이 좌우했지만 지금은 국가 이미지 곧 문화가 좌우"할 것이라고 주장이 이를 잘 말해 주고 있다. 한국민속박물관회도 "21세기 문화의 세기를 맞이하여 문화의 기능과 역할은 갈수록 커지고, 한 나라의 국력은 그 군사력도 그 경제력도 아니며 바로 그 나라의 문화와 도덕적 에너지에 달렸다."11)고 기술하고 있다.

미래학자들은 21세기에 문명사적 대전환이 이루어질 것이라고 예견하고 있으며, 문화의 사회경제적 역할과 기능의 확대 및 문화에 대한 보다 적극적인 의미에서의 정책적 개입의 필요성을 강조하고 있다.

---

10) 프랑스 문예비평가. 정치, 사회, 문화 등 다방면의 저술가. 1995년부터 2년간 프랑스 총리실 자문역. 그는 2000년 전경련과 한국기업메세나협회(기업의 문화예술지원을 위해 설립된 기구)가 주관한 '기업과 문화예술의 연대를 위한 국제심포지엄'에 참석하여 다음과 같은 요지의 강연을 하였다. "한국의 예술인들이 활발하게 해외로 진출해 한국의 이미지를 세계에 알려야 하고 이를 기업이 지원해야 한다. 경제분야에서 선도적 위치에 있는 나라들은 모두 강력한 문화적 이미지를 갖고 있다. 문화적 이미지는 계량화할 수는 없지만 묘사할 수는 있다. 독일은 고품질과 기술, 프랑스는 패션과 삶의 질, 일본은 정밀과 섬세한 아름다움, 미국은 탁월한 품질과 서비스, 이탈리아는 우아한 세련미 등. 그러나 한국은 문화적 시각에서 봤을 때 부가가치를 가지고 있지 않다. 프랑스 소비자가 한국 상품을 사는 것은 값이 싸기 때문이지 한국 제품이기 때문은 아니다. 문화적 이미지가 결여된 탓이다."

11) 2001년 9월 발족된 사단법인 한국민속박물관회가 회원 모집을 위해 유관 기관 인사들에게 보낸 우편 통신문은 이와같이 그 서두를 시작하고 있다.

주지하다시피, 헌팅턴(Samuel P. Huntington)이 예견한 문명권간 충돌로 볼 수 있는 기독교 문명권과 이슬람 문명권간의 갈등이 역사상 유례없는 엄청난 미국에 대한 테러와 이에 대한 응징으로 21세기 서막을 장식하고 있다. 전술한 바와 같이, 과학기술의 급속한 발달은 세계와 지방을 하나의 네트워크로 연결함으로써 세계화와 지방화의 중요성을 동시에 부각시켜 나가고 있으며, 소위 세계화와 지방화를 의미하는 세방화(世方化)는 문화가 곧 국제경쟁력이며 민족정체성을 의미하는 중심 개념으로 자리 매김 하는 배경이 되고 있다.

그러나 사실 따져보면, 문화의 문제가 최근에 갑자기 부각된 문제만은 아니다. 어느 시대를 막론하고 문화는 인간 생활양식을 구성하는 환경으로서 자연환경과 함께 항상 인간 곁에 존재하여 왔다(문화관광정책연구협의회, 2000 : 33). 단지, 문화는 집단 구성원에 의해 공유되고, 학습되고, 축적되고, 끝없는 변화·생성의 과정을 겪으면서 시대와 지역의 특성에 따라 그 개념과 인식의 정도와 양상이 변화되어 왔을 뿐이다. 전통사회에서는 고급문화(high culture)에 관심이 집중되었고, 민중들의 다양한 문화는 소외되었다. 산업혁명 이후에는 문화의 대중화가 빠르게 진전되면서 문화주의가 대두되었다. 19~20세기는 식민지 지배국가를 중심으로 피지배국(식민지)의 지배를 효율화·영속화하기 문화동화정책이 행해졌다. 특히 전기·통신기술의 발전에 따른 매스 미디어의 사회적 확산이 크게 진전되면서 급속한 문화대중화로의 이행이 가속화되어 대중문화(mass culture)가 크게 확산되었다. 그리고 정보사회의 도래로 세계가 지구촌화 되면서 문화의 상품화 내지 산업화, 문화의 세계화와 지방화의 필요성이 강조되고 있다. 동시에 기술 발달이 인간의 삶의 질을 과연 획기적으로 개선해 나갈 수 있느냐의 문제가 제기되면서 문화 수용자 중심의 문화에 대한 논의가 확산되고 있다. 최근에는 문명(문화)간의 충돌, 문화자본론 등과 같은 정치·경제적 논리에 의한 문화 재단(裁斷)과 이에 대한 비판적 인식으로서의 문화논리가 새롭게 제기되고 있다.

특히 최근에 제기되고 있는 문화 또는 문명에 대한 논쟁은 헌팅턴과 후쿠야마(Francis Fukuyama)에 의해 주도되고 있다. 헌팅턴은 그의 저서『문명의 충돌』에서 냉전시대의 정치·경제 패러다임이 문화·문명 패러다임으로 전환하게 될 것으로 전망하고 있다. 그리고 새로운 시대에는 문화적 정체성(identity)이 정치 이데올로기나 경제의 이익에 우선하며, 국제적 분쟁은 정치적 이데올로기나 경제의 대립이 아니라 문화적 요소에 의해 야기될 것으로 예측하고 있다.[12] 더 나아가서 헌팅턴은 이러한 문명충돌론을 문화공존론과 연결시키려 시도하고 있다.[13] 즉, 앞으로는 보편적인 하나의 문명이 등장할 수 없으며 오히려 다양한 문명에 의해서 세계가 형성되어 갈 것이므로 서구인들에게 필요한 것은 그들과 공존하는 모든 방법을 함께 배워야 한다"고 주장한다(이어령, 1997 : 55~58). 같은 맥락에서, 후쿠야마도 그의 저서『트러스트』에서 정치원리(평등)와 경제원리(자유)로 풀었던 한계를 문화원리로 극복해 나가야 할 것이라고 주장한다. 그는 인간을 신뢰하는 문화를 사회자본(social capital)이라고 보았다. 또한 사

---

12) 헌팅턴은 세계는 기독교 문명권과 이슬람 문명권 그리고 유교 문명권 등으로 분할되고 마침내 서구 대 비 서구(이슬람·유교문명권 연대)의 새로운 양극화 현상이 벌어져 충돌하게 될 것으로 내다보고 있다.
13) 헌팅턴은 이러한 주장은 다니엘 벨의 다음과 같은 논지에 기반하고 있다는 점을 밝히고 있다. 다니엘 벨은 V. S. 나이폴이 "어떤 사람에게도 통용되는 보편적인 문명이 존재한다는 생각 자체가 이미 서구적 사고"에 지나지 않는다고 선언한 점을 인용하면서, "서구 여러 나라들은 다른 문명의 종교 및 철학적 기층 부분, 나아가서는 그들이 어떻게 스스로의 관심을 결정해 가는가를 보다 깊이 이해할 필요가 있다고 기술하고 있다.

회자본(문화)에 따라서 같은 자유주의 시장 경제라 할지라도 그 양상과 결과가 달라진다고 보았다. 후쿠야마는 결국, 서구 자본주의를 완결시키는 것은 문화자본주의이며 평등(정치)과 자유(경제)의 가치는 박애(인간의 신뢰)라는 문화적 원리의 새로운 카드에 의해 재구축(이어령, 1997 : 61~62)될 수 있을 것이라고 주장하고 있다. 국제연합(UN, the United Nations)이 2001년을 '세계 문명간 대화의 해'로 설정한 사실도 문화(문명)가 중심이 되는 세기, 문명간 대립과 그것의 해소가 핵심 주제가 되는 세기에 직면해 있음을 상징하고 있다고 할 수 있다.

이러한 문화에 대한 논의를 바탕으로, 이 글에서는 21세기 문화의 개념을 21세기 사회의 집단구성원에 의해 공유, 학습, 축적, 변화생성, 전달되는 행동양식 내지 생활방식의 총체라는 광의의 개념으로 이해하고자 한다. 또한 문화와 문화정책이 다루는 영역도 예술, 철학, 종교 등 전통적으로 인간의 정신영역과 정신의 산물의 측면만을 강조하는 영역뿐만 아니라 인간의 집단적인 모든 일상적 행동 내지 생활방식으로까지 그 영역을 확대하여 보고자 한다. 특히, 오늘날 문화와 문화정책에 대한 관심이 증대되고 있는 주된 요인이 문화산업의 고부가가치화, 정치·경제적 논리에 의해 주도된 20세기의 한계와 그 대안의 모색, 세계화의 진전에 따른 문화정체성과 국가정체성 확보의 문제, 국민에 대한 삶의 질 향상을 위한 문화복지 등의 문제에 대한 논의의 정당성 확보와 정책적 개입의 필요성에 기인하고 있다고 보고자 한다.

그러나 전술한 바와 같이, 21세기 문화와 문화정책의 문제는 국제적으로는 세계화(보편화)와 지방화(지방화), 지배와 종속, 대립과 화해와 같은 매우 복잡하고 광범한 문제를 포괄하고 있다. 국가적으로도 세방화를 통한 지구촌화 시대의 문화경쟁력 제고, 중앙과 지방의 문화격차 해소, 문화의 다양성 증진 및 전통문화(예술)의 보호·육성, 문화의 산업화와 고부가가치화, 문화교육의 활성화, 일상생활문화와 가상공간에서의 문화 등 매우 많은 문제를 내포하고 있다. 이런 점에서 문화와 문화정책에 대한 논의의 범위와 수준을 먼저 밝혀 두고자 한다.

라. 연구의 범위와 연구문제

이러한 문화와 문화연구가 갖는 한계를 고려하여, 이 책의 기본성격은 문화와 문화정책에 대한 기초연구, 주요 영역에서의 문화현상 진단과 방향 탐색에 두고자 한다. 구체적으로 말하면, 이 연구의 총론에 해당하는 I장에서는 문화선진국의 문화정책과 우리 나라 문화정책의 현황, 문화정책의 이념과 방향을 검토한다. II장부터 VI장까지의 각론에서는 종교문화, 전통문화, 문화산업, 문화교육, 정보문화 등의 문제를 문화의 세기 또는 (지식)정보사회라는 시대적, 사회적 조건을 고려하면서 그 현상을 진단하고 바람직한 정책 방향을 탐색해 보고자 한다.

이와 같이 논의의 폭과 수준을 한정하는 것은 전술한 바와 같이 (1) 문화와 문화정책의 문제는 매우 광범하고 합의되지 않은 많은 문제를 포괄하고 있기 때문에 이 연구가 장기적이고 체계적인 연구를 위한 기초연구의 성격을 가질 수밖에 없고, (2) 문화에 대한 개념 정의가 다양할 뿐만 아니라 문화현상과 정책의 범주도 그 폭이 매우 넓기[14] 때문에 광의의

---

14) 김문환 등은 이와 관련하여 다음과 같이 기술하고 있다. "문화정책의 연구영역은 현재 정부의 문화정책의 개념규정이나 영역에도 불구하고 정형화된 영역을 설정하기가 매우 어렵다. 그 이유는 문화와 예술에 대한 정의나 범주설정이 다양할 뿐 아니라, 문화예술에 대한 국가의 역할과 개입의 범위 역시 정치적으로나 경제적으로 변화하는 환경에 따라 행정조직체계가 유동적일 수밖에 없기 때문이다."(김문환·양건열, 1998 : 8). 실제로도 문화정책의 영역은 매우 다양하

문화현상과 문화정책을 모두 다 연구대상으로 삼을 수 없으며, (3) 그렇다고 그간 전통적으로 문화정책에서 주로 다루어 왔던 예술로서의 문화[15]만을 21세기 문화의 대상으로 삼아서는 안 될 것이고, (4) 공동연구진이 수차에 걸친 워크숍을 거쳐 정신적 전통예술의 측면에서 종교문화와 전통문화, (지식)정보시대의 문화산업, 문화의 세기에 있어서의 문화교육, 가상공간에서의 정보문화 등이 문화의 세기ㆍ(지식)정보시대의 가장 주요한 주제일 것이라는 인식을 같이했기 때문이다. 이러한 연구 의도 아래, 2장부터 논의될 각 장의 주제와 연구문제는 아래와 같다.

Ⅱ장　한국의 문화 정체성과 종교정책

이 장은 한국 종교 현실과 종교정책의 현재를 점검하고, 미래를 조망해 보는 데 목적을 두고 있다. 좀 더 구체적으로 말하면, 세계의 종교들

　게 분류되고 있다. "유네스코는 문화지표 속에 문화적 유산, 인쇄물 및 문예, 음악, 공연 예술, 조형 예술, 영화 및 사진, 방송, 사회문화 활동, 체육 및 오락, 자연과 환경보호에 관련된 활동을 포함시키고 있다. 유네스코한국위원회가 개발한 문화지표(1986)와 이를 모델로 문예진흥원이 작성한「문화예술통계」에는 문화유산, 문학, 조형예술, 디자인, 음악, 무용, 연극, 영화, 연예, 사회문화적 활동, 대중매체, 여가활동, 국제문화 교류가 주요 항목으로 포함되어 있다. 문화부 직제규정에 따른 문화행정의 범위는 문화재, 생활문화, 지역문화, 조형예술, 문학, 영화, 음반, 도서출판, 어문, 도서관, 박물관, 저작권, 국제문화교류, 종교에 관한 업무 등이다.「한국의 문화정책」은 문화재, 공연예술, 조형예술, 생활문화, 문화산업, 문화시설, 저작권, 지역문화, 국제문화교류에 한정하여 우리 나라 문화정책을 다루고 있다."(한국문화예술진흥원 문화발전연구소, 1992 : 10ㆍ11).
15) 1972년에 제정된 문화예술진흥법상의 문화예술이란 "문학, 미술, 음악, 무용, 연극, 영화, 영화, 연예 및 출판에 관한 사항을 말한다"(문예진흥법 제2조). 이 규정에서 드러나듯이 문화를 문화예술이라는 용어와 동일시하여 문화정책상의 문화는 미(美)적 창조활동으로서의 문화, 즉 예술과 같은 범주로 이해된다. 이에 1994년 개정된 문예진흥법은 '사진, 건축, 문화산업'을 더 포함시킴으로써 자본주의 사회의 발전과 함께 대중문화(문화산업)의 영역까지 확대 발전되었다.

이 현재 어떤 변동을 겪고 있는가, 한국의 종교현실이 구체적으로 어떤 문제들을 지니고 있는가, 이러한 문제들을 해결하기 위해서는 문화의 세기・정보화 세기에 있어서 종교정책은 어떻게 이념과 방향을 정립해 나가야 할 것인가를 논의하고 있다. 그리고 인식의 전환을 통해 종교정책(종무행정)의 난맥상을 풀어 나갈 수 있을 것이며, 이를 통해 미래 한국의 종교현실이 보다 바람직한 방향으로 나아갈 수 있을 것이고, 이는 궁극적으로 한국 문화의 정체성 확립과 재수정 과정이 보다 적절한 길을 걸을 수 있게 하는데 기여할 것이라는 점을 밝히고자 한다.

Ⅲ장　　전통문화정책의 진단과 전망

이 장은 우리 나라 전통문화정책의 한계에 대한 문제를 전통축제 및 전통문화상품의 실증적 사례를 들어 분석하고 개선되어야 할 과제를 제시하고 있다. 또한 오늘날 제기되고 있는 문화 및 전통문화에 대한 인식 제고가 문화 자체의 중요성보다 문화 외적인 가치로 인하여 부각되는 점을 비판적 안목에서 논의하고 있다. 또한 국민과 정부의 전통문화에 대한 인식의 전환, 이 시대에 결실에 급급하지 말고 후대에 열매가 맺을 수 있도록 문화를 위한 장기적인 투자, 전통문화의 보존・문화상품의 개발・계승・발전을 위한 장기적이고 체계적인 정책의 수립과 지속적인 집행이 요구된다는 점을 지적하고 있다.

Ⅳ장　　지식정보시대의 문화산업정책 방향

이 장은 문화상품이 제조 상품의 성질을 가지고 있으면서 동시에 문화적 요소를 내포하고 있기 때문에 일반 경제이론을 문화상품에 일의적으로 적용해서는 올바른 추론을 찾을 수 없을 것이며, 문화산업정책은 산업정책보다도 더욱 정교하게 다듬어져야 할 것이라는 점을 지적하고 있다. 그리고 문화산업정책은 최종목표, 중간목표 그리고 정책수단으로 구조화할 것을 제안하고 있다. 그러면서 문화산업의 특성을 고려해서 최종목표로는 경제발전, 문화적 민주주의 달성, 문화적 정체성 유지 등을 고려할 수 있음을 밝히고 있다. 동시에 시대적 환경의 변화도 고려해야 된다는 점을 지적하고 있다. 그리고 이러한 철학을 기반으로 해서 지금 중국에서 유행되고 있는 한류열풍과 1999년부터 시행되고 있는 문화산업진흥 5개년 계획을 평가하고 있다.

V장   21세기 한국 문화교육의 새 패러다임 탐색

이 장은 문화의 경제적 가치의 증대, 정보통신기술의 발달로 인한 세계화의 가속화, 포스트모던 시대의 도래 등의 추세를 근거로, 21세기는 문화가 중요시되는 문화의 세기가 될 것임을 확인하고, 21세기를 대비한 문화교육의 새로운 패러다임의 탐색을 시도하고 있다. 좀 더 구체적으로 말하면 문화의 의미와 특성을 밝히고, 이를 토대로 문화교육의 재 개념화를 시도하고 있다. 또한 문화교육의 이론으로 문화인류학의 문화전계의 세 접근을 검토한 후, 이들 모두가 한계를 가지고 있어 문화의 세기라는 시대적 상황에 비추어 부적절하다고 지적하고 현대해석학, 특히 가다머의 해석학을 바탕으로 '비판해석적 접근'이라는 이름으로 21세기 문화의 세기에 적절한 문화적 역량과 문화의식을 가진 인재를 양성할 수 있는 문화교육 패러다임을 제안하고 있다.

| VI장 | 21세기 사이버 공간과 정보문화 정책 |

이 장은 인터넷의 급격한 보급 확산과 정보통신망의 구축으로 새롭게 창조되고 있는, 전통적 문화가치와 제도를 초월한 새로운 형태의 사이버 공간에서의 문화현실과 문제점 그리고 이를 해소할 수 있는 바람직한 가상 공동체 윤리를 탐색하고 있다. 특히 사이버 공간의 역기능 가운데 사회적 문제가 심각한 인터넷 도박, 인터넷 매매춘, 사이버 성폭력, 명예훼손, 음란물 유통에 대한 실태와 문제 및 윤리적·법적 차원에서의 규제의 근거, 이러한 규제에 대한 외국의 입법사례를 살펴본 후 이를 토대로 정보문화정책의 방향을 모색하고 있다. 그리고 정보사회의 도덕적 혼란을 극복하면서, 건전한 정보문화를 창출하기 위한 정보통신윤리 의식 함양의 필요성과 이의 확산을 위한 자율적인 시민운동, 영향력 있는 매체를 통한 홍보, 학교를 비롯한 기타 교육기관에서의 교육의 중요성을 제시하고 있다. 이와 더불어 현재 분산되어 있는 정보통신윤리에 관한 법제의 정비, 국경을 초월하여 전달되는 불건전 정보에 대응하기 위한 국제적 협력 강화 방안도 함께 강구해야 할 것이라고 점을 지적하고 있다.

2. 문화선진국의 문화정책과 한국의 문화정책

가. 문화선진국의 문화정책

세계 여러 나라 문화정책은[16] 그 기조와 방향에 따라 '지원은 하되

---

16) 유네스코가 1968년에 개최한 문화정책에 관한 원탁회의에서는 문화정책을 "한 사회가 이용할 수 있는 모든 물적, 인적 자원의 최적 이용을 통해 문화적 욕구를 충족시키는 것을 목표로 하는 작위나 부작위의 총체를 의미하는 것"으로 간주하였다.

간섭은 않는다'는 무간섭주의와 강력히 정부지원을 요청하는 유형으로 크게 대별할 수 있다(김여수, 1998). 연구자들에 따라서는 이를 자유주의정책, 구성주의정책 등으로 표현하기도 한다. 여기서 자유주의정책이란 문화현상을 자생적이고 자율적인 것으로 보아 명시적인 문화정책을 거부하고 문화적 욕구가 정책적 개입 없이도 수용 공급의 법칙에 따라 자율적인 메커니즘을 형성하게 된다는 관점이라 할 수 있다. 구성주의정책은 중앙권력의 정책적 결정을 통해 문화적 목표와 수단을 설정하며 이를 수행할 제도와 기구를 구성하여 문화체계에 적극 개입하여 자율적 작용의 조정을 통해 문화적 목표로 이끌어 가는 관점을 말한다.

그러나 이 글에서는 세계 주요 문화선진국 문화정책의 특성을 보다 분명히 제시해 줄 수 있을 것으로 판단되는 분류체계 예컨대 중앙 정부 주도형, 지방자치단체 주도형, 민간단체 주도형, 그리고 이들 각각의 정책적 장점을 부분적으로 도입한 혼합형 등으로 나누어 살펴보고자 한다.

중앙 정부 주도형

강력한 중앙 정부 주도형 문화정책(보다 엄밀히 말하면 문화예술정책)을 수립·시행하고 있는 대표적인 나라는 프랑스이다. 프랑스는 중앙 정부의 주도 아래 정체성 없는 세계화, 획일적 시장화, 무분별한 자유경쟁제도, 상품화의 논리를 철저히 배제하는 문화정책을 펴나가고 있다. 또한, 미국의 영상산업 시장 독점으로 인한 획일주의와 순응주의를 거부하는 문화적 예외를 강조하고 있다.

프랑스 문화정책의 역사는 제3공화국(1871~1944) 시기부터 비롯된다. 이 당시 문화정책은 문화를 공공서비스 부문에 포함시키고 예술교육과 문화유산 보존에 주력하였다. 또한 예술의 자유화, 탈규제화, 시장원리 등의 부분적 적용으로 문화예술의 대중(통속)화가 얼마간 진행되었다. 제4공화국(1944~1958) 시기에는 서민과 노동자의 문화향유와 교육기회의 의무를 헌법 전문에 명시하는 등 문화수용자에 대한 정책적 배려가 확대되었다. 1946년에는 아비뇽연극제를 창설하여 문화의 지방분산화정책의 효시를 이루었으며, 1951~1963년에는 연극의 민주화를 위해 국립민중극장을 활성화하였다.

제5공화국(1958~현재) 시기에는 문화예술의 창작과 보급에 국가의 적극적인 지원과 개입이 반드시 이루어지도록 하였다. 1959년 문화부를 창설하였고, 초대 장관 앙드레 말로(작가, 행동파 지식인, 1959~1968년 문화부 장관)는 문화의 민주화와 다원주의를 실천하는 국가의 실천적 역할을 강조하였다. 자끄 랑(법학 교수, 1981년 좌파정부 문화장관)은 특권층에 한정된 문화정책을 지양하고 국민 '모두를 위한 문화' 개발, 국민생활의 질적 향상과 국가 차원에서의 문화상품 개발의 중요성, 지식인과 예술가의 호의(好意) 유도를 위한 정책변화를 시도하였다.

프랑스는 현재 중앙정부 주도하에 (1) 문화예산 증액, (2) 문화정책 대상의 다양화, (3) 문화정책의 민주화(모든 사업을 공개하고 문화의 창작자, 수혜자, 해당 기관의 의견을 수렴하여 결정), (4) 경제와 미술, 지식문화와 놀이문화, 고급문화와 대중문화의 접목 시도와 문화의 경제적 효과, 문화산업의 예술적 가치, 예술지원기관의 경제적 생산성 등과 같은 문제에 역점을 두어 정책을 시행하고 있다.

지방자치단체 주도형

독일 문화정책의 특징은 자치주의 역할이 주도적인 지방자치단체 주도형이라는 점이다. 연방정부 조직에 문화관련 부서가 없을 뿐만 아니라 지방자치단체의 문화정책에 연방정부가 전혀 간여하거나 개입하지 않는다. 16개 주 정부(land)와 지방행정단체인 시, 군(kreis, kommun) 등의 자치주가 주도적으로 문화정책을 시행하고 있으며 다만, 연방정부는 해외문화교류, 문화교육 활동을 담당하고 있을 뿐이다. 좀 더 구체적으로 말하면, 연방정부는 (1) 문화재 반출과 반입에 대한 감시·조사, (2) 언론과 영화관련 국제법 관계 및 적용 여부, (3) 망명 문화예술인의 문화활동 등과 같은 대외 관계만을 관장하고 있다. 또한 저작권, 출판, 사회윤리문제, 저질·퇴폐문화로부터 청소년 보호 문제에 관한 문화부문에 대해서만 간접 개입하고 있다. 이 외에 연방외무부는 1966년 '문화교류(관계)재단'을 설립하여 독자적 조직체계를 가진 비정부단체(괴테연구소, 독일학술교류재단, 훔볼트재단 등)를 지원하는 등 문화교류 활동을 주도하고 있다. 내무부, 노동부, 교육과학부, 경제부 등의 부서에서도 부분적으로 각종 문화재단 및 협회, 축제, 국가문화기금, 예술인 양성 문제, 영화와 출판의 경제적 지원 등의 활동을 전개하고 있다.

독일의 16개 주 정부는 자체적으로 교육, 문화, 환경보호, 경찰 등의 행정자치권을 행사하고 있다. 다만, 1948년 설립된 주 정부 문화장관협의회가 주 정부의 교육, 연구, 문화관계를 조정·지도하고 있으나 만장일치제 및 각 주 의회의 인준과정이라는 장벽으로 실제적 영향력은 미약한 수준이다. 또한 예술진흥을 위한 중앙기구로 독일문화재단(1976년), 주 정부문화재단(1988년) 등이 설립되어 주 정부의 문화활동을 지원하고 있다. 시, 군 등 기초 지방자치단체는 자체적으로 공연장, 박물관, 도서관 등 문화 인프라를 구축할 뿐만 아니라 예술(가) 지원, 각국 이벤트나 전시회의 조직, 아마추어 예술활동과 지역전통문화예술의 보존·계승 발전을 지원하고 있다.

특히 오늘날 독일은 '더 나은 민주주의를 실행하자'라는 모토 하에 (1) 문화정책 패러다임을 시민권으로서의 문화로 바꾸고[17], (2) 자유로운 대안적 문화운동을 전개해[18] 나감으로써 문화민주화 혹은 문화민주주의를 이루어 나가는데 역점을 둔 문화정책을 펼쳐 나가고 있다.

민간단체 주도형

민간단체 주도형은 미국의 문화정책이 그 대표적 모델이다. 미국에는 한국의 문화관광부, 일본의 문화청, 영국의 문화·미디어체육부 같은 문화정책을 담당하는 독립된 정부 부처가 존재하기 않는다. 국립예술기금(NEA ; National Endowment for the Arts), 국립예술인문과학재단(National Foundation on the Arts and the Humanities)과 같은 민간기관에서 연방차원의 문화예술 진흥업무를 주로 담당하고 있다. 그리고 국립미술관(The National Gallery), 스미소니안협회(Smithsonian Institution) 등의 문화기관들과 재무부, 노동부, 교육부 등의 정부 조직들도 얼마간 문화사업을 주관하고 있다.

미국의 경우, 1950년대까지 연방정부에 의한 문화예술지원이 없었으며 오늘날에 있어서도 문화정책의 범위를 예술지원으로 한정하고 있다. 미국의 대표적 민간 문화단체인 국립예술기금(NEA)은 미국에서의 예술의 우수성, 다양성, 활력을 촉진하고 예술에 대한 대중의 접근을 넓히는 것을 그 주요 임무로 삼고 있다. 이에 따라 예술인에 대한 창작 지원, 일반

---
[17] "문화활동은 모든 국민의 사회적, 미학적, 의사교환상의 욕구 전개와 발전에 기여해야 한다."고 명시하고 있다.
[18] 기존의 문화공간과 대중공간의 경계를 허물고, 예술가와 관객 및 전문적 예술과 자발적 예술활동의 벽을 허물어뜨림으로써 새로운 내용과 대안적 형식을 창조하여 경직된 문화구조를 변화시키고자 의도하고 있는 문화운동.

인에 대한 예술 향유 지원(주 정부와 함께 광범위한 예술교육 진행)이 문화사업의 주류를 이루고 있다. 1961년부터는 예술에 관한 연방이사회(Federal Advisory Council on the Arts)가 설립되어 예술부문에 대한 민간부문의 지원을 촉진하고 민간부문과 정부활동을 조정해 나가고 있다. 또한 미국의 '예술·인문학 대통령위원회'가 1997년 2월 클린턴 대통령에게 제출한 21세기 문화전략보고서 'Creative America'의 서문에 "문화의 번영이 활력 있는 사회의 핵심이며, 예술과 인문학의 창조적인 힘이 민주주의를 강화한다"고 명시되어 있는 것처럼 오늘날 미국은 문화를 사회의 핵심으로 인식하고 있다.

혼합형

영국의 문화정책은 프랑스의 정부주도형 문화정책과 미국의 민간주도형 문화정책 사이의 중간 노선을 취하고 있다. 영국의 문화정책은 문화부문간 다른 요소를 지원·조정하는 중앙과 지방정부 행정수단의 총체로 이루어지고 있으며 자유방임주의(불간섭주의)[19], 원거리 지원원칙[20] 등이 정책의 근간을 이루고 있다.

영국은 1947년 세계 최초로 준 독립적 예술지원기관인 대영예술진흥원(Arts Council of Great Britain)을 설립하여 국민의 예술에 대한 이해와 발전 및 접근성 제고 등을 위한 국민 교화적 프로그램을 운영하였고, 중앙과 지방의 관련 조직간의 협력증진을 지원하는 문화예술 지원체제를 구축하였다. 1970년대에는 문화민주주의를 표방하면서 국민 예술 향유 기회 증대를 위해 지역간 문화시설의 균형적 확충, 지역 예술인 지원 확

---

[19] '지원하되 간섭하지 않는다'(Arm's Length Principle).
[20] 재정지원은 하되 결정에 관여하지 않고 완충역할만 함.

대(순회공연 전시회 등), 입장료 인하, 예술 마케팅 강화, 문화예술교육 강화, 문화공간의 다양화 등에 역점을 둔 문화정책을 추진하였다.

1980년대에는 경제위기로 문화민주주의 정책이 퇴색하고, 시장논리에 기반을 둔 예술경영 측면이 강조되었다. 그리하여 이 시기의 문화정책은 예술경영인 양성, 개인과 사회를 위한 예술에서 상품으로서의 예술로, 관광진흥 외화획득과 같은 부가가치 중시, 기업의 예술지원이 기업홍보전략(기업 메세나)으로 등과 같은 형태로 도모되었다. 1992년 중앙정부에 문화예술, 문화유산, 체육, 관광, 방송, 출판, 문화산업 업무를 총괄할 문화예술정책 담당 문화(유산)부(Department of National Heritage)를 신설하였으며, 이는 1997년에 문화매체체육부(Department of Culture, Media and Sports)로 개편되었다. 이와 같이 영국은 문화예술이 국민 문명화에 기여한다는 관점을 갖고[21] 국가 이미지와 명예 제고를 위해 문화예술을 지원하고 있으며, 이것이 문화예술 사회제도화의 근거이며 정부의 예술지원의 배경이 되고 있다.

요컨대, 문화 선진국가들의 문화정책은 전통적으로 (1) 문화예술인의 육성 및 활동을 우선적으로 지원하며, (2) 문화예술 여러 쟝르의 공연이나 전시가 가능한 문화 인프라를 지속적으로 확대해 나가고, (3) 국민에게 '더 좋은 문화를', '더 많은 문화를' 제공한다는 국민의 문화 향유 향상에 정책적 목표를 두고 문화정책을 시행하여 왔다고 할 수 있다. 더 나아가서 (4) 문화가 문명화, 민주화, 산업화 그리고 국가 경쟁력과 국가(민족)정체성을 제고시킨다는 인식 아래 문화에 대한 체계적이고 장기적인 검토

---

[21] 1987년 예술진흥원 사무총장은 "예술은 마치 종교처럼 국민계도에 영향을 준다. 예술은 정신적, 감성적, 도덕적 건강에 영향을 미치며, 안정된 심성과 정서를 진작시키며 국민교육에 큰 의의를 가진다."고 말한 바 있다.

와 지원 및 교육을 더욱 강화해 나가는 정책을 시행해 나가고 있다고 볼 수 있다.

나. 한국의 문화행정과 문화정책

한일합방 이후 일제는 총독의 무관 임명, 일본 정규군 배치, 한국인 무장해제, 헌병경찰제와 태형제도 등으로 대표되는 혹독한 무단정치를 실시하였다. 그리고 이러한 강압적 식민정책에 대한 민족적 저항운동인 3·1독립만세운동이 발발한 이후 무단통치를 폐지하고 '문화정치'를 실시하였다. 실제로 일제는 문화정치를 표방하면서 총독임용에 관한 제한 철폐, 헌병경찰제에 대신한 보통경찰제 실시, 일반관리·교원 등의 제복 대검제 폐지, 조선인 관리 임용·대우 개선, 태형제도 폐지, 교육기회 확장, 언론과 단체활동의 제한적 허용, 지방자치 시행을 위한 조사 착수, 조선의 문화와 관습의 존중 등을 천명하였다. 그러나 이는 독립만세운동 이후 정국의 소요를 무마하고, 이후 조선 식민지 지배를 보다 안정적으로 경영하기 위하여 조선에 대한 무단식민통치를 회유와 가장된 유화정책으로 바꾼 것에 불과하였다(김복수, 1993 : 260~265). 특히, 이러한 문화정치의 일환으로 조선문화연구라는 미명하에 자행된 일제의 조선문화재에 대한 관심도 조선 민족정신의 말살과 그 가치 왜곡에 의도가 있었음은 주지의 사실이다. 실제로 사적지가 파헤쳐지고 출토된 유물은 공공연히 반출되었으며, 민간의 문화재는 수탈 당하였고, 조직적인 도굴꾼들에 의한 파괴와 약탈이 지속적으로 자행되었던 사실이 이를 잘 말해주고 있다.

미군정(美軍政)의 문화정책도 군정의 통치 편의 및 그 정치적 효과에 일차적 목표가 있었다. 그것은 1930년대 이후 미국이 전 세계를 대상으로 전개해온 미국화의 연장이었으며 그 배경에는 문화를 정치적, 경제적 목적을 달성하기 위한 수단으로 인식한 미 정부와 미 자본의 결탁이 깔려 있었다. 다시 말하면, 미군정의 문화정책은 미국의 이상과 방식을 한국인의 일상에 심음으로써 지속적인 정치적 영향력을 확보하려는 미국 정부와 새로운 시장의 개척과 그에 대한 지속적 지배를 관철시키려는 미 자본이 만들어낸 합작품이었다(김균, 2000 : 68). 따라서 일제와 미군정 시기에는 영속적인 식민지지배 내지 그들의 정치적 영향력 확보를 위해 우리 문화에 대한 조사·연구가 행해지고, 문화정책이 시행되었다고 할 수 있을 것이다. 다만, 정국의 혼란과 우리 문화에 대한 정책 부재 속에서도 대한영화인협회, 한국대중음악협회, 고려교향악단, 덕수궁미술원, 서울교향악단 등과 같은 단체의 창립·창단, 개관 등이 이루어졌다는 점은 특기할만하다 하겠다.

대한민국 정부 수립 이후에도[22] 상당 기간 이전 시기와 차별성 있는 문화정책이 시행되지 않았다. 이는 우리 나라에 대한 미국의 정치·사회적 영향력, 정국의 혼란, 경제적 어려움, 문화에 대한 인식 부족 등에 기인한 것으로 보여진다. 그리하여 제1·2공화국 시기의 문화정책은 국내의 정치적 필요에 의해 정부 산하 문화행정기관이 개편되고, 소수 관변 문화 민간단체의 활동과 계몽적 창작활동에 대한 한정적 지원이 이루어지는 정도에 머물렀다. 문교부와 공보처로 이분되었던 문화행정업무가 교육부로 일원화되고, 다시 1961년 6월 공보부가 발족되면서 공보부와 문교부로 이원화[23] 되었으며, 1968년 7월 문화공보부가 발족하여 문화행정

---

[22] 이후 우리 나라 문화정책에 대한 논의는 오양열 : 1995, 정갑영 : 1995의 논문이 토대가 되었다.
[23] 공보부는 동적 예술부분, 영화, 연극, 무용, 연예, 정기간행물, 국립영화제작소 등을 그리고 문교부는 문학, 미술, 문화재, 도서, 박물관, 종무 행정 등의 업무

이 재통합[24] 되는 등 문화와 공보 업무가 분리되고 통합되는 수 차례의 조직 개편이 그것이다.

제3공화국 시기의 문화정책은 공보(홍보)에 편중되었다. 예산편성에서 공보부문(홍보·방송관리, 81.5%)이 문화부문(문화예술·문화재, 18.5%)보다 절대 우위를 점하고 있다는 점이 이를 말해준다. 한편으로는 행정 전문화 및 수월성 제고를 명분으로 문화행정의 근간이 되는 법(공연법, 문화재보호법, 향교재산법, 영화법)을 제정하고, 한국문화윤리위원회(1975년 이후 공연윤리위원회)를 설립하였다. 이는 이 시기의 문화정책이 문화진흥 보다는 공보(홍보)와 효율적 관리·통제, 전문성·수월성 제고에 중점을 두고 있었음을 의미한다고 할 수 있다. 문화부문에 있어서는 여전히 일부 문화창조자 지원, 필요불가피한 최소한의 전통문화유산 보존 등 소극적 정책을 펴나갔다.

유신 이후에는 선진국으로 한 단계 도약하기 위해서는 문화발전이 수반되어야 한다는 견해가 제기되어 전통문화의 계승과 이를 바탕으로 한 새로운 민족문화의 창조에 기본방향을 둔 '문예중흥 5개년 계획(74~78)'이 수립되었다. 문화부분 예산 비율도 제3공화국(18.5%)에 비해 2.5배가량 증가하였다. 1977년에는 정신문화개발이 자립경제, 자주국방, 사회개발 등과 함께 국가시정목표로 채택되었다. 뒤를 이어, 문화전통의 계발 및 그 정신적 기반조성을 정책기조로 삼은 제2차 '문예중흥 5개년 계획(79~83)'이 발표되었다. 그러나 이 계획은 10.26, 제5공화국 출범 등과 같은 정치적 변혁기와 맞물리면서 추진되지 못했다.

를 관할하였다.
[24] 문화공보부는 1990년 문화부가 신설될 때까지 중심적 문화정책기관으로서 기능하였다.

1980년대 이후에는 과학기술의 발전에 따른 정보화·세계화 및 문화의 산업화가 크게 진전되면서 문화를 국가경쟁력의 주요 자원으로 인식하기 시작하였다. 모든 국가정책이 문화의 시각에서 점검되고 검토될 필요가 있다는 주장이 제기되었다. 또한 문화발전은 문화창조자, 문화수용자의 구분을 넘어 모든 국민의 문화창조력을 상승시켜야 가능할 것이라는 관점이 대두되었다. 이에 따라 새로운 문화정책이 수립되고[25] 문화부분 예산이 거의 3~4배 증가하였으며, 정책의 기조가 과거의 통제 지향에서 지원과 육성 위주로 바뀌었다. 문화재의 원형 보수·보존, 고도문화권 개발, 고궁과 능원 복원, 전통민속마을 보존, 국학진흥 등의 사업이 이 시기에 보다 적극적으로 펼쳐졌다. 또한 전국 규모의 문화시설 조성과 지방문화 육성을 통한 문화향수 기반 마련, 우리 문화에 대한 주체성 강조, 문화적 민주주의·문화민주화, 지방문화의 육성·진흥 등에도 정책적 관심을 보이기 시작하였다.

    1990년 1월에는 문화전담 독립 행정부서인 문화부가 발족하였으며, 문화부는 문화주의를 표방하고 생활문화 개념을 정립하여 이를 정책의 근간으로 삼았다. 그리고 장기적인 문화정책을 수립하는 한편, 국민생활 속에 문화가 뿌리 내릴 수 있도록 '모든 국민에게 문화를'이라는 표어 아래 문화의 내용에 접근하는 전략 프로그램을 개발하여 문화의 생활화를 추진해 나갔다. '문화발전 10개년 계획(90~99)'[26], 제7차 경제사회발전 5개년 계획(92~96) 중에 문화부분을 포함시킨 것 등이 그것이다. 이 시기에는 국민의 문화창조력을 상승시켜야 문화발전이 이루어지며, 모든 국

---

[25] 예컨대 1981년 '80년대 새문화정책', 1983년 '제5차 경제사회발전 5개년 수정계획'에 문화부분 포함, 1985년 '문화발전 장기정책구상', 1986년 '제6차 경제사회발전 5개년 계획'에 문화부분 포함 등 문화정책 수립이 본격화되었다.
[26] 문민정부 출범 후 '문화창달 5개년 계획'으로 변경되었다.

가 정책이 문화의 시각에서 점검되고 검토되어야 명실공히 선진국으로 도약할 수 있을 것이라는 점이 강조되고 이에 따라 정책이 수립·추진되었다. 그러나 그 성과는 미흡하였다. 이는 1990년대 전반까지 주요하고 절박한 사회·문화적 주제로 인식하지 못했기 때문이었던 것으로 보여진다. 이 점은 국제적으로도 크게 다르지 않았다. 1995년에 발간된 유네스코의 '세계문화위원회보고서'가 개개인의 창조적 다양성을 강조하기는 했지만 문화의 문제를 '함께 사는 방식'과 '인간의 기회와 선택의 확장'을 위해 더 많이 고려되어야 한다는 정도의 의미 부여에 머물렀다는 점에서 그렇다고 할 수 있다.

'문민정부' 이후의 문화정책도 그 기조에 있어서는 1980년 이후 문화정책과 크게 다르지 않다. 문화부분 예산비율이 증가하여 문화선진국(1% 정도) 수준에 이르고 있다고는 하나, 그것은 통계적 수치일 뿐 실제적 문화 예산으로 집행되지 못했으며 예산의 집행도 체계적·효율적으로 이루어지지 못했다. 1980년대 이후 민간 대기업을 중심으로 이익의 사회적 환원에 대한 도덕적 의무감이 싹트고 이것이 기업이미지 홍보전략과 맞물리면서 문화에 대한 민간기업의 지원이 점차 확대되었으나 IMF 이후 오히려 축소되었다. '문민정부' 시기에는 '신한국' 창조의 국민정서에 부합하는 문화정책과 사업계획을 반영한 문화창달 5개년 계획(93~97)이 수립되었다. '국민의 정부' 수립 이후에는 '문화국가건설', '문화대통령' 등의 슬로건이 표방되고, 「2000년대를 준비하는 『국민의 정부』 새 문화정책─문화의 힘으로 『제2의 건국』」(문화관광부, 1998), 『21세기 문화국가 실현을 위한 대토론회』(한국문화정책연구협의회, 2000) 등의 토론회가 개최되었다. 문화관광부의 문화관광정책(2000년 3월)은 정책 목표를 '문화의 힘으로 삶의 질 향상'으로 설정하였다. 또한 문화예술 창작환경 개선과 생활화로 문화복지 실현, 문화·관광산업을 21세기 국가기간산업으로 육성, 문화를 통한 지역·계층·세대간 국민화합의 구현 등을 그 추진 기본방향으로 삼았다. 그러나 이러한 정책의 목표와 방향은 실제로는 구호에 그치고 있을 뿐 현실화되지 못한 점이 많다.

이러한 현상은 정책의 부재라기보다는 (1) '문화의 세기' 문화에 대한 인식 부족, (2) 체계적·효율적인 문화행정 체계의 미비, (3) 장기적 정책 전망 하에 일관성 있게 정책이 지속적으로 전개되지 못한 점, 특히 (4) 문화 외적 요인(주로 정치적·행정적)에 의한 문화정책의 수립·집행 등에 그 원인이 있다고 할 수 있다.

그리고 이러한 문제점은 문화에 대한 정부와 국민의 인식 전환, 문화 선진국 수준에 버금가는 실질적 문화예산 확보 및 체계적·효율적 집행, 민간 문화전문가 집단이 주도하는 문화정책(정부는 이를 지원) 수립·집행 등을 통해 해소해 나갈 수 있을 것이다. 또한 그간 지나치게 경제원리 중심적이고 행정 편의적으로 이루어져 왔던 우리 나라 문화정책의 방향과 행정을 개선해 나갈 때 그 실마리를 찾을 수 있을 것이다.

3. 한국 문화정책의 이념과 발전방향

그간 우리 나라는 전술한 바와 같이, 문화와 문화정책에 적지 않은 관심을 기울여 왔다. 특히 1990년 이래 여러 차례에 걸쳐 프랑스, 영국, 미국, 일본 등 문화선진국 문화정책을 적극 수용하면서 세계문화의 보편성과 우리 문화의 특수성을 고려한 정책을 나름대로 강구하여 왔다. 구체적으로 문화부 출범과 함께 1990년 발표된 '문화발전 10개년 계획', 문화부가 문화체육부로 개편되면서 1993년 발표한 '문화창달 5개년 계획',

1996년 '삶의 질 세계화를 위한 문화복지 기본구상', 1996년 한국문화정책개발원의 '21세기를 향한 한국문화의 비전과 전략', 1997년 문화체육부의 '문화비전 2000년의 과제', 2000년에는 '문화비전 21', '문화산업비전 21 – 문화산업진흥 5개년 계획' 등 문화에 대한 장기계획을 수차에 걸쳐 수립하였다.

이 가운데 '문화발전 10개년 계획'은 "보통 사람들이 실질적 혜택을 실감할 수 있는" 문화복지국가를 정책이념으로 설정하고 있다. 또한 이의 실현을 위한 기본방향을 (1) 마음의 풍요를 지향하는 복지문화, (2) 갈등구조를 푸는 화합문화, (3) 환태평양시대를 주도하는 민족문화, (4) 후기산업시대에 적응하는 개방문화, (5) 남북한 협력시대를 준비하는 통일문화 등으로 설정하였다. 문화정책방향으로는 문화창조력의 제고, 문화매개기능의 확충, 국민의 문화향수 확대, 국제문화교류의 증진 등을 제시하고 있다.

'문화창달 5개년 계획'은 "국민의 삶의 질을 향상시켜 선진 복지국가로 진입"한다는 정책이념을 설정하고 있다. 또한 규제에서 자율로, 중앙에서 지역으로, 창조계층에서 향수계층으로, 분단에서 통일로, 보다 넓은 세계로 등으로 기본방향을 정하였다. 그리고 민족정기의 확립, 지역문화의 활성화와 문화복지의 균점화, 문화창조력 제고와 문화환경의 개선, 문화산업 개발과 기업문화 활성화 지원, 한겨레 문화조성과 우리 문화의 세계화 등을 문화정책방향으로 설정하고 있다.

'문화비전 21'에서는 우리 나라 문화정책 이념을 (1) 문화의 힘으로 인간의 삶의 질 향상, 국가의 부와 경쟁력 창출 (2) 문화가 중심 가치가 되는 지식정보사회, 포스트 모던사회 건설 (3) 갈등과 편견을 해소하고 화합과 조화의 성숙한 문화민주사회 지향 (4) 문화 정체성 확립과 문화다원주의를 통한 보편적 세계주의 구현 등으로 설정하고 있다. 또한 문화정책의 목표와 방향을 (1) 문화의 중심가치 확립과 삶의 질 향상, (2) 사회발전의 주요 영역으로서의 문화, (3) 경쟁력 있는, 발전적인 문화, (4) 지식정보화시대의 문화, (5) 문화예술 진흥과 발전, (6) 통일문화 지향 등으로 설정하고 있다. 그리고 이러한 목표와 방향을 실현하기 위한 구체적인 방안을 다음과 같이 제시하고 있다.

문화의 중심 가치 확립과 삶의 질 향상 : 갈등과 반목 해소(세대간, 지역간, 민족간 등), 조화와 공존, 창조성과 통합성의 조화(문화의 정체성 확립), 물질적 정신적 풍요와의 조화, 문화창작 향수의 기회 균등과 확대, 기반시설 확충과 프로그램 다양화, 경제 활성화, 지역문화 활성화, 국제문화 교류 활성화.

사회발전의 주요 영역으로서의 문화 : 세계속의 문화(종속과 편견 극복, 문화의 상대성 인식, 현시대 감각 유지, 지구화시대의 시민의식), 다양성 자율성 창의성을 통한 민주문화 형성(문화향수 기회 확대, 자발적 참여 확대, 성숙한 시민 의식, 정부주도에서 민간주도로, 전문가 중심에서 일반인 중심으로, 중심계층에서 소외계층으로).

경쟁력 있는, 발전적인 문화 : 문화시장 개방, 국내 시장 개방과 유통구조 개선, 문화산업에의 제도적 지원과 첨단기술의 개발 및 창조적 문화인력양성.

지식정보화시대의 문화 : 종합문화정보시스템 구축, 정보처리기술 발전, 제도정비.

문화예술 진흥과 발전 : 문화생활의 활성화, 문화예술 의욕 고취, 규제에서 자율로 전환(문화환경 개선, 내실 있는 문화예술 교육, 문화예술 재원 확충).

통일문화 지향 : 민족동질성(이념 대립 갈등을 다양성과 민족 보편성으로 극복, 상호 이해 증진, 남북 문화통합 사업 전개 및 제도개혁, 문화적 공동기반 확립, 문화교류 단계적 실천).

이러한 1990년대 이후 수립·집행된 우리 나라 문화발전 중장기 계획은 대체로 다음과 같은 특징을 지니고 있다고 할 수 있다. 첫째, 문화발전 중장기 계획은 문화선진국 특히 일본의 '문화입국 21 플랜', 미국의 'Creative America', 영국의 문화정책을 중심으로 하여 마련된 것이다. 둘째, 문화정책의 이념은 문화가 중심이 되면서 국제 경쟁력을 갖춘 문화복지사회, 지식정보사회, 포스트 모던사회, 문화민주사회를 건설·구현하는 데 두고 있다. 셋째, 문화정책의 목표와 방향은 문화 가치 확립, 삶의 질 향상, 국가경쟁력 확보, 사회 발전, 문화예술 진흥·발전, 통일문화 지향 등에 두고 있다. 넷째, 문화발전 실현을 위한 구체적인 방안으로 갈등 해소(세대간, 지역간, 민족간), 조화(창조성과 통합성, 물질적·정신적), 공존(문화창작과 국민 향수), 다양화(기반시설 확충과 프로그램의 다양화), 활성화(지역문화, 국제문화교류), 육성 및 지원(문화산업, 정보산업, 창조적 문화인력), 문화생활 개선, 남북 문화통합 사업 전개, 법·제도의 정비 등을 들고 있다.

따라서 이러한 정부에 의해 수립된 문화정책의 이념, 기본목표, 정책 방향 등이 문화선진국의 그것에 비해 시대에 뒤떨어져 있다거나 방향설정이 잘못되어 있다고 보여지지는 않는다. 문화선진국 정책을 기반으로 하면서 우리의 특수성, 예컨대 통일문화 등을 나름대로 반영하고 있다는 점에서 오히려 높게 평가할만한 점이 있는 것으로 여겨진다.

그러므로 현 시점에서의 문제점은 문화정책 보다는 우리의 문화현실, 우리 나라의 실제적 문화 현실이 문화선진국의 그것에 비해 문화후진국으로 지칭될 정도로 뒤떨어져 있다는 데에서 찾아야 할 것 같다. 이 점에 관해서도 여러 가지로 지적될 수 있을 것이다. 예컨대, 우리 사회의 문화가 갖는 자생력, 그것을 뒷받침할 수 있는 문화자본의 질과 두께의 결여가 그 원인이라는 지적이 그것이다. 또한 그간 우리 나라가 역사적으로 중국(小華), 일본, 미국의 절대적 영향 하에 위치해 있었으며 이런 점에서 우리 나름의 문화적 정체성을 갖는 생명력 있는 문화 생산국이 될 수 있었겠는가 하는 점이다. 또한 그간의 우리의 문화발전 계획이 지나치게 현실을 무시한 구호적인 측면이 없지 않았고, 문화전문가가 배제된 채 중앙정부 주도적, 행정부서 관리 중심으로 이루어져 왔다는 점도 그것이 현실화되지 못한 원인이 될 수 있을 것이다. 그리고 근래에는 경제 논리에 따라 문화산업 중심의 문화정책이[27] 우선시, 중요시되어 왔다는 점도 문제점으로 지적될 수 있을 것이다.

따라서 이제 우리는 문화선진국의 문화정책에 기댄 화려한 말의 성찬으로 이루어진 문화정책의 이념과 기본 방향, 정책 방향 수립에만 매달리거나 그것만으로 자족해서는 안 될 것이다. 지금은 문화선진국에서와 같이 정책의 수립뿐만 아니라 '문화의 세기'에 맞는 문화 인식의 확대와 집행의 효율화, 그리고 이를 위한 문화교육 시스템의 체계화 등이 더 필요하고 중요한 문제라고 생각한다. 보다 구체적으로 말하면 (1) 새로운 '문화의 세기'에 요구되는 문화에 대한 인식의 범국민적 확대, (2) 지속적·체계적·효율적인 문화행정 시스템의 확립과 집행의 효율화, (3) 학교와 사회에서의 문화교육 확충을 통한 문화에 대한 인식 제고와 창의력 있는 인재 양성, (4) 다각적으로 문화정책을 연구하고 집행할 수 있는 전문 문화행정 인력 양성, (5) 문화수용자들에게 문화복지를 향유할 수 있는 문화 인프라 조성 등에 관심을 집중시켜 나가야 할 것이다. 이는 우리 문화유산뿐만 아니라 세계 문화유산을 충분히 전유할 수 있는 개방적인 사회·

---

[27] 이 때 문화정책은 공연예술, 시각예술, 박물관, 역사적 기념물의 보존·보관, 도서관/자료관, 문화산업, 문화발전/촉매, 전문예술교육, 대중교육 등을 그 영역으로 삼고 있다.

문화적 환경을 동시에 마련해 나가는 문제와도 연관된다. 또한 (6) 정치적, 행정 편의주의적, 정부 주도적인 정책의 수립과 집행을 지양하고 문화전문가, 문화수용자 중심으로 그리고 정부는 이를 지원하는 형태로 바뀌어나가야 할 것이다. 그리고 무엇보다도 '문화의 세기'에는 문화정책이 '경제의 논리' 중심에서 '문화의 논리' 중심으로 변화되어야 할 것이다.

4. 요약 및 결론

21세기가 '문화의 세기'라는 수식어로 장식되면서 문화는 이제 그 자체로서의 의미를 벗어나 그 파급효과로 인한 사회적 영향력으로 평가되기에 이르렀다. 특히 문화의 경제적 부가가치가 특정한 지역이나 특정 영역에 한정되지 않고 국가경쟁력의 척도로까지 인정되고 있다. 이렇게 문화의 중요성이 대두된 배경은 세기말 이래 세계화, 정보화로 장식된 문명사적 전환과 무관하지 않다. 경제활동의 영역이 지구촌사회로 재편되면서 국가간의 경제적 교류에서 문화를 상품화한 문화산업의 부가가치가 재화 생산의 고전적 산업사회 경제와 비교할 수 없을 정도의 부가가치를 산출하기 때문에 문화가 국가경쟁력의 중심으로 떠오르고 있다. 특히 지식정보사회로 전환되면서 디지털기술과 인터넷의 발전은 창조와 지식 집약적인 문화산업 분야에 지대한 영향을 주고 있다. 그래서 문화산업의 요체는 콘텐츠이고 그 바탕이 되는 문화의 의의는 '문화의 세기'라는 명예를 안게 되었고 과거와는 상상할 수 없는 정도의 주목을 받고 있는 것이다.

이러한 시대적 조류는 문화정책에도 영향을 주어 우리 나라의 경우 최근 몇 년 이래 문화산업과 문화콘텐츠산업 정책에 집중적인 관심을 나타내고 있다. 실제로 1998년 문화산업진흥법이 제정되어 문화산업 제 분야에 대한 체계적인 육성 방안이 강구되고, 2001년 문화콘텐츠진흥원이 설립되어 문화콘텐츠 개발 지원사업도 광범위하게 펼쳐지고 있다. 이러한 관심은 국가경쟁력에서 가지는 문화의 의의가 단지 경제적 부가가치에만 머물지 않고 국가이미지 형성과 대외인지도 제고와도 직결되고 있기 때문이다. 마치 월드컵에서 국가대표팀의 선전이 단지 축구 경기력 성장을 넘어서는 국가이미지 개선, 국가경제 발전, 국민 정체성회복으로 연결된다는 것과 같은 맥락이다.

이 책에서 '지식정보화시대의 문화산업정책' 문제와 '21세기 사이버공간과 정보문화정책'의 문제를 다룬 것은 그러한 상황변화에 부합하는 의미를 갖고 있다. 그러나 '문화의 세기'가 오로지 문화적 부가가치의 강조나 문화를 통한 국가의 대외이미지 제고에만 의의가 있다고 보아서는 안 될 것이다. 문화는 본연의 가치 예컨대, 문화의 경제적 부가가치에 앞서 문화 본래의 가치의 육성과 보급, 소위 '문화의 논리'가 우선적으로 강조되어야 할 것이다. 왜냐하면 문화의 본래 가치를 도외시한 경제적 부가가치는 생각할 수 없기 때문이다. 문화의 본질은 우리 민족의 역사적 뿌리에 있고, 그 안에서 우리 현실문화의 성숙을 통한 문화정책이 이뤄져야 한다는 점이 바로 그것이다. 그래서 문화정책의 기조와 방향도 시대조류에 대해 반응해야 하는 부분이 있는가 하면, 상황과 여건의 변화에도 불구하고 지속성을 유지해야 될 부분도 엄연히 존재한다는 것이다.

이런 시각에서 이 책은 실제적인 문화정책 뿐만 아니라 광의의 문화정책 범주에 포함되는 영역을 포괄하고 있다. 일반적으로 인식되고 있는 문화예술정책으로 대변되는 문화정책의 범주에 머물지 않고 종교문화, 전통문화, 문화산업, 문화교육, 정보문화와 같이 포괄적인 문화정책 영역을 다루었다. 바로 이 점에서 이 연구는 특징과 한계를 동시에 갖고 있다고 할 수 있을 것이다. 또한 연구진이 다양한 전공자로 구성되어 종합적 정책제기에 다소 한계가 있을 수 있는 부분도 있다. 각자 연구자들의 전공 영역에서 문화정책의 하위분야와 연계되는 부분을 대상으로 지금까지의 문화정책의 문제점과 한계를 분석하고 21세기 이른바 문화의 세기의 문화정책의 방향과 과제를 제시했기 때문이다.

그리고 이 연구가 문화정책의 실무적 행정에 밀착된 접근과 분석은 다루지 못하고 포괄적인 논의에 주력한 점도 없지 않다. 하지만 문화정책에 대한 관심이 현안에 대한 즉각적인 찬반 대응 수준에 머물고 있는 현실과 정책학적 관심 또한 미시적 분석에 주력하고 있는 경향을 고려한다면, 이 책에서의 거시적 논의도 일정한 의의를 가진다고 판단된다. 또한 문화정책에 대한 학술적인 접근이 극히 제한된 상황에서 문화와 문화정책에 직·간접적으로 연관된 인문사회과학 분야의 학제적 연구의 성과로서 첫발을 딛는다는 점에 의미를 부여하고자 한다. '문화의 세기'를 표방한 문화정책이 장식적 화두에 머물지 않고 한국 문화의 성숙으로 이어져, 대외적으로는 국가이미지 제고에 기여하고 대내적으로는 문화의 수준 향상으로 결실을 맺기 위해서는 보다 많은 인문사회과학적 성과가 요구되기 때문이다.

이러한 의도 아래 I 장에서는 21세기 문화와 문화정책에 대한 총론적 논의를 시도하였다. 그 결과를 토대로 21세기에는 소위 '문화의 속성'이라 지칭할 수 있는 창조성, 발전성, 복지성, 경제성, 정체성, 공유성(대중성, 통합성)에 기여할 수 있는 방향으로 나아가야 한다는 점을 끝으로 지적해 두고자 한다. 어설픈 외국 흉내내기가 아니라 우리 문화를 세계에 널리 소개하고 인정받을 만한 창의적인 우리 문화를 만들어 내야 한다는 것이다.[28] 그리고 문화 자체의 발전과 함께 그것이 사회의 발전, 인간의 삶의 질을 향상시킬 수 있는 문화로 가꾸어 나가야 할 것이다. 이를 위해서는 문화수용자 입장과 관점이 배려된 문화, 그들이 자유롭게 마음껏 향수할 수 있는 복지 문화를 구현해 나가야 할 것이다. 그러면서도 그것이 경쟁력 있고 고 부가가치가 있는 문화를 만들어 가야 할 것이다. 또한 우리의 우수한 문화를 발굴·보존·전승하고 필요한 부분은 새롭게 정립해 나감으로써 우리 문화정체성을 확립해 나가야 할 것이다. 뿐만 아니라 남북 분단과 지역 갈등을 겪고 있는 우리 사회의 특성상 통합성(계층간, 지역간, 남북간 등)이 있는 문화를 만들어 나가는 데에도 관심을 기울여야 한다는 것이다.

보다 구체적으로 말하면 '문화의 세기'에는 민족정체성 정립, 문화복지실현, 문화산업의 경쟁력제고, 그리고 대화와 화해의 공동체문화(세계적, 민족적) 형성에 기여하는 정책을 기본방침으로 하는 중장기 문화발전정책을 수립·추진해 나가야 한다는 것이다. 그러면서도 문화의 지나친 상업성, 대중성, 생산자나 행정부 중심의 권위주의적이고 배타적인 정책의 수립과 집행에 대해서 경계를 게을리 해서도 안 될 것이다. 그리하여 세계 속에 국가 정체성을 확립하고, 문화 수용자 중심의 개인의 삶의 질이 향상될 수 있는 문화복지국가를 실현해 나가고, 갈등과 대립의 시기가 문화의 원리를 통해 대화와 화해의 시대로 거듭나는 21세기를 만들어 나아가야 할 것이다. 그리고 이를 위해서는 무엇보다도 문화에 대한 인식의 변화, 집행의 체계화와 효율화, 우리의 현실을 고려한 정책으로의 전환과 정책의 우선 순위 결정, 그리고 문화교육 확충의 문제에 보다 더 많은 관심과 정책적 배려 및 인문사회과학적 논의가 수반되어야 한다는 점을 지

---

28) 기 소르망이 "한국은 세계 무대에 내세울 만한 강렬한 문화적 이미지가 없다"는 지적을 뼈아픈 지적으로 받아들여야 할 것이다.

적해 두고자 한다.

참고문헌

김균,「미국의 대외 문화정책을 통해 본 미군정 문화정책」,『韓國言論學報』
　　제44-3호, 한국언론학회, 2000.
김문환,『문화교육론』, 서울대학교 출판부, 1999.
김문환·양건열,『문화교육론』, 한국문화정책개발원, 1998.
김복수,「일제하 문화정치와 신문의 논조— 신문 압수기사를 중심으로」,『커
　　뮤니케이션과 현대문화』, 노산 이강수교수 정년기념논총간행위원회,
　　나남출판, 1999.
김여수,「문화정책의 이념과 방향」,『文化藝術論叢』제1집, 한국문화예술진
　　흥원 문화발전연구소, 1998.
문화관광부,『2000년대를 준비하는 국민의 정부 새 문화정책— 문화의 힘으
　　로 제2의 건국』, 문화관광부 정책 자료집, 1998.
문화관광정책연구협의회,『21세기 문화국가 실현을 위한 대토론회』자료집,
　　2000.
미우라 노부타카(三浦信孝)·카스야 케이스케(糟谷啓介),『언어제국주의란
　　무엇인가』, 후지와라(藤原)서점, 2000년), 2000.
새뮤엘 헌팅턴, 이희재 옮김,『문명의 충돌』, 김영사, 1999.
새뮤엘 P. 헌팅턴·로렌스 E. 해리슨 공편, 이종인 옮김,『문화가 중요하다』,
　　김영사, 2001.
아야베 쓰네오, 이종원 옮김,『문화를 보는 열 다섯 이론』, 인간사랑, 1993.
오양열,「한국의 문화행정체계 50년— 구조 및 기능의 변천과정과 그 과제」,
　　『문화논총』제7집, 한국문화정책개발원, 1995.

이어령, 「21세기를 내다보는 문화양식과 국민적 자세 — 한국문화의 새로운 패러다임 구축」, 『21세기의 문명사적 도전과 한국의 선택』, 한국정신문화연구원, 1997.

임재해, 「문화는 '문화의 눈'으로 보라」, 『동아일보』 2000년 11월29일자, 2000.

정갑영, 「21세기를 향한 우리 나라 전통문화정책 방향과 과제」, 『문화논총』 제7집, 한국문화정책개발원, 1995.

프랜시스 후쿠야마, 구승회 옮김, 『트러스트』, 한국경제신문사, 1999.

한국문화예술진흥원 문화발전연구소, 『한국의 문화정책』, 1992.

한상복, 이문웅, 김광억, 『문화인류학』, 한국방송대학 출판부, 1983.

A. L. Kroeber and C. Kluckhohn, Culture: *A Critical Review of Concepts and Definitions*, Papers of the Peabody Museum of America Archeology and Ethnology, Harward, Vol. 47, 1952.

II장   한국의 문화 정체성과 종교정책

강돈구 (한국정신문화연구원, 교수)

1. 서론
2. 지구촌의 종교변화 양상
3. 한국종교의 현실과 문화 정체성
4. 종교정책의 현재
5. 종교정책의 미래
6. 요약 및 결론

II장   한국의 문화 정체성과 종교정책

1. 서론

　본 연구는『'문화의 세기'문화와 한국의 문화정책』이라는 대과제 아래, 한국 종교정책의 현재를 점검하고, 미래를 조망해 보는 데 일차적인 목적이 있다.『'문화의 세기'문화와 한국의 문화정책』이라는 대과제는 21세기의 한국문화의 바람직한 모습을 상정하고, 그것을 실현하기 위한 문화정책의 방향을 제언해 보고자하는 데 그 목적이 있다. 따라서『'문화의 세기'문화와 한국의 문화정책』이라는 대과제에 속하는 본 연구는 21세기의 한국종교의 바람직한 모습을 상정하고, 그것을 실현하기 위한 종교정책의 방향을 모색해야 하는 과제를 지닌다.

　그러나 주지하다시피 현재까지 종교의 미래를 예측하는 것은 종교학의 주요 과제가 될 수 없다는 것이 일반적인 견해였다. 종교의 미래보다는 오히려 현대 사회에서 종교가 어떻게 변화하고 있는지에 대한 연구는 꽤 많은 편이다.[1]『종교의 미래(The Future of Religion)』[2]라는 제목의 책이 있기는 하나, 그 책의 내용도 종교의 미래를 직접적으로 예측하기보다는 오히려 현대의 종교변용을 주로 다루고 있다. 국내에서『미리 가 본

---

* 강돈구(한국정신문화연구원, 교수)
1) 대표적인 책으로 토마스 루크만,『보이지 않는 종교』, 이원규 역(기독교문화사, 1982); Bryan Wilson, *Contemporary Transformations of Religion* (Oxford: Clarendon Press, 1974) 등을 지적할 수 있다.
2) Kathleen Bliss, *The Future of Religion* (Harmondsworth: Penguin Books, 1969).

21세기 종교문화』3)라는 책이 발간되었으나, 이 책은 저널리스트가 미래의 종교 모습을 흥미 본위로 기술한 내용을 담고 있어서, 학술적인 책이라고는 할 수 없다.

흔히 앞으로의 시대는 문화의 시대이면서, 동시에 인터넷이 보편화된 정보화시대라고 말한다. 따라서 최근에는 다른 부문들과 마찬가지로 종교가 정보화시대에 어떻게 변용되고 있는가에 대한 논의가 활발히 이루어지고 있다. 이들 논의들은 종교가 인터넷을 어떻게 이용하고 있는가, 그리고 그렇게 함으로써 종교가 어떻게 변하는가, 또는 종교간의 역학 관계가 어떻게 변하는가 등을 중심으로 하여 이루어지고 있다.4)

물론 미래에는 종교가 어떻게 변해야 한다는 당위적인 논의도 일부에서 전개되고 있다. 그러나 이러한 논의들은 대부분 특정의 신념이나 이데올로기를 전제로 하여 진행되고 있기 때문에 우리 모두가 동의할 수 있는 내용은 아니다. 하지만 어차피 학문적 발언이 엄격한 중립성을 지키기 어렵다는 점에 동의한다면, 또한 세계적인 차원의 보편성의 확보를 목표로 하지 않는다면, 특정 국가에서 종교가 앞으로 어떻게 존재하는 것이 바람직할 것이라는 약간의 당위적인 발언은 필요하다고 하겠다. 그리고 특정 종교가 앞으로 어떻게 존재해야 한다는 발언은 매우 신학적이고, 교학적일 가능성이 높은 반면, 특정 국가에서 종교들의 상호 관계가 어떻게 맺어지는 것이 바람직하다든지, 또는 종교와 문화, 종교와 정치 등의 관계가 어떻게 맺어지는 것이 바람직할 것이라는 등의 논의는 동의를 얻을

---

3) 김석현, 『미리 가 본 21세기 종교문화』(대흥기획, 1997).
4) 배국원, 「사이버스페이스의 기독교적 의미」, 『종교연구』, 제23집(2001) ; Jeff Zaleski, The Soul of Cyberspace : How New Technology is Changing our Spiritual Lives (New York : Harper Edge, 1997) ; 池上良正他編, 『情報化時代は宗教を變えるか-傳統宗教からオウム眞理教まで』(弘文堂, 1996) 등 참조.

수 있는 가능성이 비교적 높다.

한국에 존재하고 있는 여러 종교들 각각이 현재 어떤 문제를 지니고 있으며, 그러한 문제들을 해결하기 위해서는 어떤 방법이 필요한가 등의 문제도 매우 중요하다. 그리고 한국종교가 안고 있는 문제들은 사실 개별 종교들이 안고 있는 문제들의 총합일 수 있다. 그러나 본고는 개별종교들이 안고 있는 구체적인 문제들보다는 한국의 종교현실이 안고 있는 보다 큰 문제들을 다루고자 한다.

한국의 종교현실이 안고 있는 보다 큰 문제들은 보는 시각에 따라, 그리고 보는 학자에 따라 달리 제기될 수 있다. 그리고 제기되는 문제들에 따라 제시되는 정책 대안도 물론 다를 것이다. 따라서 논의는 당연히 필자 개인의 주관적인 견해를 중심으로 진행될 가능성이 높다고 하겠다.

II장은 크게 두 부분으로 나뉜다. 먼저, 한국의 종교현실이 안고 있는 근본적인 문제들은 무엇인가를 다루게 될 것이다. 이때 한국의 종교현실은 세계의 종교현실과 구분되어 논의될 수 없다. 따라서 이 부분에서는 먼저 세계의 종교들이 현재 어떤 변동을 겪고 있는가에 대한 논의를 다룰 것이다. 그리고 이것과 관련하여 한국의 종교현실이 구체적으로 어떤 문제들을 지니고 있는가를 지적해 볼 것이다. 둘째는 이러한 문제들을 해결하기 위해서는 어떤 해결 방안이 있을 것인가에 대해 논의를 하게 될 것이다. 이때 종교정책은 문화정책의 한 부분이라는 점을 염두에 두고, 주로 현대 한국인의 종교에 대한 인식의 전환이 필요하다는 점을 지적하게 될 것이다.

2. 지구촌의 종교변화 양상

한국의 종교를 포함해서 그 어느 나라의 종교도 세계적인 변화 추이에 영향을 받을 수밖에 없는 시기가 되었다. 따라서 한국종교의 현재 상황을 진단하기 위해서는 먼저 세계종교의 변화 추이를 일별하는 것이 필요하다. 한국종교의 변동에 대한 인식은 세계종교의 변동을 아울러 고려할 때 보다 객관성을 획득할 수 있다. 그리고 세계종교의 변동 가운데 특히 우리는 일본과 중국 등 동아시아의 종교가 어떻게 변화하고 있는지에 대해서도 주목하여야 한다.

현재 기독교는 거의 모든 나라에, 불교와 힌두교는 80여 개 국에, 유대교는 110여 개 국에, 그리고 이슬람교는 160여 개 국에서 활동하고 있다.[5] 과거와 달리 이제는 마음만 먹으면 다른 종교에 소속되어 있는 사람들을 만나거나, 또는 다른 종교의 집회에 참석하는 일이 쉽게 되었다. 이런 상황에서 세계의 모든 종교는 이제 고립되어 존재하는 것이 아니라 다른 종교로부터 알게 모르게 영향을 받을 수밖에 없으며, 또한 다른 종교를 의식할 수밖에 없게 되었다.

20세기 후반부의 변화는 대체로 다양성과 깊이, 그리고 전방위적인 성격을 지녔다는 점에서 이전 시기의 변화와는 종류가 다르다고 하겠다.[6] 20세기 후반에는 그 이전 시기와 달리 생태, 핵전쟁, 인구, 식량, 빈부의 차 등 그야말로 전 지구적인 위협에 전면적으로 대처하여 그 해법을 찾아야만 한다는 의식이 증대하였다. 따라서 현재에는 지구상의 그 어느 구석진 곳에서 일어난 일이라고 하더라도 지구적인 시각에서 그 발생 원인

---

[5] F. Whaling, "Religion in Today's World: An Introductory Survey" in *Religion in Today's World*, ed. by F. Whaling(Edinburgh: T & T Clark, 1987), 34면.
[6] F. Whaling, *op. cit.*, 21면.

을 찾고 해결 방안을 강구하려는 노력을 기울인다. 우리는 이러한 현상을 지구촌 의식의 출현이라고 부를 수 있다. 지구촌 의식의 출현은 세계종교의 변동에 일정하게 영향을 미쳤고, 그 영향은 앞으로도 지속될 것이다.

동시에 이제는 서구 중심의 사고방식에서 탈피하려는 경향도 증대하고 있다. 20세기 중반까지는 서구와 기독교가 중심이 되어 종교간의 대화가 이루어졌다. 그러나 이제는 그 어느 종교도 우위적이고, 강압적이지 않은 상태에서 종교간의 교류가 활성화되고 있다. 서구도 이제는 여러 지역 가운데 하나로, 그리고 기독교도 여러 종교들 가운데 하나로 점차 인식되고 있다. 이러한 맥락에서 과거에는 세계종교(world religions)가 기독교, 이슬람교, 불교, 유대교, 힌두교 등으로 분류되었으나, 이제는 중국종교와 일본종교가 이에 포함되어, 적어도 종교와 관련해 볼 때, 동아시아가 보다 주목을 끄는 관심 지역이 되었다.

20세기를 특징짓는 또 다른 개념으로 우리는 '근대성'과 '탈근대성'에 주목하지 않을 수 없다. 이 자리에서 근대성과 탈근대성이라는 개념의 의미와 이를 중심으로 벌어지는 여러 논쟁을 소개하거나 또는 그러한 논쟁에 끼어들 필요는 없다. 하지만 사실이야 어찌되었든 '종교와 근대성', 그리고 '종교와 탈근대성'이라는 주제 아래 20세기 세계종교의 변동을 설명하려는 시도가 있어 왔던 것은 분명하다.

종교와 근대성의 관계를 '친화성', '비친화성', 그리고 '배타성' 가운데 어느 관점에서 보는가에 따라 세계종교의 변동에 대한 인식은 각기 다르다. 그리고 현대 세계종교의 변동을 탈근대성의 개념으로 설명할 수 있는지의 여부에 따라 현대 세계종교에 대한 이해도 서로 다르다. 예를 들어서 뉴에이지 운동과 같은 새로운 종교운동의 출현을 탈근대성의 징후로 설명한다든지, 또는 특정종교의 입장에서 탈근대성이라는 시대적 상황에 맞게 스스로의 종교를 변화시켜야 한다는 주장을 한다든지 등으로 전개되고 있다. 비록 최근에 근대성과 탈근대성이라는 개념으로 세계종교의 변동 추이를 설명하려는 시도가 비생산적이라는 지적이 일부에서 제기되고 있기는 하지만,[7] 이러한 담론이 세계종교의 변동을 이해하는 데 어느 정도 도움이 되었다는 사실은 부인할 수 없다.

또한 종교간 상호 이해의 증진이나 교류, 그리고 생태, 인권, 평화 등을 위한 공동 모임이나 기도회의 개최 등을 20세기 세계 종교상황의 특징으로 지적해 볼 수 있다. 그리고 종교사상적인 면에서 과거에는 특정종교의 테두리 안에서 보편성을 획득하려는 노력을 기울여 왔으나, 이제는 여러 종교의 공통 기반 위에서 보편성을 획득하려는 노력이 성과를 거두고 있다. 우리는 이러한 예를 외국의 경우에는 스미스(W. C. Smith)[8], 힉(J. Hick)[9], 슈온(F. Schuon)[10] 등에서, 그리고 국내의 경우에는 유영모[11], 길희성[12], 오강남[13] 등에서 찾아볼 수 있다.

위에서 살펴본 여러 이유로 인해 세계종교는 과거와의 연속성을 유지한 채 다양한 변화 양상을 보이고 있다. 세계종교의 이러한 변화 양상은 아래와 같은 유형으로 정리해 볼 수 있다.

---

[7] James A. Beckford, "Religion, Modernity and Post-modernity" in *Religion : Contemporary Issues*, ed. by B. Wilson(London: Bellew Publishing, 1922), 11 ~23면.

[8] W. C. Smith, *Towards a World Theology* (Philadelphia : Westminster, 1981).

[9] 존 힉, 『하느님은 많은 이름을 가졌다』, 이찬수 옮김(창, 1991).

[10] F. Schuon, *The Transcendent Unity of Relligions* (London : The Theosophical Publishing House, 1993).

[11] 강돈구, 「多夕 柳永模의 宗敎思想(1)」, 『정신문화연구』, 19권 4호(1996) ; 「多夕 柳永模의 宗敎思想(2)」, 『정신문화연구』, 20권 1호(1997) 참조

[12] 길희성, 『포스트모던 사회와 열린 종교』(민음사, 1994).

[13] 오강남, 『예수는 없다』(현암사, 2001).

첫째는 주변 상황의 변화를 외면하고 자기 종교전통의 테두리 안에 머무르면서 스스로의 정체성을 유지하려는 종교이다. 서구 기독교와 이슬람교 일부에서 벌어지고 있는 신보수주의운동(neo-traditionalism)[14]을 여기에 포함시킬 수 있다. 그리고 생겨난 지 얼마 되지 않은 새로운 종교(cult, sect 등)와 우리나라 개신교의 대부분을 여기에 포함시킬 수 있다.

둘째는 전통을 창조적으로 복원하려는 양상을 보이는 종교이다. 대체로 이들 종교도 역시 보수적이고 우익적인 성격을 지니고 있기는 하지만, 전통의 재창조라는 측면에서 별개의 유형으로 분류해 볼 수 있다. 대표적인 것으로 현대 힌두교운동[15]과 유대교의 개혁운동, 그리고 불교에서 聖地를 복원한다든지, 또는 수행 방법을 개선하려는 움직임을 여기에 포함시킬 수 있다.

셋째는 주변 환경의 변화에 맞추어 사상이나 의례, 조직 등을 적절히 변용시키는 종교이다. 여기에 포함되는 종교는 물론 다른 종교로부터 일정 부분 영향을 받는 경우도 있을 수 있다. 제2차 바티칸공의회 이후 천주교가 미사에서 라틴어가 아니라 해당 지역의 언어를 사용하고 있는 것, 그리고 기독교가 다른 종교들로부터 영향을 받고 생태 문제에 대처하기 위해 기존의 교리에서 생태 관련 부분에 주목하는 것, 그리고 우리나라의 개신교가 의례를 전통문화와 접목시키려는 움직임 등을 이 유형에 포함시킬 수 있다.

넷째는 현재의 세계적인 상황이 매우 급진적으로 변화하고 있다는 인식 아래, 비록 과거의 전통과의 단절이라는 위험을 감수하더라도, 좀더

---

14) 일반적으로 근본주의(fundamentalism)라고 부르나 신보수주의라는 용어가 더 적절하다.
15) 이지수, 「하나의 세계와 종교간의 만남에 있어서 현대 인도종교가들의 비젼」, 『종교연구』, 제5집(1989) 참조.

혁신적인 변혁을 추구하는 종이다. 유대교나 이슬람교와 같이 이러한 혁신적인 변혁을 추구하기에는 성격상 어려움이 많은 종교도 있다. 그러나 기독교의 경우 예수 중심주의에서 신 중심주의로 신관을 혁신시키려는 움직임[16], 그리고 우리나라에서는 비록 실패에 그치기는 하였지만 유교의 종교화 운동[17]을 이 부류에 포함시킬 수 있다.

다섯째는 세속적 이데올로기를 포함해서 기존의 종교전통을 전면적으로 거부하고 새롭게 등장하는 종교이다. 아프리카의 수 천 개의 독립교회(African Independent Church), 일본의 신종교와 新靈性運動, 수만 개의 기독교 컬트, 섹트, 뉴에이지 운동, 그리고 서구에서 활동하는 아시아 종교가 이 부류에 속한다. 새로운 종교는 역사상 항상 있어 왔지만, 근래 세계적인 상황의 변화 속에서 새로운 종교의 발생 빈도는 보다 높을 수밖에 없다.

여섯째는 지구촌 의식의 증대로 종교간 교류가 활성화되는 한편으로 종교가 민족주의와 결합하는 양상을 볼 수 있다.[18] 민족주의라는 용어를 좀더 포괄적으로 이해한다면 종교의 토착화, 지역화, 지방화 현상을 모두 여기에 포함시킬 수 있다. 소련이 붕괴되고 동유럽에서 사회주의가 몰락한 이후 그 지역에서 종교와 민족주의의 결합이 두드러지게 나타나고 있다.[19] 그리고 종교분쟁이 일어나고 있는 대부분의 지역과, 여러 소수민족

---

16) 폴 F. 니터, 『오직 예수 이름으로만?』, 변선환 역(한국신학연구소, 1986) 참조.
17) 1990년대 중반에 공자를 교조화하고, 의식과 조직을 일반 종교와 같이 정비하려고 하였던 유교운동. Kang Don-ku, "Traditional Religions and Christianity in Korea", *Korea Journal*, Vol. 38, No. 3(1998), 110~114면 참조.
18) J. Coleman & M. Tomka, *Religion and Nationalism* (Maryknoll : Orbis Books, 1995) 참조.
19) 임영상・황영삼 공편, 『소련과 동유럽의 종교와 민족주의』(한국외국어대학교출판부, 1996).

을 포괄하고 있는 중국 등에서도 이러한 현상은 쉽게 찾아볼 수 있다.

물론 위에서 제시한 세계종교의 변동 유형은 엄격히 구별된다기보다는 중첩적이다. 따라서 한 종교전통 내에서도 여러 유형이 동시에 존재할 수 있다. 하지만 대체로 위에서 제시한 유형들을 중심으로 세계종교는 과거 전통과의 연속선 위에서 나름대로 변화를 추구해 나가고 있다.

3. 한국종교의 현실과 문화 정체성

금세기의 한국종교는 서서히 지구촌의 종교변화 양상으로부터 지대한 영향을 받을 것이다. 따라서 앞에서 제시한 지구촌의 종교변화 양상 여섯 가지는 한국종교에서도 그대로 찾아볼 수 있을 것이다.

본 연구가 속해 있는 대주제인 『'문화의 세기' 문화와 한국의 문화정책』를 염두에 두고, 여기에서는 현대 한국종교의 변화 양상을 구체적으로 살피기보다는, 현대 한국종교 상황의 특징을 살펴보고, 현대 한국종교 상황의 이러한 특징으로 인해 한국문화가 지니고 있는 문제점들을 지적해 보고자 한다.

현재 우리나라에는 종교인과 비종교인이 각각 반 정도 된다. 그리고 우리나라 사람들 가운데 종교에 전혀 관심이 없는 사람들이 약 30% 정도 된다. 아마도 이 30%에 해당되는 사람들은 자신의 삶에 완전히 만족해 하는 사람들이거나, 아니면 비록 우리가 종교라고 부르지는 않지만, 종교와 매우 유사한 그 어떤 것을 통해서 자신의 삶을 보다 만족스러운 상태로 바꾸기 위해 노력하는 사람들이라고 할 수 있다. 우리나라 사람 가운데 불교인은 21% 정도, 개신교인은 20% 정도, 천주교인은 7% 정도이다.

통계에서도 알 수 있듯이 우리나라는 가히 종교박물관이라고 말할 수 있을 정도이다. 우리나라는 소위 동양종교와 서양종교가 거의 같은 세력을 유지하고 혼재해 있는 세계 유일의 나라이다. 일본은 불교와 신도의 신자 수를 합치면 100%를 넘으며, 일본에서 기독교인(개신교, 천주교)은 1% 전후이다. 하지만 일본은 역시 불교가 주종을 이루고 있는 나라이다. 물론 세계 여러 지역에서 종교의 혼재로 인한 종교분쟁이 일어나고 있기는 하지만, 대체로 미국, 구라파, 남미, 서아시아 등 대부분의 나라에는 주도적인 종교가 있는 편이다. 우리나라와 같이 불교와 기독교가 거의 같은 세력으로, 같이 활동하고 있는 나라는 세계 어디에도 없다. 다시 말해 우리나라는 특정의 종교가 주도권을 잡고 있지 못하고, 또한 여러 종교의 세력이 비슷한 매우 독특한 나라이다.

우리나라의 헌법에는 정교분리 원칙이 명시되어 있다. 정교분리가 의미하는 것 가운데 하나는 국·공립학교에서 특정종교를 가르칠 수 없다는 것이다. 물론 역사 과목 등을 통해 종교 일반에 대해 배울 기회가 있기는 하지만, 그 내용은 매우 비체계적이고 단편적이다. 따라서 우리는 초·중·고등학교와 대학교에서 종교에 대해 체계적으로 배울 기회를 거의 갖지 못하고 있다고 해도 과언이 아니다. 게다가 미디어는 대체로 종교의 좋지 않은 측면을 소개하는 경우가 많기 때문에, 미디어를 통해 습득한 종교에 대한 지식은 매우 왜곡된 경우가 많다. 이로 인해 우리는 전반적으로 종교에 대해 매우 무지한 상태에 있다. 그리고 종교에 대해 좀 안다고 하는 사람들은 대체로 자신의 종교와 신앙만 아는 경우가 많다. 다시 말해서 종교인들은 타종교에 대해 대체로 거의 무지한 상태에 있다. 예를 들어서 불교인들 가운데 기독교 경전을 조금이라도 본 사람은 그리 많지 않을 것이다. 구약과 신약의 차이, 그리고 유대교와 기독교의 차이를 구분할 수 있는 불교인들은 그리 많지 않다. 그리고 기독교인들 가운데 불교 경전을 조금이라도 본 사람은 아마 그리 많지 않을 것이다. 문학, 예술, 경제 등에 대해 모르면 상식이 없는 사람으로 매도되지만, 종교에 대해 모른다고 해서 그 사람을 상식이 없는 사람이라고는 하지 않는다.

과거 우리들의 선조들은 유교, 불교, 도교 등 종교 전반에 대해 두루 알고 있었던 것으로 보인다. 승려들은 유교, 도교에 대해, 유학자들은 불교, 도교에 대해 일반적인 수준 이상으로 많이 알고 있었다. 조선 후기에 서학(천주교)이 들어왔을 때 유학자들은 서학에 대해서, 그리고 서학자들은 유교에 대해 폭넓은 지식을 가지고 있었다. 그 당시 이들 사이에 벌어졌던 교리 논쟁의 내용이 그 증거이다.[20]

여러 종교의 혼재와 종교에 대한 전반적인 무지로 인해 우리나라에는 종교간의 갈등이 일어날 가능성이 매우 높다. 종교간의 갈등은 지연, 혈연, 학연으로 인한 갈등보다 더 심각하다. 그리고 종교간의 갈등은 지연, 혈연, 학연으로 인한 갈등을 배가시킨다.

우리나라는 헌법에 정교분리가 명시되어 있음에도 불구하고, 公認敎 위주의 종교정책을 펴고 있다고 보는 것이 정확하다. 삼국시대 이후 고려조까지는 불교가 公認宗敎였고, 조선조에서는 유교가 國敎였다. 1898년에 고종황제는 왕과 동궁이 한국유교의 종주이며, 유교부흥에 힘쓰겠다는 조칙을 내린 바 있다.[21] 이 시기에 유교적인 상징물인 태극기가 國旗로서 만들어질 수 있었다. 일제강점기에 日帝는 신도, 불교, 기독교를 공인 종교로 간주하였다. 따라서 그 시기에 신도, 불교, 기독교는 종교를 관장

---

20) 도날드 베이커, 『조선후기 유교와 천주교의 대립』, 김세윤 역(일조각, 1997) 참조.
21) 『고종실록』 광무 3년 4월 27일자.

하는 부서의 감독을 받았으나, 이 밖의 종교는 유사종교라고 명명됨과 동시에 치안을 담당하는 부서의 감독을 받았다.

광복 후 미군정은 기독교(개신교, 천주교) 위주의 정책을 폈다. 미군정 당시 기독교 인구는 대략 2% 정도였을 것으로 추산되는데, 그때 크리스마스가 공휴일로 지정되었다. 그리고 일제강점기의 종교 관련 敵産의 거의 대부분이 기독교에 불하되었다. 6·25 당시에는 국군의 기독교인 비율이 5% 정도였는데, 1956년에는 15%가 되었다. 6·25 당시부터 군대 내에서 기독교 선교사들이 활동을 할 수 있었기 때문이다.[22]

1950년대 중반에 불교에서는 비구와 대처 사이에 분쟁이 발생하였다. 이 분쟁이 발생하게 된 배경은 여러 각도에서 살필 수 있지만, 이 분쟁의 직접적인 계기는 당시의 대통령이었던 이승만이 대처는 사찰에서 물러가라는 담화문을 발표한 것에서 찾을 수 있다. 조선조말에서 일제강점기, 미군정, 제1·제2공화국까지 불교의 재산 관리권과 주지 임명권이 정부에 속해 있었기 때문에 대통령의 이러한 담화 발표가 가능하였던 것이다. 그때 대법원에서는 불교에 대한 정부의 이러한 관여가 명백한 위헌이라고 결정하였음에도 불구하고, 대통령의 대처승 관련 담화는 여러 차례 계속되었다. 1961년에 사찰의 주지 임명권이 명실상부하게 불교로 돌아갔다. 그리고 1967년 월남전 당시 비로소 군대 내에 법사제도가 설치되어 군대 내의 불교 포교가 가능해졌고, 1975년에 와서야 석가탄신일이 공휴일이 되었다.

불교 측에서는 현재 기독교에 비해 불교가 정책적으로 정당한 대우를 받지 못하고 있다고 주장한다. 하지만 현재 개신교, 천주교, 불교 3개 종

---

[22] 강돈구, 「광복 후 한국의 사회변동과 종교」, 한일종교연구포럼 편, 『한일 근현대와 종교문화』(청년사, 2001), 286~311면 참조.

교는 그래도 다른 종교에 비해 정부와 사회로부터 많은 대우를 받고 있는 편이다. 예를 들어서 국가에서 주관하는 장례식에는 이들 종교의 의식이 거행되며, 앞에서도 지적하였듯이, 이들 종교를 시작한 분들이 태어난 날은 공휴일이며, 이들 3개 종교만이 군대와 경찰 내에서 선교와 포교를 할 수 있다. 또한 조찬기도회나 조찬법회의 예에서 볼 수 있듯이, 가끔이기는 하지만 대통령이나 정부인사, 그리고 정치인들이 이들의 종교행사에 참석하기도 한다.

문제는 현재 우리나라에 이들 3개 종교만이 있는 것이 아니라는 데에 있다. 이들 3개 종교 이외의 다른 종교들은 이들 3개 종교에 비해 정책적으로 많은 소외를 당하고 있다. 이런 의미에서 현재 우리나라에서는 삼국시대 이후 고려시대까지 불교가 국가 내에서 차지하고 있던 공인종교의 위치를 이들 3개 종교가 누리고 있다고 해도 과언이 아니다.

이와 같이 우리나라의 종교 현실을 '종교의 혼재', '종교 일반에 대한 무지의 팽배', 그리고 '3개 종교의 公認化'로 정리해 볼 때, 이로 인해 생기는 한국문화의 문제점을 아래와 같이 지적해 볼 수 있다.

일본인들은 매우 잘 뭉친다고 한다. 중국인들의 자존심, 영국인과 불란서인들의 자존심은 매우 높다고 한다. 그리고 미국인들은 미국을 매우 위대한 나라로 생각한다고 한다. 그런데 일반적으로 한국 사람들은 잘 뭉치지 못하고, 서로 싸움질만 한다는 말들을 하곤 한다. 따라서 우리는 교육현장에서 우리나라는 위대한 나라이며, 우리 민족은 우수한 민족이라고 교육을 시킨다. 그렇다고 해서 문제가 쉽게 풀리지는 않을 것으로 보인다.

특정의 문화나 사회가 통합되거나, 또는 유기적으로 연결되기 위해서는 주요 상징들이 반드시 필요하다. 이러한 필요성에도 불구하고, 우리나라는 여러 종교의 혼재로 인해 사회 구성원들이 공감할 수 있는 공통의 상징을 공유하는 것이 원천적으로 어렵다.

 그래도 우리에게 중요한 국가상징이 있다면 아마도 태극기, 애국가, 단군신화 등을 열거할 수 있을 것이다. 그런데 태극기는 유교적이고, 애국가는 매우 기독교적이다. 단군은 우리 민족의 시조라고 한다. 그리고 개천절은 우리 민족이 시작된 날이라고 한다. 그런데 단군은 우리 모두에게 중요한 분은 아니며, 개천절도 우리에게 그다지 의미가 있는 날이 아니다. 다시 말해서 단군신화는 우리에게 신화 그 이상도 이하도 아니다. 서로 관련성이 없이 나열된 이들 상징은 의미없는 깨어진 상징에 불과하다.

 한편, 우리나라의 문화는 지속성을 지니지 못하고 있다는 점에도 주목할 필요가 있다. 문화가 지속성을 유지하려면 문화 속의 주요 의례가 적절히 변형되면서 장기간 유지되는 것이 필요하다. 결혼식을 예로 들어 보자. 결혼식은 당사자와 그 가족과 친지에게 매우 중요한 의식이다. 현재 우리나라의 결혼식은, 다 그런 것은 아니지만, 전통적인 혼례와 예식장의 혼례로 구분해 볼 수 있다. 전통적인 혼례의 과정, 그리고 그 의미를 정확히 아는 것은 고사하고 대충이나마 아는 사람들도 그다지 많지 않다. 의식의 과정, 그리고 그 구체적인 의미가 무엇인지 모르고 치르는 의식은 기대했던 효과를 전혀 얻을 수 없다. 매우 중요한 의식이어야만 할 결혼식이 전혀 의미가 없는 행위들의 연속에 불과한 것이 되고 만다.

 예식장의 구조는 기독교 교회의 구조와 완전히 일치한다. 기독교 교회에서 치르는 결혼식은 과정 하나 하나에 상징적인 의미가 담겨있다. 그러나 예식장에는 십자가와 성직자를 대신할 수 있는 상징이 없기 때문에 과정 하나 하나에 상징적인 의미가 결여되어 있다. 종교시설에서 행하는 결혼식을 제외하면, 대단히 중요해야만 할 결혼식을 우리는 전혀 의미 없이 치르고 있는 것이다.

결혼식은 그런 대로 문화 속에서 형식을 유지하고 있으나, 요즈음 상장례는 매우 급속히 변화를 겪고 있는 것으로 보인다. 전통적인 방식에 의하면, 우리나라에서 사람이 죽으면 유교식의 상장례 절차를 밟았다. 아직까지도 三日葬, 三虞祭, 小祥, 大祥, 祭祀 등의 용어는 우리들이 익히 알고 있는 용어들이다. 여기에 죽은 자의 한을 풀어준다는 뜻에서, 지방에 따라 용어의 차이는 있지만, 장례를 마치고 진오귀굿을 행하였다. 그러나 요즈음에는 대체로 진오귀굿은 불교의 49齋로, 그리고 유교식의 제사는 기독교식의 추모예배로 바뀌는 경향이 있는 것으로 보인다. 그나마 지속성이 있을 것으로 보이는 유교식의 제사도 일정 기간이 지나면, 그 형식이 매우 간소화될 것으로 예상된다. 대부분의 사람들은 이제 가족이 죽으면, 상장례를 어떻게, 그리고 어떤 절차를 밟아서 치러야 하는지 매우 당혹해 할 것이다.

이와 같이 문화가 지속성을 상실하면 자연스럽게 그 문화는 생동력을 상실하게 마련이다. 문화의 생동력은 그 문화가 놀이적인 요소를 얼마나 적절히 지니고 있는지의 여부에 달려 있다. 우리 민족은 예로부터 음주가무를 즐겼다는 기록이 있다. 그러나 꽤 오래 전부터 우리에게 음주가무는 퇴폐적인 것으로 간주되어 왔다. 농악은 더 이상 참여의 대상이 아니라 관람의 대상이 되었다. 1960년대만 해도 전통적인 마을에는 농악패가 있었다. 마을 구성원 가운데에는 꽹과리, 징, 북, 피리 등을 담당하는 사람들이 있어서, 때만 되면 이들이 마을의 축제 분위기를 조성하였다. 농악이 울려퍼지면 마을 사람들은 누구나 다 흥겹게 농악에 맞추어 춤을 추곤 하였다. 그러나 이제 농악과 전통적인 춤사위는 우리에게 예술적인 감상의 대상이 되고 말았다.

얼마 전까지만 해도 우리는 유원지나 관광지에서 아주머니들이, 나쁘게 말하면 시끄러운 음악에 맞추어, 나쁘게 말하면 추잡한, 그러나 좋게 말하면, 흥겨운 음악에 맞추어 신나는 춤들을 추는 모습을 볼 수 있었다. 그러나 그것이 퇴폐적인 高聲放歌라는 이유로 아주머니들은 비좁은 관광버스 안에서 몸을 흔들 수밖에 없었으며, 그나마 교통 안전을 위해 그것도 하지 못하게 되었다. 이제 우리나라의 아주머니들은 놀이 공간을 완전히 잃고 말았다.

특정 종교의 잣대로 보면 특정의 놀이는 퇴폐가 될 수 있다. 따라서 여러 종교가 혼재해 있는 상황에서는 퇴폐로 매도되지 않는 놀이는 하나도 없다. 우리나라는 종교가 혼재되어 있기 때문에 문화에서 놀이가 점차 사라져 왔고, 그로 인해 우리 문화는 생동력을 잃어 가고 있다.

이와 같이 지속성과 생동력을 잃은 문화는 정체성을 상실한 문화라고 할 수 있다. 문화의 정체성은 한번 확립되면 고정 불변하는 것이 아니라, 끊임없이 수정과 재확립의 과정을 거친다.[23] 따라서 문화 정체성의 상실은 곧바로 문화 정체성의 수정과 재확립의 과정으로 이어질 수 있다. 우리나라의 경우 문화 정체성의 상실 요인 가운데 종교가 많은 역할을 하였다면, 문화 정체성의 수정과 재확립의 과정에서 종교가 또한 많은 역할을 담당할 수 있고, 또 해야만 할 것이다.

4. 종교정책의 현재

지금까지 소위 '문화의 세기'를 맞이하여 세계종교가 어떤 변동을 겪고 있으며, 이와 관련하여 한국의 종교현실이 지니고 있는 문제는 무엇인

---

[23] Harumi Befu, ed., *Cultural Nationalism in East Asia: Representation and Identity* (Berkeley: Institute of East Asian Studies, University of California, 1993), 5면.

지, 그리고 이로 인해 한국문화가 지니는 특징은 무엇인지를 차례대로 살펴보았다. 구체적으로는 한국의 종교들이 혼재해 있는 상황에서 종교에 대한 일반적인 무지, 그리고 불교, 천주교, 개신교를 공인종교로 인식하는 한국의 문화 현실로 인해 한국의 문화 정체성 확보가 어려울 수밖에 없다는 점을 지적해 보았다. 이제부터는 한국종교가 한국의 문화 정체성 확립을 위해 담당해야 할 역할이 있어야 한다는 전제 아래, 일단 우리나라 종교정책의 현재를 점검하여 그 문제점을 살펴보고, 이어서 한국의 종교현실에 대해 우리가 취해야 할 바람직한 안목을 제시해 보고자 한다.

특정 종교를 국교로 인정하고 있거나, 또는 특정 종교를 믿는 신도들이 국민의 대다수를 차지하는 경우에는, 종교정책이 매우 중요할 것이다. 예를 들어서 성공회를 국교로 인정하고 있는 영국이나, 이슬람을 국교로 인정하고 있는 많은 이슬람 국가들, 그리고 불교가 주류를 이루고 있는 태국, 가톨릭이 주류를 이루고 있는 폴란드를 위시하여 남미의 국가들, 또는 중국이나 북한 등 사회주의 국가에서는, 종교정책이 필요할 것이며, 그런 용어를 사용하는 것이 어색하지 않다.[24] 그러나 헌법에 정교분리를 천명하고, 국교를 인정하지 않으면서, 그리고 특정의 종교가 주류를 이루고 있지 않은 국가에서, '종교정책'이라는 용어를 사용하는 것은 헌법에 위배될 뿐만 아니라, 그러한 용어는 사실 정서적으로도 맞지 않는다.

따라서 헌법에 정교분리를 천명하고 있는 국가들은 대체로 종교에 대해 매우 소극적인 정책을 펴고 있는 것이 사실이다. 그러나 종교가 사회적, 문화적, 정치적, 경제적으로 무시하지 못할 세력을 지니고 있는 것이 또한 사실이기 때문에, 일부에서는 종교에 대한 소극적인 정책을 비판하

---

[24] 세계 각국의 종교현황과 제도에 대해서는 문화관광부・한국문화정책개발원, 『해외 각국의 종교현황과 제도 연구』(1999)를 참조할 것.

고, 국가가 종교에 대해 적극적인 정책을 펴야 한다고 주장하는 학자들도 있다.[25]

삼국시대 이래 고려시대까지는 국가 권력이 불교를 공인종교로, 그리고 조선조에는 유교를 국교로, 그리고 일제강점기에는 신도, 불교, 기독교를 공인종교로 간주해 왔기 때문에 종교에 대해 국가권력이 적극적인 종교정책을 시행하였다.[26] 그러다가 광복 후 헌법에 정교분리가 천명되면서, 국가는 종교에 대해 명시적인 종교정책을 펼 수 없게 되었다. 일제강점기에는 중앙 부처에 종교를 담당하는 부서가 있었다. 그리고 현재에도 문화관광부 내에 종무실이 있어서 종교 관련 행정을 담당하고 있다. 종무실이라는 관련 부처의 이름에서도 알 수 있듯이, 기본적으로 우리나라는 종교 관련 행정업무가 있을 뿐이다.

현재 문화관광부 종무실은 대통령령 제15722호 '문화관광부와 그 소속기관 직제'(1998. 2. 28 제정) 제2장(문화관광부)의 제4조(하부조직) ③항 "문화관광부에 총무과·종무실·문화정책국·예술국·문화산업국·관광국·체육국 및 청소년국을 둔다"에 근거하여 설치되어 있다. 그리고 종무실에는 실장 1인과 종무관 1인을 두는데, 종무실 실장의 업무[27]는

---

25) 김종서, 「매개구조로서의 종교- 적극적 종교정책을 위한 제언」, 『정신문화연구』 통권 제29호(1986).
26) 과거시대의 종교정책에 대해서는 역사학회 편, 『역사상의 국가권력과 종교』(일조각, 2000) ; 오경환신부 화갑기념논문집 간행위원회, 『교회와 국가(오경환신부 화갑기념논문집)』(인천가톨릭대학교 출판부, 1997) ; 김승태 편역, 『일제강점기 종교정책사 자료집- 기독교편, 1910~1945』(한국기독교역사연구소, 1996) 등 참조.
27) 종무실장의 구체적인 업무 내용은 아래와 같다.<문화관광부 홈페이지(http://www. mct.go.kr) 참조>
  - 정무정책에 관한 종합계획의 수립 및 추진
  - 종교활동 실태에 관한 조사 및 연구

종무정책의 수립, 종교 관련 실태 조사 및 연구, 종교교류 및 활동 지원, 종교 관련 법인 관리로 크게 대별해 볼 수 있다. 종무실에는 현재 종무1과와 종무2과가 있다. 대체로 종무1과는 유교와 불교, 그리고 소위 민족종교를 관장하고, 덧붙여서 종교의 연합활동을 관장하며, 종무2과는 기독교 및 외래종교를 관장하고, 남북과 국제 종교교류를 관장하고 있다.

한편, 문화관광부 2001년도 중점 추진 과제 가운데 종교 관련 사항을 발췌해 보면 아래와 같다.

- 건전한 종교활동을 통한 함께 누리는 사회 구현
- 종교지도자대회, 온겨레 손잡기 운동 등 연합행사를 지원하여 국민화합과 시민의식 함양을 위한 종교계 역할 제고
- 남북 공동체의식 함양을 위해 7대 종단 대표 방북 및 종교지도자 금강산 순례 지원

상기 내용에서 우리는 현재 문화관광부의 종무실이 건전한 종교활동의 유도와 국가가 시행하고 있는 당면 목표 달성을 위해 종교를 어떻게 참여시키는가에 지대한 관심을 지니고 있다는 사실을 알 수 있다.

이밖에 종무실은 종교신문고를 운영하고 있다. 안내문[28]에 의하면 종

- 남북 종교교류의 지원
- 국제 종교교류의 지원
- 연합종교단체 관련 업무의 지원
- 연합종교관련 법인의 설립 허가 및 활동 지원
- 국내 종교단체 관련 업무의 지원
- 외국 종교단체의 등록 및 활동 지원
- 전통사찰 및 향교재산의 보존·관리에 관한 사항

28) "각종 종교관련 비리의 예방과 척결을 통하여 건전한 종교활동 환경을 조성하며, 종교전반에 대한 민원, 제안, 정책 건의 등 종교발전과 종교문제 해결을 위하여 국민 여러분의 다양한 의견을 받습니다. 제안 또는 상담하신 의견에 대하

교신문고의 일차적인 운영 목적은 종교 관련 비리 척결을 통한 건전한 종교활동 환경의 조성과 종교관련 민원 접수 등으로 요약해 볼 수 있다. 3년 전부터 현재까지 종교신문고에 접수된 내용을 개략적으로 검토해 본 결과 접수 내용은 크게 종교 관련 자료 요청, 법인 설립 관련 문의, 전통사찰보존법 관련 문의, 소위 불건전 종교의 고발 등으로 대별해 볼 수 있다.

종교 관련 자료 요청에 대해서 종무실은 주로 우리나라의 종교단체가 자신들의 현황을 신고해야 할 의무가 없기 때문에 자세한 자료를 알 수 없다는 답변을 하고 있다. 법인 설립 관련 문의에 대해서 종무실은 민법 제32조 및 문화관광부 및 문화재청 소관 비영리법인의 설립 및 감독에 관한 규칙에 의거 법인 설립을 하고자 할 때는 법인 설립 허가서를 문화관광부에 제출하여 법인 설립 허가를 받아야 한다는 답변을 되풀이하고 있다.29) 전통사찰보존법 관련 문의에 대해서 종무실은 동법에 대한 유권해석에 매우 소극적이며, 기타 다른 유관 법률을 참조하도록 권유하고 있다. 그리고 소위 불건전 종교의 고발에 대해서는 앞으로 종무행정에 참조하겠다는 답변을 주로 하고 있다.

이상을 살펴볼 때 문화관광부 종무실은 정부와 종교계의 창구 역할, 종교 관련 비영리법인의 허가 및 관리, 그리고 종무행정 관련 민원 접수 및 처리를 주업무로 하고 있다는 것을 알 수 있다.30)

여는 정책에 반영하거나 성심껏 상담 또는 처리하여 드리겠사오니 많은 이용 바랍니다."
29) 종교와 관련된 외국단체는 1999년 3월 10일까지는 출입국관리법 제41조에 의거 문화관광부에 등록하도록 되어 있었으나, 1999년 2월 5일자로 동 법률이 폐지됨에 따라 외국종교단체의 국내 단체 설립은 특별한 제약이나 절차 없이 국내 현행 법규 내에서 자율적으로 설립, 활동할 수 있다.
30) 종무실의 답변에 의하면 종무행정은 영어로 'Religious Affairs Administration'

종무실의 업무를 이와 같이 개략적으로 살펴보면, 우리는 몇 가지 의문을 가지게 된다. 우리나라는 기본적으로 종교단체로 분류하는 근거 법령을 별도로 가지고 있지 않다.[31] 그런데 종무실에서는 민법 32조 및 문화관광부 및 문화재청 소관 비영리법인의 설립 및 감독에 관한 규칙에 의거 종무실에 등록된 법인을 '종교법인'으로 인정해 주고 있는 것으로 보인다. 왜냐하면 종무실에서 발간한 문건이나 자료에는 종교법인이라는 용어가 사용되고 있기 때문이다.[32]

종교신문고를 통해 종무실에서 답변한 내용에는 종무실에 등록한 법인이라고 하더라도 정부로부터 특별히 지원받는 것이 없다고 하고 있다. 그러나 종교 관련 단체를 결성하고자 하는 사람들 입장에서는 자신들의 단체가 가능한 한 종무실에서 관장하는 법인이 되고자 많은 노력을 기울이고 있는 것으로 보인다. 현행법상 종교단체와 비종교단체를 구분할 수 이다. 참고로 종무실에서 관장하는 종교 관련 법인의 현황(2001년 1월 4일 현재)을 제시하면 아래와 같다.

개신교		천주교		불교		유교 향교		기타 종교		합계	
재단	사단	재단	사단	재단	사단	재단	사단	재단	사단	재단	사단
104	77	63	9	36	46	17	4	16	9	236	145
181		72		82		21		25		381	

31) 부동산 실권자 명의 등기에 관한 법률 시행령 제5조 제1항에 다음 단체를 종교단체로 규정하고 있다. - 법인 또는 부동산등기법 제41조의 2 제1항 제3호 규정에 의하여 등록번호를 부여받은 법인 아닌 사단, 재단으로서 종교의 보급 기타 교화를 목적으로 설립된 종단, 교단, 유지재단 또는 이와 유사한 연합종교단체 및 개별단체. - 종단에 소속된 법인 또는 단체로서 종교의 보급 기타 교화를 목적으로 설립된 것. - 향교재산법에 의한 향교재단법인 및 개별향교와 문화재보호법에 의하여 문화재로 지정된 서원. 그러나 이 법은 기본적으로 부동산 실명제를 위한 목적으로 제정된 법이기 때문에 이를 근거로 우리나라에서 종교단체와 종교단체 아닌 것을 구분한다는 것은 타당하지 않다.
32) 문화관광부, 「2001 종교법인 사무국요원 연찬회 자료집」에서 자료집 이름에 '종교법인'이라는 용어가 들어있는 것에서도 알 수 있다.

있는 법률이 없다고 할 때 자신들의 단체가 종교단체로 사회적 공인을 얻기 위해서는 종무실에서 관장하는 법인이 되는 것이 무엇보다도 긴요하다고 생각할 것이기 때문이다.

그리고 종무실에서 관장하는 법인이 되면 무엇보다도 세제상의 혜택을 본다는 점을 우리는 결코 무시할 수 없다. 법인세, 법인영업세, 취득세, 재산세, 토지세, 증여세, 부가가치세, 특별소비세법 등에서 종무실 관장 법인은 그렇지 않는 종교단체들에 비해 분명히 유리하다.[33] 간단한 예를 들어서 종무실 관장 법인에 기부금을 내면 연말정산에서 유리한 반면, 그렇지 않은 종교단체에 기부금을 내면 연말정산에서 유리하지 못하다.

형법 제158조에 "장례식, 제사, 예배 또는 설교를 방해한 자는 3년 이하의 징역 또는 500만원 이하의 벌금에 처한다"는 조항이 있다. 다시 말해서 우리나라 형법은 종교행위를 방해하는 것은 죄에 해당한다고 명시하고 있다. 그런데 종교행위와 그렇지 않은 행위를 어떻게 구분할 것인가? 종교단체의 활동은 종교행위이고, 종교단체가 아닌 단체의 행위는 종교행위가 아니라고 할 수 있을 것이다. 그런데 종교단체와 종교단체가 아닌 단체를 어떻게 구분할 것인가? 현재로서는 종무실에서 관장하는 법인이 종교단체라는 사회적 인식이 지배적인 것이 사실이다.

다시 말해서 우리나라에서 종교단체는 임의단체가 되든지, 또는 종무실에서 관장하는 비영리법인이 되든지, 둘 중의 하나를 자유롭게 선택할 수 있다하고는 있지만, 현실적으로 종무실에서 관장하는 법인이 되는 것이 사회적으로 매우 유리한 대우를 받고 있다는 데에 주목할 필요가 있다.

현행 종무행정에서 또 하나 지적해야 할 문제는 종교 관련 법령을 종

---

[33] 종무실에서 관장하는 법인이 받게 되는 세재상의 혜택의 구체적인 법률에 대해서는 한국문화정책개발원, 『우리나라의 종교정책에 관한 연구』(1997), 16면 참조.

무실에서 모두 담당할 수 없다는 데에서 찾을 수 있다. 종무실은 현재, 민법 32조 및 문화관광부 및 문화재청 소관 비영리법인의 설립 및 감독에 관한 규칙, 그리고 전통사찰보존법(동 시행령)과 향교재산법(동시행령)에 근거하여 종무행정을 시행하고 있다. 그러나 우리나라에서 종교활동을 하는 단체들은 이 밖에도 법인세법을 비롯한 세제 관련 법령, 그리고 산림법, 건축법, 도시계획법, 도시공원법, 자연공원법, 병역법, 집회 및 시위에 관한 법률 등 40여 개가 넘는 법령으로부터 규제 및 보호를 받고 있다.[34]

우리나라에서 종교활동을 하는 단체들 가운데 종무실에서 관장하는 법인이 된 단체들은 사회적 공신력을 확보한 상태에서, 반드시 정부로부터 보호를 받기 위한 것은 아니라고 하더라도, 종무실을 통해 정부와 우호적인 관계를 유지하고자 노력하고 있다. 그리고 기타 임의단체로 되어 있는 종교 관련 단체들은, 일단 사회로부터 도피하여 은둔을 목표로 하는 단체가 아니면, 우선 종무실에서 관장하는 법인이 되기 위해 많은 노력을 기울이고 있다. 그리고 종무실에서 관장하는 법인이 된 단체들은 40여 개가 넘는 종교 관련 법령으로부터 보호를 받는 데 유리한 위치를 점할 수 있는 것에 비해, 임의단체로 남아있는 종교 관련 단체들은 종교 관련 법령으로부터 오히려 규제를 받을 가능성이 높다는 점에도 주목할 필요가 있다.

5. 종교정책의 미래

전체적으로 우리나라의 현재 종무행정은 난맥상을 겪고 있다고 해도

---

[34] 종교 관련 법령에 대해서는 한국문화정책개발원, 위의 글, 195～233면 참조

과언이 아니다. 우리나라의 종교 현실이 지니고 있는 가장 큰 문제 가운데 하나는 종교간에 형평성이 유지되지 않고 있다는 점이다. 그렇게 된 가장 큰 이유 가운데 하나가 종무행정의 난맥이라고 할 수 있다.

우리나라의 종무행정은 근본적으로 정치에 종교를 어떻게 하면 이용할 것인가라는 데에서 출발한다. 물론 정치가 종교를 이용하려고 하는 것은 자연스러운 이치이다. 그리고 거꾸로 종교가 정치를 이용하려는 것도 자연스러운 이치이다. 정치와 종교는 어찌 보면 좋은 사회, 좋은 국가를 만들고자 한다는 점에서 같은 목표를 지니고 있다고 할 수 있다. 같은 목표를 지니고 있다는 점에서 정치와 종교는 시장이 같고, 따라서 서로 갈등 관계에 놓일 가능성이 높다. 이와 같은 이유 때문에 대부분의 현대 국가에서 정교분리를 채택하고 있는 것이다.

그런데 문제는 정치가 종교를 선별적으로 지원하고, 종교도 정치를 선별적으로 지원하려는 데에서 비롯된다. 이런 상황에서 우리나라의 종무행정은, 그럴 수밖에 없는 논리를 찾으면서, 동시에 종교에 대해 적극적인 자세가 아니라 소극적인 자세를 취하는 경향을 보인다.

종교에 대한 실태조사와 연구가 종무실의 주요 업무 가운데 하나이다. 대체로 지금까지 종무실의 종교실태조사는 소위 신종교 실태조사에 중점을 두어왔다.35) 아마도 신종교가 사회적인 물의를 일으킬 가능성이 높다는 판단 아래 미리 실태를 파악하는 것이 필요하다고 생각하였기 때문일 것이다. 또한 주로 용역을 통해 국내외의 종교정책에 관한 연구를 수행해 왔다.36) 대체로 종교정책에 관한 연구는 외국의 종교정책을 개관

---

35) 종무실에 지원을 받은 신종교 실태조사 관련 보고서로는 『한국신흥 및 유사종교 실태조사보고서』(1970); 『한국신종교 실태조사 보고서』(한국종교학회, 1985) ; 『한국신종교 조사연구 보고서』(한국종교연구회, 1996) 등을 열거할 수 있다.
36) 종교정책에 관한 대표적인 연구로는 『우리나라의 종교정책에 관한 연구』(한국

하거나, 또는 조세와 종교교육 등에서 발생하는 문제점들을 지적하고, 구체적인 해결방안을 제시하고 있다. 그러나 앞에서도 지적하였듯이 우리나라의 종교현실이 다른 나라의 종교현실과 다를 수밖에 없다는 점에서 외국의 종교정책에 대한 연구는 그저 참고가 될 수 있을 뿐이다.

기존의 종교정책에 관한 연구들이 공통적으로 제시하는 해결 방안 가운데 하나가 종교법인법의 제정이다. 그러나 종교법인법을 만들어야 한다는 필요성이 계속해서 제기되고 있음에도 불구하고, 당분간 종교법인법이 만들어질 가능성은 없는 것으로 보인다.37) 종교계의 이해 관계로 인해 거대 종단에서 종교법인법을 만드는 것에 대체로 반대하고 있기 때문이다. 종교법인법을 만들 경우 종교법인법이 존재하는 일본의 경우를 많이 참조해야 할 것이지만, 이때도 역시 일본의 종교현실과 우리나라의 종교현실 사이에 차이점이 크게 존재한다는 사실을 염두에 두어야 할 것이다.

여기에서 종무실의 주요 업무 가운데 조사와 연구 분야에 구태여 주목하는 것은 종무실의 조사와 연구 기능을 활성화시킬 필요가 있다는 점을 지적하고자 하기 때문이다. 현재 대학에 종교학과가 설치되어 있는 곳이 몇 군데 있기는 하지만, 구체적인 삶의 현장에서 벌어지고 있는 종교 관련 실태를 조사하고 연구할 수 있는 여건은 매우 미약한 형편이다. 구체적인 삶의 현장에서 벌어지고 있는 종교 관련 활동을 세밀히 관찰하고 있는 종무실에서 이러한 기능을 수행하고, 그것이 종무행정에 반영된다면, 우리나라의 종무행정이 보다 발전할 수 있을 것이다.38)

이 밖에도 종무행정의 발전을 위해, 예를 들어서, 다음과 같은 구체적

문화정책개발원, 1997)를 지적할 수 있다.
37) 한국종교사회연구소 편, 『한국의 종교와 종교법』(민족문화사, 1991) 참조.
38) 이 점에서 가칭 '국립종교연구소'를 설립하는 방안도 적극 검토해 볼 필요가 있을 것으로 보인다.

인 문제들이 더 논의될 수 있을 것이다.

- 종교 관련법을 정비하고, 종교단체의 활동이 이 법의 보호나 규제를 받을 일이 있을 때 조정하는 일을 종무실의 전담 업무로 하여야 할지의 여부
- 법인의 자격 요건이 되지 않는 임의단체라고 하더라도 종교 관련 단체일 경우 종무실에 자율적으로 신고하는 제도의 설치 여부
- 문화재로 지정된 종교 관련 유물, 유적을 국가 차원에서 보호하는 것은 좋으나, 그것을 이유로 문화재로 지정된 종교 관련 유물, 유적의 유지, 보수를 위해 특정 종단을 지원하는 것이 좋은지의 여부
- 儒道硏修院을 짓는데 현 정부가 50억원을 지원한다고 한다. 이와 같이 그것의 이유가 무엇이든지 간에 정부가 특정 종단을 지원하는 것이 좋은지의 여부
- 국가를 위한 조찬기도회나 기도법회에 대통령 등 정부 요직자가 참여하는 경우가 종종 있다. 이것이 헌법에 명시된 정교분리 원칙에 위배되는 것은 아닌지의 여부
- 석가탄신일이나 크리스마스와 같이 특정 종교의 기념일을 국가 공휴일로 지정하는 것이 좋은지의 여부
- 군대, 경찰, 교도소에서 특정 종교만의 선교나 포교를 허락하는 것이 타당한지의 여부
- 현재 우리나라는 중학교와 고등학교에 개인적인 선택이 아니라 추첨에 의해 들어간다. 이 때 종립학교에서 '종교'라는 과목을 통해 특정종교를 가르치는 것이 타당한지의 여부
- 종립 대학교에 교수로 취업하고자 할 때 특정 종교를 신앙할 것을 요구하는 경우가 종종 있다. 주지하다시피 우리나라에서는 종립 대학교라고 할지라도 국고 보조금을 받고 있다. 따라서 이것이 헌법 제11조[39)]에 위배되는 것은 아닌지의 여부

[39)] 헌법 제11조의 내용은 다음과 같다. "모든 국민은 법 앞에 평등하다. 누구든지 성별, 종교 또는 사회적 신분에 의하여 정치적, 경제적, 사회적, 문화적 생활의 모든 영역에 있어서 차별을 받지 아니한다"

그러나 위에서 제시한 모든 문제들은 우리나라에서 활동하고 있는 종교단체에 소속되어 있는 사람들을 포함해서 우리나라의 사회구성원들이 종교 일반에 대해서 지니고 있는 인식을 바꿀 때 비로소 생산적으로 논의될 수 있는 것들이다. 따라서 이하에서는 위에서 제시한 문제들에 대해 구체적으로 언급하기보다는 종교 일반에 대한 사회구성원들의 인식을 어떤 방향으로 바꾸는 것이 필요한지에 대해 필자 나름의 견해를 밝혀보고자 한다.

우선 종교 일반에 대해 사회 구성원들이 일정 수준의 지식을 구비할 수 있도록 하는 것이 무엇보다도 필요하다. 우리 주변에는 일요일마다 교회나 성당에 가는 사람들이 25%이다. 우리가 기독교 신앙을 가지고 있지 않다고 하더라도 전체 사회 구성원 가운데 25%의 이웃을 이해하기 위해서는 기독교에 대해 일정한 수준의 지식을 가지는 것이 바람직하다.

신앙생활을 하는 사람들에게 그 신앙은 매우 소중하다. 신앙생활을 하는 이웃을 이해하기 위해서는 그 이웃에게 매우 소중한 그 사람이 가지고 있는 신앙에 대해 먼저 아는 것이 필요하다. 우리나라는 여러 종교가 혼재해 있기 때문에 적어도 우리나라에 있는 주요 종교들에 대해서 어느 정도 알아야 사회 구성원들 사이의 상호 이해가 가능하다. 우리의 친지 가운데 교회나 성당, 그리고 사찰 등 종교시설에서 결혼식이나 장례식을 치르는 사람들이 적지 않다. 영안실에 가 보면 가끔 한 쪽에서는 목탁, 한 쪽에서는 찬송, 또 한 쪽에서는 천주교의 연도 드리는 소리를 들을 수 있다. 그런데 종교시설에서 행하는 결혼식이나 장례식에 참석했을 때 그 의식을 방관자의 입장이 아니라 참여자의 입장에서 참례하는 것이 바람직하다.

인간적인 사회가 성립되려면 먼저 나를 소중하게 여기고, 남을 소중하게 여겨야 할 것이다. 그리고 나에게 소중한 것이 있듯이 남에게도 소중한 것이 있다는 것을 알아야 한다. 인간의 삶 속에서 가장 소중한 것 가운데 하나가 신앙의 문제이다. 남이 자기와 다른 신앙을 가지고 있다고 해서 그 사람을 '이상한 사람'으로 여겨서는 안 된다. 아무리 그 사람이 나와 다른 신앙을 가지고 있다고 하더라도, 그 사람은 나의 식구이고, 같은 이웃이고, 같은 마을 사람이고, 같은 대한민국 사람이고, 같은 한민족이고, 같은 인간이라는 점을 인식하여야 한다. 이 종교를 믿는 사람들과 저 종교를 믿는 사람들 사이에는 그다지 차이가 없다. 그리고 신앙인과 비신앙인 사이에도 그다지 차이가 없다. 종교가 혼재해 있는 상태에서는 종교의 차이로 서로를 구분만 할 것이 아니라, 상대방의 종교를 공감적으로 이해하여 서로를 이해하는 것이 필요하다. 그러기 위해서는 일단 종교 일반에 대해 사회 구성원들이 일정 수준의 지식을 겸비하는 것이 무엇보다 중요하다 할 것이다.

다음으로 우리는 종교의 자유 못지않게 이제는 우리가 종교간의 형평성 문제에 지대한 관심을 가지는 것이 필요하다는 점을 지적하고자 한다. 극단적인 예라고 할 수 있겠지만, 유교와 친화력이 있는 태극기를 바라보면서, 기독교와 친화력이 있는 애국가를 부르는 불교 신도를 상상해 보자. 그리고 석가탄신일이나 크리스마스 때 불교와 기독교가 아닌 다른 종교를 믿고 있는 사람들의 마음을 생각해 보자. 그리고 잠재되어 있는 종교간의 갈등이 표출되었을 때 우리는 지금까지 어떤 태도를 보여왔는가를 생각해보자.[40] 표출된 갈등을 법적으로 해결한다고 해서 모든 문제가

---

[40] 종교간의 형평성 문제는, 비록 불교를 중심으로 서술된 보고서이기는 하지만, 대한불교조계종 포교원・종교편향대책위원회, 『종교편향백서』(2000)를 참조할

해결되는 것은 아닐 것이다. 표출된 갈등의 이면을 살펴서, 그 직·간접적인 이유를 밝히고, 앞으로 가능하면 그런 일이 발생하지 않도록 해야 할 것이다. 종교문화를 시장 원리의 측면에서 바라보는 시각이 있다.41) 시장 원리에 의해 작동하는 것으로 종교문화를 바라본다고 했을 때 우선 우리가 염두에 두어야 할 것은 소위 독과점이 발생하지 않도록 하는 것이 무엇보다도 중요하다.

종교의 혼재로 인해 우리나라 문화는 지속성을 상실하고, 문화의 각 부문들이 서로 유기적인 관계를 맺지 못하고 있으며, 문화의 정체성 확보에 어려움을 겪고 있다. 다음으로는 이 점에 대해 언급해보고자 한다.

지금까지 우리는 '한국인이기 이전에 기독교', '한국인이기 이전에 유교인', 그리고 '한국인이기 이전에 불교인'이 되고자 해 왔다. 미국에는 '미국을 사랑하라. 아니면 미국을 떠나라'라는 스티커를 붙이고 다니는 차들이 많이 있다고 한다. 일본에서는 '불교, 유교, 기독교인이기 이전에 일본인'이 되어야 한다고 가르치고 있다. 일본의 어느 유학자는 공자와 맹자를 대장으로 해서 중국 사람들이 쳐들어오면, 그 공자와 맹자의 목을 베는 것이 바로 공자와 맹자의 가르침이라고 말한 적이 있다.42)

우리는 이제 '기독교인이면서 한국인', '불교인이면서 한국인', 유교인이면서 한국인'이 되고자 노력할 필요가 있다. 그렇다고 해서 '기독교인이기 이전에 한국인'이 되고, '불교인이기 이전에 한국인'이 되고, 그리고 '유교인이기 이전에 한국인'이 되자고 말하는 것은 아니다. 이것은 일본식에 가깝다. 우리는 서로의 신앙이 다르더라도, 또는 신앙을 가지고

수 있다.
41) L. A. Young, *Rational Choice Theory and Religion : Summary and Assessment* (New York : Routledge, 1997) 등 참조.
42) 강돈구, 『한국 근대종교와 민족주의』(집문당, 1992), 75면 참조.

있지 않더라도 '한국인'이라는 공통점에 주목해야 한다. 그렇게 될 때 우리의 문화가 다시 생동력을 찾을 수 있을 것이며, 그렇게 될 때, 다시 말해서, 한국의 여러 종교가 모두 '한국인'에 주목할 때 비로소 한국인의 정체성도 찾아질 수 있을 것이다. 한국인의 정체성은 이론가들이나 사상가들이 찾고 만들 수 있는 것은 결코 아니다. 그리고 더군다나 정치하는 사람들이 만들어 낼 수 있는 것도 결코 아니다. 한국인의 정체성은 한국에서 신앙생활하는 사람들이 만들어 낼 수 있다는 것이 필자의 개인적인 견해이다.

6. 요약 및 결론

지금까지 우리는 「한국의 문화 정체성과 종교정책」이라는 제목 아래, 지구촌의 종교변화 양상, 한국종교의 현실과 문화 정체성, 그리고 종교정책의 현재와 미래에 대해 차례로 살펴보았다.

종교정책이란 바람직한 미래의 종교상황을 상정할 수 있을 때 비로소 가능하다. 비록 종교학에서 미래 종교의 당위적인 모습을 상정하는 것이 어려움에도 불구하고, 본 논문에서는 한 국가나 민족 내의 바람직한 종교상황을 필자 나름대로 제시해 보았다. 그리고 종교상황과 종교정책을 고찰하면서, 본 연구가 속해 있는 일련의 연구들과의 관련성을 유지하기 위해 한국의 문화 정체성 문제를 살펴보았다.

필자는 한국 종교상황의 특징으로 종교의 혼재, 종교 일반에 대한 무지, 특정 종교의 공인화 정책을 열거하였다. 그리고 이로 인해 한국문화가 지속성과 생동력을 상실하고, 정체성 확립에 어려움을 겪고 있다는 점을 지적하였다. 그리고 문화관광부 종무실의 업무 내용을 중심으로 우리

나라의 종교정책, 구체적으로는 종무행정의 문제점들을 열거하였다. 문화관광부 종무실은 정부와 종교의 통로 역할을 수행하고 있다. 다시 말해서 정부는 종교를, 그리고 종교는 정부를 이용하려는 의도를 지니고 있는데, 종무실이 정부측 창구로서 종교를 관장하고 통제하는 역할을 주로 담당하고 있는 것으로 보인다. 종무실은 이러한 역할을 담당하기 위해 종교 관련 법인의 관리라는 법적 장치를 최대한 응용하고 있는 것으로 보인다.

본 연구에서 필자는 종무행정 못지않게 종교 연구 업무를 종무실이 수행하여야 한다는 등 기존의 종교정책에 대한 연구들이 제시하지 않은 보다 구체적인 문제점들을 더 열거하였다. 그러나 이러한 문제점들에 대한 대책은 종교정책에 대한 기존의 연구가 이미 성과를 거두고 있고, 또한 구체적인 대책보다는 종교에 대한 일반인의 의식을 먼저 전환시키는 것이 긴요하다는 인식 아래 몇 가지 필자의 견해를 피력하였다.

특정 종교를 공인화하는 종교정책이 지니는 문제점을 해결하기 위해서 우선 종교의 자유 못지않게 종교간의 평등과 형평성 문제에 대한 일반인들의 의식을 제고시키는 것이 필요하다는 점을 지적하였다. 그리고 종교의 혼재와 종교 일반에 대한 무지에서 비롯되는 문제점들을 해결하기 위해서, 우선 문화 구성원 사이의 상호 이해와 결속력 제고가 필요하다는 점을 지적하고, 이어서 문화의 정체성 확립을 위해 우리나라의 종교인과 비종교인이 서로 취해야 할 당위적인 태도를 지적해 보았다.

일반인들의 이러한 인식의 전환을 통해 우리는 종교정책, 구체적으로는 종무행정의 난맥상을 풀어 나갈 수 있을 것이며, 이를 통해 미래 한국의 종교현실이 보다 바람직한 방향으로 나아갈 수 있을 것이다. 그리고 다시 이를 통해 한국 문화의 정체성 확립과 재수정 과정이 보다 적절한 길을 걸을 수 있을 것이다.

끝으로 한국의 종교인들에 '사고와 생각은 보편적으로, 그리고 행동은 한국인답게(Think Globally, Act Locally)'라는 제언을 하면서 본 연구를 마무리 짓고자 한다.

참고문헌

강돈구, 「多夕 柳永模의 宗敎思想(1)」, 『정신문화연구』, 19권 4호, 1996.
_____, 「多夕 柳永模의 宗敎思想(2)」, 『정신문화연구』, 20권 1호, 1997.
_____, 「광복 후 한국의 사회변동과 종교」, 한일종교연구포럼 편, 『한일 근현대와 종교문화』, 청년사, 2001.
_____, 『한국 근대종교와 민족주의』, 집문당, 1992.
길희성, 『포스트모던 사회와 열린 종교』, 민음사, 1994.
김석현, 『미리 가 본 21세기 종교문화』, 대홍기획, 1997.
김승태 편역, 『일제강점기 종교정책사 자료집 – 기독교편, 1910~1945』, 한국기독교역사연구소, 1996.
김종서, 「매개구조로서의 종교 – 적극적 종교정책을 위한 제언」, 『정신문화연구』 통권 제29호, 1986.
대한불교조계종 포교원·종교편향대책위원회, 『종교편향백서』, 2000.
도날드 베이커, 김세윤 역, 『조선후기 유교와 천주교의 대립』, 일조각, 1997.
문화관광부·한국문화정책개발원, 『해외 각국의 종교현황과 제도 연구』, 1999.
문화관광부, 「2001 종교법인 사무국요원 연찬회 자료집」.
배국원, 「사이버스페이스의 기독교적 의미」, 『종교연구』, 제23집, 2001.
역사학회 편, 『역사상의 국가권력과 종교』, 일조각, 2000.

오경환신부 화갑기념논문집 간행위원회,『교회와 국가(오경환신부 화갑기념 논문집)』, 인천가톨릭대학교 출판부, 1997.
오강남,『예수는 없다』, 현암사, 2001.
이지수,「하나의 세계와 종교간의 만남에 있어서 현대 인도종교가들의 비젼」, 『종교연구』, 제5집, 1989. 폴 F. 니터,『오직 예수 이름으로만?』, 변선환 역, 한국신학연구소, 1986.
임영상・황영삼 공편,『소련과 동유럽의 종교와 민족주의』, 한국외국어대학교출판부, 1996.
토마스 루크만, 이원규 역,『보이지 않는 종교』, 기독교문사, 1982.
존 힉,『하느님은 많은 이름을 가졌다』, 이찬수 옮김, 창, 1991.
한국문화정책개발원,『우리나라의 종교정책에 관한 연구』, 1997.
한국종교학회,「한국신흥 및 유사종교 실태조사보고서」, 1970.
_____,「한국신종교 실태조사 보고서」, 1985.
_____,「한국신종교 조사연구 보고서」, 1996.
한국종교사회연구소 편,『한국의 종교와 종교법』, 민족문화사, 1991.
Bryan Wilson, *Contemporary Transformations of Religion*, Oxford : Clarendon Press, 1974.
F. Schuon, *The Transcendent Unity of Relligions*, London : The Theosophical Publishing House, 1993.
F. Whaling, "Religion in Today's World : An Introductory Survey" in *Religion in Today's World*, ed. by F. Whaling, Edinburgh : T & T Clark, 1987.
Harumi Befu, ed., *Cultural Nationalism in East Asia : Representation and Identity*, Berkeley : Institute of East Asian Studies, University of California, 1993.
James A. Beckford, "Religion, Modernity and Post-modernity" in *Religion : Contemporary Issues*, ed. by B. Wilson, London : Bellew Publishing, 1922.
J. Coleman & M. Tomka, *Religion and Nationalism*, Maryknoll : Orbis Books, 1995.

Jeff Zaleski, *The Soul of Cyberspace: How New Technology is Changing our Spiritual Lives*, New York : Harper Edge, 1997.

Kang Don-ku, "Traditional Religions and Christianity in Korea", *Korea Journal*, Vol. 38, No. 3, 1998.

Kathleen Bliss, *The Future of Religion*, Harmondsworth: Penguin Books, 1969.

L.A.Young, Rational Choice *Theory and Religion: Summary and Assessment*, New York : Routledge, 1997.

W. C. Smith, *Towards a World Theology*, Philadelphia : Westminster, 1981.

池上良正他編, 『情報化時代は宗教を變えるか-傳統宗敎からオウム 眞理敎まで』, 弘文堂, 1996.

Ⅲ장　전통문화정책의 진단과 전망

이장섭(한양대 강사)

1. 서론
2. 전통문화의 개념
3. 문화재정책
4. 지역축제정책
5. 전통문화상품화정책
6. 요약 및 결론

Ⅲ장 전통문화정책의 진단과 전망

1. 서론

 '문화의 세기'라는 말이 세간의 화두가 된 이래 문화로 향한 관심이 사회 전 분야에서 부각되고, 더불어 우리 전통문화의 중요성에 인식도 그 어느 때보다 확산되었다. 실제로 '우리 것이 좋은 것이여'라든가 '가장 한국적인 것이 가장 세계적'이라는 모토로 등장하는 사회적 관심에서 전통문화의 인플레이션 현상을 읽을 수 있다. 우리 것, 가장 한국적인 것은 곧 전통에 바탕한 문화요소를 의미한다. 하지만 이러한 문화적 조류의 배경에는 우리의 전통만이 세계 다른 지역의 문화와 구별되는 특수성으로 대우받을 수 있는 것을 가정한다. 이 가정속의 의도는 곧 우리의 문화적 특수성을 간직한 전통문화가 세계화시대에 대내적으로는 문화적 정체성을, 대외적으로는 문화적 '우수성'을 담보한다는 점이다. 다시 말해 전통문화를 통해서 국내 문화의 주체성 확보와 국제적 경쟁력을 확보한다는 두 마리 토끼를 한꺼번에 잡자는 기대가 담겨 있다. 하지만 세계적인 문화는 우리 문화의 특수성으로서만 가능한 것이 아니다. 보편성을 가지지 않는 문화는 모든 세계인이 공감할 수 없기 때문이다. 이러한 모순을 접어두고, 그러면 이러한 상황에서 전통문화는 우리에게 무엇인가? 그 전통문화에 대한 국가적으로 관심을 표출한 정책은 어느 정도인가? 여기서 우리의 관심은 출발한다.

---

* 이장섭(한양대 강사)

전통문화에 대한 관심은 그것의 변화를 야기하는 사회적 상황에서 시작된다. 전통문화의 보호, 전통의 재창조라고 하는 것은 전통적 문화요소가 오늘의 사회에서 더 이상 의미를 가지지 못할 때 등장한다. 문화적 전승의 과정에서 외부적이든 내부적이든 어떠한 영향에 의해 변화가 수반하지 않을 때에는 선대에서 후대로 이어지는 문화로서 전통문화의 의미가 없었다. 다시 말해 문화의 변동을 야기하는 다양한 대내외적 여건이 형성됨으로써 전통문화의 개념이 대두된다. 그리고 그에 대한 정책적 관심은 단절의 위기상황에 처한 전통문화를 보호하고 계승 발전하자는 목표에서 출발하였다. 문화적 과정의 자연스러운 전승에서 인위적 전승이 개입하게 된다는 것이다. 그 일차적 목적은 전통문화의 보호와 보존에, 그 다음은 전통문화의 현대적 의의를 찾는 것에 두어지게 된다.

전통문화에 대한 국가적 관심의 표출인 전통문화정책의 범주[1]는 우리나라의 경우 특정한 정치이념과도 연계되기도 하고 전통문화의 보존 및 활용 가치에 대한 관리주의적 행정이 되기도 한다. 헌법 제9조 "국가는 전통문화의 계승·발전과 민족문화의 창달에 노력하여야 한다"는 명시에 준하여 전통문화의 현대적 재창조라든가 창조적 계승과 같은 국가이념적 발로가 전자의 경우라면, 현행 문화재보호법에 의거한 과거의 문화유산에 대한 보호 보존을 위한 정책과 전통문화를 대상으로 한 다양한 정책사업이 후자이다.

---

[1] 정책의 대상을 정부에서 실제 시행하는 정책의 영역을 범주화하는 실질적인 방법과 정책대상에 대한 정의에 의거한 정책의 범위를 설정하는 분석적 방법으로 구분하는(정홍익1997:123) 경우도 있지만 이 글에서는 그러한 분류를 무시한다. 왜냐하면 실제 이 글에서 다루고자 하는 내용은 실제적인 방법에 의한 정책내용이라 할지라도 그 문제점과 전망으로 논의되는 내용은 기존 정책의 절대적 기준에 준하지 않기 때문이다.

실제 전통문화를 대상으로 한 정책은 우리나라 중앙 행정부서 중 문화재청과 문화관광부 예술국 전통지역문화과 문화산업국 문화콘텐츠진흥과의 업무의 일 분야에 속한다. 문화재청의 업무가 과거 문화유산의 보호 업무에 치중한다면 문화관광부의 전통지역문화과와 문화콘텐츠진흥과의 업무는 전통문화의 현대적 응용에 우선한다. 이 경우 비록 전통문화정책은 과거의 문화와 예술이 대상이 되지만, 그것이 현대적 문화향수와 문화산업적 요소와 직간접적으로 관련된다는 점에서 큰 의미의 문화정책의 하위 분야로 간주되기도 한다. 또한 다른 관점에서 문화정책에 대한 UNESCO의 포괄적 정의2)는 문화의 개념3)을 광의로 이해함으로써 우리가 여기서 논의하고자 하는 전통문화를 포함하기 때문이다.

하지만 전통(tradition) 혹은 전통문화(traditional culture)가 정책의 대상이 되는 경우는 그 출발에서 무엇보다 문화재가 우선되었기 때문에 문화재정책이 곧 전통문화정책의 다른 이름으로 통용된다. 산업사회라는 사회경제적 구조 변화에 의한 전래의 문화적 요소의 보호 및 보존이라는 발

---

2) "문화정책은 한 사회에 있어서 주어진 시간 내에 그 사회가 이용한 수 있는 모든 물적, 인적 자원의 최적 이용을 통해서 어떠한 문화적 용구를 충족시키는 것을 목표로 하는 의식적이고 의도적인 사용 및 작위와 부작위의 총체를 의미하는 것으로 간주하여야 한다. 문화발전에 대해서는 특정한 기준이 정해져야 하고 문화는 인성의 완성 및 경제, 사회적 발전과 연계되어야 한다. 경제 및 사회 발전은 문화발전과 상호 협조되어야 한다는 사실, 문화는 이용 가능한 생산수단 뿐만 아니라 인간 자신에게도 이로운 효과를 가져온다는 사실, 모든 물질적인 복지의 개선은 … 정신활동을 할 수 있는 여가를 부여해 줌으로써 문화진흥에 기여한다는 사실 등이 인정된다"(문화정책에 관한 원탁회의, 1968 : 8, 오양열 1998 : 21 재인용).

3) "넓은 의미에서의 문화는 한 사회나 사회집단을 특정 지워주는 고유의 정신적, 물질적, 지적, 정서적 복합체 전체로 간주하고 … 문화는 문학과 예술뿐만 아니라 생활양식, 인간의 기본권, 가치체계, 전통과 신앙을 포함한다"(문화정책에 관한 멕시코시 선언, 1983 : 189, 오양열 1998 : 11 재인용).

상에서 전통문화정책이 주도되었기 때문이다. 이 과정에서 보호되어야 될 가치를 가진 전통문화는 재화적 의미의 문화재 개념으로 정착되고 그것에 국가적 관심의 투영된 것이 문화재정책으로 정착되었다고 볼 수 있다.

여기서 전통문화정책을 문화재정책으로 간주하지 않는 이유는 구조적 측면에서 정책의 목표에 있는 대상이 동일할 지라도 실제 정책적 수단의 차이에 따른 우리나라의 전통문화정책을 구분하고자 하기 때문이다. 다시 말해 문화재보호법에 의거하여 전통문화의 보존과 보호에 주목표가 두어진 문화재청 소관의 문화재정책과 전통문화요소를 창조, 전달, 수용이라는 문화정책적 기능적 범주에서 다루는 문화관광부의 전통문화정책을 분리해서 다루고자 함이다.

이 글은 위에서 언급한 전통문화에 대한 두 가지 정책영역에 대한 우리나라 문화정책을 고찰함으로써 그 문제점과 현황을 진단하고, 그것을 바탕으로 21세기 전통문화정책의 새로운 가능성을 타진하는 데 목적을 둔다. 포괄적인 문화재보호정책을 제외한 정책의 대상이 되는 전통문화 영역에서는 필자의 전공인 민속학 분야에서 지역축제와 전통공예 부분에 한정하여 다루고자 한다. 이 글의 일차적 자료는 필자의 기발표된 전통문화 관련 논문 중에서 정책과 연관된 부분이 토대가 됨을 밝혀 둔다.

2. 전통문화의 개념

가. 전통문화의 일반적 정의

오늘날의 전통문화의 개념이 등장하는 시기가 서구에서는 산업화가 시작되는 시점이었다. 18세기 산업혁명으로 명명된 새로운 사회경제적 구조가 자리잡기 시작하면서 전래의 문화적 전승은 단절되고 새로운 문화적 상황이 발생한다. 즉 새로운 사회경제적 환경에서 적응하지 못하면 소멸되거나 새로운 기능으로 변화하는 과정을 거친다. 다시 말해 새로운 사회경제적 환경에서 형성된 가치는 과거의 문화를 더 이상 수용하지 않는다는 것이다. 전통문화는 새로운 환경에 처한 과거의 문화로 자리잡게 되었다.

이러한 전통문화는 특정한 개별 민족의 역사와 맥을 같이 한다. 문화의 차원에서 보면 그것은 민족문화의 시간적 맥락에서 이해되는 문화의 범주이다. 민족의 지나온 역사적 과정의 결과로서 전통문화는 누대(累代)에 걸쳐 축적되어온 해당 민족의 정신적, 물질적 산물이다. 따라서 각 민족의 전통문화는 그 민족 고유의 성격을 반영하며, 그것은 다른 민족과 구별되는 문화적 특성의 배경이 된다. 아래의 내용은 필자가 이미 발표한 다른 논문에서 전통문화와 관련된 내용을 요약한 것이다(이장섭, 2000 : 276~280).

현재 우리나라 문화과학계에서 통용되는 전통문화에 대한 범주는 사용자의 주관적 의도가 일차적으로 작용한다. 이 사실은 전통문화를 제목으로 한 책의 내용을 일견하면 그대로 반영한다.[4] 일치된 정의보다 연구

---

[4] 전통문화를 '언어와 같은 언어전통문화, 의식주(한복,김치,한옥)와 같은 생활전통문화, 전통민속예술 문화(민요, 판소리, 풍물굿), 전통(철학)사상문화로 구분하는가 하면(김헌선 1998 : 16~29), 전통예술 를 다룬 심우성외 책의 목차에서는 음악(종묘제례악에서 민요까지), 전통춤(승무에서 살풀이까지), 현극(탈춤에서 진도다시래기까지), 민속놀이(남사당놀이에서 강강술래, 백중놀이, 줄다리기까지), 의식(종묘제례에서, 은산별신제, 씻김굿, 풍어제-동해안별신굿, 서울새남굿까지)으로 분류한다(심우성 외, 1997 : 26). 조흥윤은 전통예술을 전통음악, 춤, 연극, 공예와 같은 분야로 범주화하는 것은 근대적 서양학문의 영향에 의해 기계적, 분석적, 편의적 분류라고 보았다(위의 책, 총론 : 18). 실제로 그는 전통예술의 사례에서 굿의 경우처럼 춤, 음악, 놀이, 의식을 포함하는 종합적 전통예술의

자의 필요에 의해 전통문화의 외연이 규정되는 셈이다. 나아가 전통문화의 본질인 문화의 시간대는 그 경계가 분명하지 않은 채 고대에서 조선말까지 막연한 과거로 인식되고 있는 실정이다. 뿐만 아니라 그것은 근대와 대비되기도 하고 근대와의 연속에서 이해하기도 한다. 전자의 주장은 근대화된 사회는 전통사회와 다른 사회구조와 행위양식을 형성하여, 그 이전과는 다른 문화를 가지게 되니 그것은 전통문화와는 다르다는 것이다. 연속으로 보는 관점은 전통적인 요소가 근대라는 오늘날에도 수동적으로 지속되거나 혹은 능동적으로 재해석되어 재창조된다는 것이다(한상복 외, 1989 : 22).

한편 임희섭은 문화적 전통이라 하여 그것은 '현대에서도 적합성을 유지하고 있는 과거로부터의 문화적 유산'이라고 말한다(임희섭, 1984 / 한상복 외, 1989 : 22 재인용). 그래서 전통문화는 "현대와 단절된 것이 아니라 연속성을 가지며 전통문화는 건축설계, 의상패턴, 사고방식 행동원리, 생활양식 또는 여러 가지 예술에 담겨져 있는 esprit(정신, 정수, 형식적 요소, 의미)의 주형(모델)"으로서, "현대와 미래의 문화창조를 풍요롭게 해주는 바탕, 즉 새로운 문화창조의 원동력이며, 현대사회와 미래사회에 알맞는 문화의 발전방향을 정립하는 기초가 된다"(한상복 외, 1989 : 23)고 규정한다.

위 인용에서 공통적으로 드러나는 전통문화의 성격은 과거의 문화로 규정되고, 오늘날 그것의 지속성 혹은 효용가치가 말해진다는 점이다. 바로 이 점이 과거의 문화로서 전통문화가 현재적 의의를 가지는 이유이다.

형태를 분화되지 않은 전통예술의 단적인 예로서 제시한다(19). 한편 국가지정 문화재 중 중요무형문화재는 예능종목과 기능종목으로 구분되고, 예능은 음악, 무용, 연극, 놀이와 의식, 무예, 음식제조에, 기능은 전통공예기술에 한정된다.

다시 말해 포괄적 의미에서 과거의 문화 모두가 전통문화가 되는 것이 아니라 특정한 요구에 의해 전통문화는 선택되고, 현대사회에서 가지는 일정한 기능 때문에 전통문화는 생명력을 가진다. 세기말에 와서 전통문화의 인플레이션 현상이 대두된 것은 바로 그 기능이 특정한 분야에서 -특히 정치적 혹은 상업적 분야- 요구를 불러일으키는 상황과 맥을 같이 한다.

크게 보아 전통문화는 비학문적인 용례와 문화과학내의 개념규정에 대한 구분이 필요하다. 왜냐하면 학술개념이 일반개념을 주도하는 것이 아니라 많은 경우 학술적인 전통문화 개념조차 일상적인 용례를 따르고 있기 때문이다. 일반적인 사용에서 전통문화는 우리 조상들이 남겨준 문화유산으로서, 현재에도 가치를 가질 수 있는 전승된 문화와 유사한 개념으로 이해된다. 그래서 대부분 전통문화라는 포괄적인 용어 아래 다음과 같은 양상을 띤다. 그것이 특정한 형태를 지닌 것이라면 -물질문화 또는 유형문화재- 박물관적 수집이나 전시의 대상이 되고, 형태를 지니지 않은 것일 경우, 그것이 정신문화적인 요소 혹은 관념적인 것이라면 오늘의 생활에 귀감으로 삼아야 한다거나 -예컨대 효나 경노사상- 또는 특정한 기예를 가진 것이라면 -놀이, 공예기술 따위- 일정한 제도적 틀 안에서 보존되고 전승되어야 하는 당위성을 부여한다. 예컨대 전통공예 분야 혹은 특정한 악기 연주방법이나 특정지역의 춤이나 노래의 전수와 같은 무형문화재, 일반적으로 「인간문화재」로 불리는 대상의 전통문화 보호가 여기에 해당된다.

학술적인 관점에서 전통문화는 세대에서 세대로 전달되는 문화현상이나 요소로 정의된다. 세대간 문화의 전달이란 점에서 문화의 변동과는 무관하게 지속적으로 전승되는 과거 문화의 내용이 그 범주에 속한다. 하지만 새로운 문화요소의 도입과 무관하게 지속되는 과거 문화단계의 잔여물로 간주되는 잔존물(Survival)과는 구분된다. 전통문화는 어느 시점에서 혁신으로 등장하여 그 혁신적 문화요소가 받아들여지고 일반적으로 삼세대를 이어 전승될 경우 문화적 가치를 인정하게 된다. 다시 말해 모든 혁신적 문화요소가 전통문화로 남는 것은 아니고 수용된 집단에 의해 그 문화요소의 기능적 맥락이 인정될 때만이 전통문화로서의 위상을 가지게 된다(Wiegelmann, 1977 : 49). 전통문화는 그것을 보유한 인간집단에 의해 그 문화적 기능이 고려되지 않을 경우, 세대간 전승이 불가능하다는 기능주의적 관점이 여기서 주목하는 바다.

전통문화의 개념이 산업사회의 도래와 함께 정착되었다는 사실과 연관시켜 볼 때 그것과 대중문화는 태생적으로 동일한 출발을 갖지만, 상호 배치되는 두 개념이었다. 이 점은 지난 세기동안 적어도 이데올로기적인 면이나 학문적 대상면에서 재론의 여지가 없었다. 그러나 대중문화가 대중의 자유의사에 의해 형성된 문화의 문제가 아니라는 것을 분명히 하기 위하여 도입된 문화산업(Horkheimer/Adorno 1944 : Bausinger외 1978 : 242 재인용) 개념의 부정적 의미가 희박해지고, 즉 조작된 의도에 의해 생산되는 문화로 본 프랑크푸르트학파의 관점이 반전되면서 새로운 논의가 전개된다. 사물의 유행(Mode der Sache)의 관점에서 전통문화도 더 이상 문화산업의 영향권에서 자유로울 수가 없게 된다. 문화의 물상화 과정에서 전통문화의 내용은 관광상품으로 혹은 문화상품으로 기능을 가지고 문화산업의 범주로 이입되어 전통문화 그 자체의 문화적 논리를 벗어나 자본주의 경제의 필연성을 회피하지 못하게 된다. 그래서 자본주의 경제체제 하에서 모든 전통문화의 내용도 생산을 통해서 지속적으로 규격화되어 공급과 소비를 결정 지운다(위의 책, 243면 이후).

따라서 산업사회의 생활리듬에서 과거의 문화현상은 과거와 다른 형태로 자리잡게 된다. 여기에 오늘의 문화적 표현형태에서 전통적 문화요소가 의도적으로, 혹은 특정한 경향에 따라 변화되어 나타난다는 것을 포함한다. 전국 모든 곳에서 개최되는 지역축제에서 풍물소리를 빼놓을 수 없는 것과 마찬가지로 그 지역의 전통적인 관습의 내용이 필수적으로 축제프로그램에 속하는 과정이 그러하다. 또한 과거의 연행적 민속이 원래의 사회적 상황이 아니라 무대에 올려지거나, 사람들의 여가생활의 일부로 정착되는 사례가 그것이다. 이를테면 우리의 전통음악 또는 전통연희라는 이름아래 일부 전통요소는 여러 형태의 공연무대나 전파매체에서 옛 모습대로 재현된다. 그리고 특정한 대상은 '우리 고유의 것을 배운다'는 의도에서 여러 가지 경로를 통하여 일반인들에게 강습 또는 전승의 기회를 제공하는 상업적 전통문화 재현양상을 가진다.

그러나 이러한 문화현상에서 과거 문화의 외형적 양상이 그대로 재현되고 또는 전승되지만, 그것은 전통사회의 사회적 기능과는 전혀 다른 맥락 속에서 나타난다. 다시 말해 여기에 해당되는 과거의 문화는 흔히 '전통문화'라는 이름으로 현대사회의 사람들 입에 오르내리지만, 실제에 있어 과거에 그것이 가졌던 문화의 내적 의미는 사라지고 외형적인 면에서만 과거의 모습을 재현한 것에 불과하고 문화의 내적 기능은 현대사회의 생활맥락에서 이해될 수밖에 없다. 그것은 현대사회의 새로운 사회맥락에서 새로운 기능을 가지고 새로운 사람들에 의해 과거의 외형만이 그대로 재현된다. 이름하여 folklorlism(H. Moser, 1962) 혹은 fakelore(R. Dorson, 1972)로 존재한다. 이 새로운 배경과 목적, 기능 하에서 재현되는 전통문화는 과거 우리 선대의 생활양식으로서 문화 중에서 극히 한정된 부분만 대상으로 선택되어질 수밖에 없다. 우선 두드러지는 것은 과거의 관습과 결부된 놀이현상이 주를 이루고, 그 다음은 상품화가 가능한 전통문화의 대상만이 - 예컨대, 과거 민간의 민예품 따위의 전승기술 - 각광을 받는다.

그래서 전통문화의 의의는 우리가 그것에 부여하는 가치와 직결된다. 전통문화의 특정 분야는 보호의 대상이 되거나 혹은 단순한 보존 전승의 범위를 넘어 새로운 기능으로 재창조되기도 하고, 나아가 부분적 요소만 현대적 문화에 차용되거나 응용되는 등 기능적으로 다양한 존재 모습을 볼 수 있다. 전통문화는 본래의 개념적 정의에 한정되지 않고 우리 사회의 동시대적 '문화적' 필요에 의해 새로이 재구성된 위상을 가진다. 그것은 산업사회의 경제적 구조와 환경의 변화, 정치적 이데올로기의 배경, 민족주의적 상징으로서, 나아가 경제적 부가가치 창출의 대상의 요구과 같은 다양한 외적 변인에 의해 결정된다.

특히 주목할 것은 오늘날 세계화된 지구촌사회의 맥락에서 각국의 전통문화의 위치는 그 민족의 문화유산으로서의 본질적 의의와 함께 문화상품 내지 관광자원으로서 변모한다는 점이다. 전통문화는 이제 문화산업의 범주에서 그 의미가 더 부각되는 실정이다. 문화유산을 보고 즐기는 관광행위가 80년대 말 유네스코에 의해 문화관광으로 규정되면서, 이제는 과거의 문화자원이 관광상품화 내지 관광자원화의 영역으로 편입된다. 따라서 문화의 세기가 도래하고 문화가 국가경쟁력을 좌우할 것이라는 전망과 기대가 무성해지면서 전통문화는 그 본래 가치 이상의 국부적 자산으로서 평가받는 이유가 여기에 있다. 우리의 논의와 연관된 전통문화는 그 문화적 가치 혹은 유용성이 인정되어 의식적으로 전승되는, 말하자면 능동적인 전통문화의 수용이 된다. 왜냐하면 문화의 가치판단이나 효용성에 대한 고려가 없는 단순한 전승의 형태도 존재하기 때문이다.

나. 정책대상으로서 전통문화

　문화재 이외에 전통문화를 정책대상으로 삼고 있는 중앙부서는 문화관광부 예술국 전통지역문화과의 대다수 업무와 문화산업국 문화콘텐츠진흥과 업무의 일부가 대상이 된다. 전통문화과의 업무는 전통문화의 영역 중 전통예술 분야와 축제가 우선되고 문화콘텐츠진흥과는 전통문화를 활용한 문화상품의 개발과 연관된다. 전통문화정책은 문화정책의 하위분야로 인식하기보다 다른 위상의 문화정책으로 보아야 함이 옳다는 것이 이 글의 관점이다. 문화정책에서 다루는 문화 개념이 예술로서의 문화[5], 즉 협의의 문화를 대상으로 삼고 있기 때문이다. 따라서 문화정책의 실제는 한편에서 문화예술 여러 쟝르의 공연이나 전시가 가능한 인프라의 확대 즉 하드웨어에 해당되는 면과 다른 면에서는 해당 예술인의 육성, 그들 활동의 지원 -소프트웨어 측면- 등에 우선한다.

　반면 전통문화정책의 대상이 되는 전통문화의 개념은 문화정책상의 그것과는 다른 범주에 속한다. 특히 전통문화정책의 주류를 형성하는 문화재정책에서 문화재는 '인류문화의 소산으로 역사적, 문화적인 가치를 지닌 것'(UNESCO)으로 규정되기 때문에 문화정책상의 문화와는 다른 차원에서 문화적 의미를 가진다. 하지만 '전통문화의 활성화' 혹은 '전통문화의 재창조'와 같은 모토로 시행되는 전통문화정책은 문화재보호정책과는 다른 차원에서 시행되고, 그 궁극적인 목적은 문화정책의 광의적 목표

---

[5] 1972년에 제정된 문화예술진흥법상의 문화예술이란 "문학, 미술, 음악, 무용, 연극, 영화, 영화, 연예 및 출판에 관한 사항을 말한다"(문예진흥법 제2조). 이 규정에서 드러나듯이 문화를 문화예술이라는 용어와 동일시하여 문화정책상의 문화는 미(美)적 창조활동으로서의 문화, 즉 예술과 같은 범주로 이해된다. 이에 1994년 개정된 문예진흥법은 '사진, 건축, 문화산업'을 더 포함시킴으로써 자본주의 사회의 발전과 함께 대중문화(문화산업)의 영역까지 확대 발전되었다.

의 정책수단으로 위상을 가진다. 즉 그것도 다른 문화정책의 세부정책처럼 국민에게 '더 좋은 문화를', '더 많은 문화를' 제공한다는 국민의 문화향수를 향상한다는 정책적 목표를 두고 시행된다는 점이다.

따라서 이 연구에서 다루는 전통문화정책은 일반적으로 알려진 문화재보호정책에 한정되지 않고 전승된 문화로서 전통문화가 광의의 문화정책의 정책대상으로 시행되었거나 시행되고 있는 모든 현상과 요소를 포함한다.

다. 문화재의 개념

문화재는 영어의 Cultural Assets, 독일어의 Kulturgueter, 불어의 Biens Culturels의 번역어로서 문화가치가 있는 사물 즉, "보존할 만한 가치가 있는 민족문화의 유산"을 말한다(한국문화재보호협회, 1976 : 6). 문화재의 개념은 산업혁명 이후 영국에서 천연자원의 개발이 활기를 띠게 됨에 따라 자연의 파괴와 역사적 문화유산의 손상, 파괴 및 소멸을 우려한 데서 일어난 민간의 자연보호, 문화재보호운동의 과정에서 성립되었다(김봉건, 1989 : 313). 따라서 문화재란 근대문화정책 개념이며, 인류문화보존·보호를 위한 정책적 개념이고, 또한 근대자본주의적 재화(財貨)의식을 바탕으로 한 근대적 개념이기 때문에, 근대 이전의 사회에서는 문화재의 대상은 있었으나 문화재라는 개념 자체는 존재하지 않았다.

UNESCO는 문화재를 "고고학, 선사학, 역사학, 문학예술 또는 과학적으로 중요하면서 다음 범주[6]에 속하는 것으로서 국가가 종교적 혹은

---

6) - 진기한 수집품과 동물군, 식물군, 해부체 및 고고학적 관심물체
 - 과학 및 공업의 역사와 관련되는 재산 또는 민족적 지도자, 사상가, 과학자, 예술가들의 생애와 국가적으로 중대한 사건과 관련된 재산

세속적 근거에 따라 지정한 것'으로 규정한다(1970 : 문화재의 불법 반출입 및 소유권 양도의 금지와 예방수단에 관한 협약). 여기서는 문화재에 동물군과 식물군과 같은 자연유산도 포함하지만, 우리나라와 일본에서 인정하는 '무형문화재'는 포함하지 않고 유형문화재가 주대상이다. 크게 보면 한 민족집단이 생활을 영위하면서 만들어 낸 모든 것 가운데에서 문화적으로 인류 보편적인 동시에 민족 특수적인 성격의 가치를 가진 것이라고 정리할 수 있다. 문화재는 역사적으로 한 민족집단의 생활체험의 표현이며, 그 표현물 가운데에서 현재까지 남아있는 유산들이라고 하겠다.

우리나라에 있어서도 1950년대까지 문화재라는 용어 자체가 쓰이지 않았고, 일제 강점기인 1933년 8월 9일에 조선총독부 제령 제6호로 [조선보물고적명승기념물보존령]이 제정된 이래 사용되었던 보물, 고적, 천연기념물이라든가 혹은 유적, 유물이라는 용어가 해방후에도 지속적으로 사용되었다. 그러던 것이 1949년 일본 나라지방의 법륭사에 있던 금당벽화 소실사건을 계기로 일본이 마련한 문화재보호법이 1950년부터 제정·공포되면서 우리나라에 영향을 미친 것으로 알려져 있다(오세탁, 1983 : 35). 우리나라에 있어서 법적 보호대상으로서의 문화재는 문화재보

- (정규 혹은 비정규적으로 시행된) 고고학적 발견 및 발굴품
- 해체된 예술적 혹은 역사적 기념물의 일부분 및 고고학적 유적
- 비문, 화폐, 인장과 같은 것으로 100년 이상된 골동품
- 인종학적으로 주요한 물체
- 미술관련 재산으로 재료를 불문하고 (1) 손으로 제작된 회화, 유화, 도화(공업의장과 손으로 장식한 공산품은 제외), (2) 조각 및 조각기술의 원작품들, 목판화, 동판화, 석판화의 원작품, 그리고 미술적인 조립품 및 몽타주(합성화) 등
- 단일 물체 또는 집합체의 여부에 관계없이 역사, 예술, 과학 및 문화의 측면에서 특별한 관심사가 되는 필사본, 고서, 인쇄물, 우표나 수입인지 같은 형식의 인지물, 녹음, 사진, 영화로 괸 기록물, 100년 이상된 가구 및 악기 등.

호법에 규정되어 있는데, 그동안 수차례의 개정을 거치면서 그 범위가 확대되어 왔다. 문화재보호법이 상정하고 있는 문화재의 범위는 동법 제2조 1항에 의해 유형문화재, 무형문화재, 기념물 및 민속자료의 네 종류로 구분되고 있다(<표 1 참조>).

구분	대상	가치기준	국가지정	시, 도 지정
유형문화재	건조물・전적(典籍)・서적(書跡)・고문서(古文書)・회화(繪畵)・영각(影刻)・공예품(工藝品) 등 유형의 문화적 소산, 이에 준하는 고고자료(考古資料)	역사상・예술상 가치가 큰 것	국보(國寶)・보물(寶物)	유형문화재 문화재자료
무형문화재	연극(演劇)・음악(音樂)・무용(舞踊)・공예기술(工藝技術) 등 무형의 문화적 소산	역사상・학술상 가치가 큰 것	중요무형문화재	무형문화재
기념물	사적지(史蹟地)・패총(貝塚)・고분(古墳)・성지(城址)・궁지(宮址)・요지(窯址)・유물포함층(遺物包含層) 등 경승지(景勝地) 동물(서식지・번식지・도래지)식물(자생지)・광물・동굴	역사상・학술상 가치가 큰 것 예술상・관상(觀賞)상 가치가 큰 것 학술상 가치가 큰 것	사적(史蹟) 명승(名勝) 천연기념물(天然記念物)	기념물 문화재자료
민속자료	의식주・생업・신앙・연중행사 등에 관한 풍속・관습 이에 사용되는 의복・기구・실 등	국민생활의 추이를 이해함에 불가결한 것	중요 민속자료	민속자료 문화재자료

〈표 1〉 문화재보호법상의 문화재의 개념 및 구분

문화재보호법에 따른 문화재의 개념은 [역사적・학술적・예술적・관상적 가치가 크고 국민생활의 추이를 이해할 수 있는 모든 것이라는 일정한 가치판단에 의한 선택이 따른다. 이러한 선택의 가장 이해하기 쉬운 예가 지정제도이지만, 문화재는 지정된 것에만 한정되지는 않는다. 현행 문화재보호법은 이와 같은 포괄적이고 추상적인 판단기준을 통해 폭넓은 범주에서 문화재를 상정하고 있다. 아래의 문화유산헌장은 문화부가 해마다 특정한 문화예술분야의 발전을 위해 중점적으로 지원한다는 목적으로 시행하는 정책인 '…의 해'의 일환으로 1997년이 문화유산의 해로 정해졌고, 그 문화유산의 해 조직위원회가 같은 해 12월 8일에 만든 것이다.

| 문화유산헌장 |

문화유산은 우리 삶의 예지와 숨결이 깃들여 있는 소중한 보배이자 인류문화의 자산이다. 유형의 문화재와 함께 무형의 문화재는 모두 민족문화의 정수이며 그 기반이다. 더욱이 우리의 문화유산은 오랜 역사속에서 많은 재난을 견디어 오늘에 이르고 있다. 그러므로 문화유산을 알고 찾고 가꾸는 일은 곧 나라사랑의 근본이 되며 겨레 사랑의 바탕이 된다. 따라서 온 국민은 유적과 그 주위 환경이 파괴 훼손되지 않도록 노력하여야 한다. 문화유산은 한번 손상되면 다시는 원상태로 돌이킬 수 없으므로 선조들이 우리에게 물려준 그대로 우리도 후손에게 물려줄 것을 다짐하면서 문화유산헌장을 제정한다.

1. 문화유산은 원래의 모습대로 보존되어야 한다.
1. 문화유산은 주위환경과 함께 무분별한 개발로부터 보호되어야 한다.
1. 문화유산은 그 가치를 재화로 따질 수 없는 것이므로 결코 파괴, 도굴되거나 불법으로 거래되어서는 안 된다.
1. 문화유산 보존의 중요성은 가정, 학교, 사회교육을 통해 널리 일깨워

져야 한다.
1. 모든 국민은 자랑스러운 문화유산을 바탕으로 찬란한 민족문화를 계승, 발전시켜야 한다.

이 헌장에 담고 있는 내용은 크게 세 가지로 구분이 가능한데, 즉 문화유산의 개념, 그 의의 및 가치, 그리고 그것의 보존 방법 및 활용에 대한 기본이념을 담고 있다. 우리가 다루고 있는 전통문화정책의 내용을 포괄적으로 언급하는 내용이다. 특히 마지막의 보존방법과 활용이 우리가 다루는 내용과 일치하며, 세부정책의 기조적 성격을 담고 있다. 문화유산의 보존과 활용이라는 측면이 어떤 방향에서 출발하여야 한다는 점을 명시적으로 선언하고 있으며 문화유산을 유·무형 문화재로 규정한다.

3. 문화재보호정책

우리나라의 문화재관리는 일제에 의한 훼손, 파괴 및 국외유출, 광복 후의 혼란기와 한국전쟁, 그리고 역대 정권의 개발지상주의에 의해서 그 보존과 보호에 심각한 문제를 노정시켜 왔다. 문화재보호법 제정 이후 문화재의 보존·관리정책이 지속적으로 시행되어 왔으나 그것은 경제개발의 이면에서 환경문제와 더불어 예나 지금이나 정책 서열상 뒷전이었다. 다시 말해 개발의 경제적 이익 때문에 민족의 유산이자 국가 장래의 영원한 자산인 문화재와 환경을 포기했던 것과 다름없다 하겠다. 비록 문화재보호법에 의해 개별 문화재의 보호는 일정한 성과를 보여 왔지만, 옛 국가의 수도였던 고도의 경우 현재도 개발에 속수무책으로 노출되어 경주와 같은 지역에 고층아파트가 난립되고 있는 실정이다.

이 장은 현행 문화재보호법(이하 보호법이라 함)의 문제점과 개선방안을 거시적인 관점에서 제시하고, 고대 왕국의 수도인 고도(古都) 문화재보호의 대안을 찾아보고자 한다. 따라서 개별 문화재 보호에 대한 법령의 문제점과 개선방안은 제외한다. 이 장의 주요 내용은 필자가 연구책임자로 진행하였으나 특정한 사정에 의하여 미발표된 「역사고도 보존을 위한 특별조치법(안) 연구」(1997) 작업 시 제시한 문화재보호법의 문제와 개선안의 내용을 토대로 하되, 이 문제와 관련하여 최근에 제기된 논의를 포괄적으로 다루고자 한다.

가. 문화재보호법의 형성과 문제점

우리나라 문화재정책의 역사를 다룬 여러 논저의 공통점은 1962년 문화재보호법 제정된 이후를 근대적 문화재정책의 출발로 보고 있고, 전통문화정책을 별도로 다룬 예는 없다. 따라서 입법을 중심으로 전통문화정책의 변천사는 문화재보호와 관련된 법령을 중심으로 파악할 수밖에 없다. 오세탁은 우리나라 문화재보호 관련 법제의 변천을 3시기로 구분하여, 제1기 보존규칙시기(1910~1933), 제2기 보존령시기(1933~1962), 제3기 보호법시기(1962~현재)로 구분하고 있다(오세탁, 1983 : 46).

문화재와 관련된 입법은 다음과 같다. 1916년 7월에 조선총독부령 제52호로 제정된 [고적 및 유물보존규칙]에서 그 연원을 찾을 수 있다. 이 보존규칙은 유적과 유물에 한하여 규정되었다. 이에 앞서 1910년에 [향교문화관리규정], 1911년에 [사찰령]이 있었지만 주목적이 문화재보호에 있는 입법은 아니었다. 그 후 1933년 8월 9일에 조선총독부 제령 제6호로 [조선보물고적명승기념물보존령]이 제정되었고, 동령 시행규칙이

1933년 12월 5일 부령 제136호로 제정·시행되면서 [고적 및 유물보존 규칙]은 폐지되었다.

따라서 1962년 1월 10일 [문화재보호법]이 법률 제962호로 제정되기 전까지 약 30년간은 1933년 제정된 보존령에 의하여 문화재관리가 이루어져 왔다고 할 수 있다. 1933년의 보존령은 비록 보물과 명승·기념물까지 포용하는 포괄적 법제이기는 하였으나, 그것이 물질적 또는 자연적인 문화재만의 보존을 위주로 하여 규정된 것이기 때문에 정신적 측면에서의 문화재의 보존에 대해서는 아무런 규정이 없었고, 뿐만 아니라 문화재의 적극적인 활용에 대해서는 전혀 규정하지 못하고 있었다.

하지만 일제강점기 총독부의 문화재관련 법령이 과연 문화재보호인가 하는 문제는 또 다른 연구의 필요성이 절실하며 여기서는 논외로 한다. 다만 조선문화연구라는 미명의 배경에는 민족정신의 말살과 그 가치왜곡에 의도가 있었던 일제의 문화정책이 분명한 데다, 사적지가 파헤쳐지고 출토된 유물은 공공연히 반출되었고, 민간의 문화재는 수탈당하였고, 조직적인 도굴꾼들에 의한 파괴와 약탈이 지속적으로 자행되었다는 사실은 일제의 문화재정책의 기본방침이 무엇이었던가는 자명하다.

일제 조선총독부의 이 보존령은 제헌헌법 제100조에 의거하여 계속 그 효력을 유지해 오다가 1962년「문화재보호법」이 제정되어, 오늘날까지 이 法에 의거하여 문화재의 보호·관리가 실시되고 있다. 그리고 1961년 5·16 군사구테타 이후 정부는 동년 10월 2일에 구황실재산총국(舊皇室財産管理總局)과 문교부의 문화재보존과를 통폐합하여 문화재관리국을 설치하여 문화재보호에 관한 행정을 관장하였고, 1999년 5월 문화재청으로 독립하였다. 이러한 관점에서 우리나라 문화재 관리행정의 획기적인 전환은 1961년 10월 구황실재산총국이 문화재관리국으로 개편, 문교부의 외국(外局)으로 발족한 이후부터라고 말할 수 있겠다. 문화재관리국 발족에 이어 1962년에 [문화재보호법]이 제정·공포되고, 이듬해인 1963년에는 [문화재관리 특별회계법]이 마련되어 문화재 보존·관리를 위한 기구와 재정 및 법적인 제도가 완비되었다.

문화재관리국은 이후 1968년 7월에 文化公報部 산하 外局으로, 1990년에는 문화부 외국으로 개편되었다가 1999년 5월 문화재청으로 승격되었다.

1) 문화재의 범주

우리나라와 같이 문화재보호가 후발적으로 시작되고, 더욱이 경제개발논리에 밀려 국가정책의 우선순위에서 하위권에 머물러 경우 보호법상의 문화재개념은 확대되어야 한다고 판단된다. 현행 보호법은 전체적으로 보아 문화재 중에서도 그 비중이 가장 큰 매장문화재와 일반동산문화재의 보호에 대한 의지가 불투명하다는 문제를 안고 있다. 매장문화재의 경우 급속한 개발의 와중에서 잃어버린 역사를 말해 줄 유일한 단서들이 훼손 내지 파괴되고 있기 때문에 관련학계와 단체로부터 거센 비판을 받고 있는 실정임을 감안할 때, 현행법상의 문화재개념은 오히려 더욱 확대되어야 할 것으로 보인다.

한편 동산문화재는 보호법상의 구분은 아니다. 즉 우리 보호법은 동산문화재에 대한 명확한 정의를 내리고 있지 않다. 따라서 동산문화재는 첫째 등록에 따른 불편으로 인한 소장품의 양성화 기피성향, 둘째 동산문화재의 활용에 대한 국가지원이 결여로 개인 소장 문화재의 음성적 거래, 셋째, 동산문화재의 다양성에 따른 전문요원 부족 등으로 보호에 심각한 문제를 안고 있다.

문화재개념의 확대를 위해서는 무엇보다 보호법에서 구분하고 있는 문화재의 종류인 유형문화재, 무형문화재, 기념물 및 민속자료의 구분이 재검토되어야 한다. 이러한 분류는 문화재의 전승형태와 성격을 명확히 구분하지 않았다는 점에서 혼동을 주고 있다. 또한 유형과 무형이라는 구분은 그 전승형태에 의한 분류로서, 엄밀한 의미에서 보았을 때 모든 문화재를 이것으로만 분류할 수는 없다. 즉 기념물이나 민속자료에도 유형적인 것과 함께 무형적인 것이 있을 뿐만 아니라, 무형문화재에 있어서도 도구나 악기, 혹은 의상과 같은 유형적인 것이 있기 때문이다. 그리고 개화기 이후의 근대 문화유산, 특히 각 예술 장르의 50년 이상된 미지정 문화재 또한 보호의 사각지대에서 지금도 소멸, 훼손의 과정을 겪고 있기 때문에 문화재 개념의 확대는 무엇보다 필요한 사안이다.

2) 문화재위원회

보호법 제3조에서는 [문화재위원회는 … 다음사항을 조사·심의한다]고 규정하고 있다. 그러나 이는 합의제 자문기관인 문화재위원회가 문화재청장의 자문에 응하기 위하여 그 자체의 내부적인 의사결정을 위한 심의결정을 뜻하는 것으로 보아야 하므로 문화재위원회가 문화재관리에 관한 문화재청장의 자문기관으로서 보호법 제3조 각호에 해당하는 사항을 심의한다는 점에 대해서는 의문의 여지가 없다.

문제는 보호법이 문화재위원회의 심의사항으로 규정하였거나 일정한 문화재관리권의 행사를 위하여는 미리 문화재위원회의 자문을 거치도록 규정된 것 중의 대부분이 문화재청장의 권한에 속하도록 권한위임이 되었다는 데 있다. 그런데 문화재위원회는 기능면에서 문화재보존관리의 거의 모든 사항에 대하여 사전에 의무적으로 심의하도록 문화재보호법에 규정되어 있을 뿐만 아니라 법률과 대통령령에 의거하여 설치된 동위원회는 문화재청의 최종적 결정에 직접적이며 실질적인 기속력을 행사하고 있기 때문에 단순한 자문기관이 아닌 심의·조정기관의 성격을 띠고 있다. 따라서 동법 제3조에 법적으로 명시된 자문기관의 문제점 등을 수정·보완하여 문화재전문가로 구성된 위원회의 실질적인 기능을 수행할 수 있도록 문화재위원회는 법적으로 명시된 심의·의결기관으로 강화되어야 한다.

3) 보호지구 지정

보호법 제8조에서 [문화재청장은 제4조(유형문화재 보물, 국보 지정)·제6조(기념물 사적, 명승, 천연기념물 지정) 또는 제7조(민속자료 지정)의 규정에 의한 지정에 있어서 문화재의 보호상 특히 필요한 경우에는 이를 위한 보호물 또는 보호구역을 지정할 수 있다고 규정하고 있다.

이 제8조의 규정은 개별의 유적을 보호하는 데는 유효하지만, 유적을 그 주위의 자연환경이나 역사유산과 함께 광역보존하기에는 적절하지 못하다. 따라서 문화재보호법에 새로운 보호범주를 설치하는 것이 요구된다. 이를테면 [역사적 환경보존지역] 등이 고려되어질 수 있다. 그 내용은 유적이나 건축물, 석조물 등의 문화재와 역사적 가치가 있는 주위의 산림이나 하천, 수목 등으로 역사적 환경의 중핵을 이루는 유적을 지정·보호하고, 주위의 환경은 신고제에 의해 큰 변화를 억제하는 것이 바람직하다. 97년 문화유산의 해에 이에 대한 구체적인 입법안으로 "옛도시보존법"(가칭)의 제정이 시도되었으나 관련 지자체의 반발로 흐지부지된 바 있었다.

4) 매장문화재 문제

매장문화재 관리제도는 기본법규와 행정절차상의 미비점, 인력과 예산부족이라는 문제들이 서로 상승작용을 하며 많은 허점을 노출시키고 있다. 보호법 제43조는 매장문화재를 [토지·해저·건조물 등에 포장된 문화재]로 규정하고 있다. 이는 제2조 조문으로 유추할 때, 매장문화재는 '토지·해저·건조물 등에 포장된 역사상, 학술상 가치가 큰 것'을 의미한다고 하겠다. 따라서 이러한 매장문화재의 범주에 대하여는 보다 구체적이고 명확한 법적 정의가 필요하며, 특정유형의 매장문화재가 발견되었을 때 이를 어떻게 처리할 것인가를 보호법 시행령과 시행규칙에서 보다 자세한 규칙을 규정하는 것도 검토되어야 할 것이다.

위에서 살펴본 보호지구의 지정문제와 관련하여「매장문화재보호지구」지정에 대한 법적 근거를 마련하는 것도 필요하다. 왜냐하면 문화재보호법에 의거하여 사적으로 지정된 유적도 각종 특별법에 의해 지정고시 되고 나면 유적으로 보존되기도 어렵거니와, 사적으로 지정되지는 않았지만 유적이 밀집해 있는 것으로 알려진 지역의 경우에도 형식적인 환경영향평가만 거치고 나면 유적이 대량 파괴되는 것이 현실이기 때문이다. 따라서 다른 법규에 구애받지 않으면서 중요한 유적과 중요한 미조사 지역의 보존을 위한 법적 근거로서 가칭 '매장문화재보호지구'를 도입하는 것이 바람직하다.

그리고 지형형질변경이 수반되는 모든 공사에 앞서서 매장문화재에 대한 사전조사의 의무를 법적으로 명시하고 엄격히 지켜질 수 있도록 하여야 한다. 마지막으로 매장문화재 신고에 대한 보상에서 유적 발견신고에 대한 보상규정(보호법 제43조 내지 제49조)의 모순을 지적하지 않을 수 없다. 현행보상규정에서는 문화재 발견신고 보상은 유물 발견 시에만 가능하게 되어 있다. 예컨대 고분을 발견해 신고한 경우에는 아무런 보상도 받지 못하지만, 그 안을 파헤쳐 문화재를 꺼내어 신고하면 보상을 받게끔 되어 있어 유적파괴를 조장하고 있으므로, 보상규정에 대한 문화재보호법 및 그 시행령의 개정이 이루어져야 한다.

5) 문화재사범 문제

1993년 입법예고되었다가 폐기된 보호법 중 개정법률안은 도굴범 등 문화재사범에 대한 형량과 벌금액을 상향조정하는 엄벌주의를 취하고 있었다. 이러한 태도는 현실적 문화재시장에 대한 현실을 고려하지 않은 것으로서 범법자의 양산을 초래하고, 동산문화재 매매를 업으로 하는 고미술업계의 생존권을 위협할 것이라는 일부의 비판을 받기도 하였다.

그러나 전국 각지에서 도굴이 광범하게 행해지고 있고 도굴품 거래가 만연되어 있으며, '골동품 = 돈'이라는 천박한 의식이 일반화된 상황에서는 문화재사범에 대한 벌칙강화는 불가피하다고 본다. 따라서 문화재 사범에 대한 정의와 처벌기준의 강화는 보다 엄격하고 명백히 규정되어야 할 필요성이 있는 것이다. 다만 이러한 벌칙강화조치도 문화재가 폐쇄적이고 음성적으로 거래되고 있는 현실의 거래관행에 대한 근본적인 해결책이 제시되지 않는 한, 그 효과를 기대하기 힘들다고 본다. 그러므로 문화재사범에 대한 처벌조항은 어디까지나 문화재의 훼손을 예방하는데 초점이 모아져야 하며, 그러한 의미에서 규제조치와 더불어 예방장치가 마련되어야 한다. 이와 같은 관점에서 매장문화재에 대한 도굴행위를 원천적으로 봉쇄하기 위해서 매장문화재의 매매 및 사유화를 금지하는 규정을 보호법에 명문화하는 것도 고려할 수 있다.

나. 고도(古都)문화재보존의 과제

경주와 부여같은 고대 왕국의 수도나 조선조 수도였던 서울은 개별문화재의 소재지나 유적지가 아니라 도시 자체가 문화재라는 점에서 현행 문화재보호법으로는 보호에 한계가 있음은 앞서 지적한 바와 같다. 하지만 현행 법제 하에서 최대한 고도 보존의 방안이 절실한 이유는 도시의 확대와 현대화로 현재의 모습도 나날이 변모하고 있다는 점 때문이다. 예컨대 서울의 경우 일제에 의한 1907년 홍인문과 숭례문의 좌우성첩 파괴를 시작으로 한 조직적인 문화재 파괴정책에 이어 산업화과정에서 개발과 인구집중으로 거대 공룡도시로 탈바꿈하는 과정에서 고도(古都)로서 역사·문화도시의 면모를 잃어 버렸다. 그리하여 문화재가 있어야 할 자리에 「…터」와 같은 문화재 아닌 문화재가 산재하고, 도시 재개발과정에서 문화재보존·관리는, 2001년 풍납토성의 사례에서 보듯이 문제가 발생할 때 사후처방 수준에 머물고 있는 실정이다.

1) 고도보존을 위한 기본방향

고도의 문화재보존·관리의 기본적인 방향은 보존과 현대적 활용 두 가지 사안, 이 동전의 양면과 같은 이 문제의 조화로운 대책에 있다. 문화재는 훼손되면 원형복구가 불가능한 일회성이라는 특성 때문에 보존·보호대책이 절대적으로 우선되어야 한다. 하지만 문화재가 단순히 과거의 유물 내지 유적으로만 머물지 않기 위해서는 현대사회에서 가지는 문화재의 기능에 대한 고려 또한 필요하다. 이를테면 박물관이 단순히 유물을 모으기 위한 연구와 수집 기능에 그치지 않고 전시와 사회교육 기능을 제공하는 원리와 같다.

따라서 문화재는 고유한 민족문화로서의 가치의 보존관리와 거기서 연유하는 관광자원, 교육자원으로서의 활용방안의 중요성이 동시에 고려되는 보존·관리방안이 요구된다. 로마와 파리와 같은 도시가 문화관광으로써 국익 증대에 막대한 기여를 하는 것도 문화재 보존과 활용의 슬기로운 조화에 기인함은 알려진 사실이다. 말하자면 문화의 부가가치가 강조되는, 이른바 '문화의 세기'의 도래는 문화재의 체계적인 보존과 현대적 효용에 따른 활용이 융합될 때 가능하다. 예컨대 수도 서울도 고도로서의 위용을 갖출 때 그러한 반열에 어깨를 나란히 할 수 있다.

이를 위해서는 철저한 고증과 과학적 방법에 의한 문화재 조사와 발굴이 지속적으로 이루어져야 하고, 훼손된 문화재는 가능한 첨단의 방법을 동원하여 원형을 복원하여야 한다. 복원된 고도의 문화재는 개별 문화재와는 달리 도시미학적 환경을 고려한 관리방법으로 전환하여야 한다. 민족문화유산으로 현대 생활환경에 일정한 기능과 미래에 연속선상에 기여하는 문화재관리가 추구되어야 할 것이다. 따라서 도시 개발시 도시계획에 문화재 보호가 동시에 고려되는 방안이 절실하고, 장기적으로는 보존을 전제로 한 개발이라는 선진국형 문화재보존 정책이 도입되어야 할 것이다. 우선적으로 도시계획 혹은 재개발 과정에서 문화재보호는 명시되어야 한다. 선진국처럼 도시계획의 목적이 문화재보호가 되는 것은 불가하더라도 개발지상주의 시대의 사후처방식, 땜질식 문화재 보존대책은 이제 지양되어야 한다.

그리고, 고도 회복을 위해서는 문화재 개념의 확대의 필요하다. 현행 법상의 문화재 분류에 의한 문화재지정의 제고가 요구된다. 최근에 서울에서 논란의 대상이 된 국도극장, 최인훈 가옥의 문제는 우리나라 문화재 보호의 후진성을 그대로 드러낸 사례이다. 근본적인 문제가 문화재보호법에 있다 하드라도, 눈앞에 닥친 문화재의 문제를 좌시하는 우리의 현실은 영화필름이 밀집모자 테를 장식한 5~60년대 우리의 문화수준과 결코 다르지 않기 때문이다.

나아가, 1997년 문화유산의 해와 같은 일과성 문화재 홍보행사가 아니라 문화재 활용 프로그램의 다양화가 요구된다. 문화재는 민족의 역사적, 문화적 자산이라는 그 본래의 가치 뿐 아니라 관광자원으로서 경제적 가치와 시민의 정서적 이익으로 환원되는 교육적 가치를 동시에 고려해야 한다. 오늘날 경제적, 교육적 가치의 공존 없이는 문화재보호 자체의 문제가 제기되고, 생산성에 대한 연계 없는 보호대책은 세계화시대에도 부응할 수가 없기 때문이다.

2) 고도문화재 활용방안

고도의 문화자원은 시민이 역사적 자긍심을 고취하고 문화재 주인 인식과 정서적 순화에 기여하여 문화재 관리 방안 채택되어야 한다. 현재처럼 고도의 주민이 문화재 재산권 침해라는 의식에서 벗어나기 위해서는 관광상품으로서의 가치를 극대화하여 경제적 가치를 수반할 수 있는 문화재 관리대책이 개발되어야 한다. 또한 국민 교육적인 차원에서는 단순한 구경으로서 고도문화재의 관람이 아니라 민족의 역사와 문화를 교감하는 장으로 활용하여 민족정체성과 국적 있는 교육의 기초과정으로 활용하여 이른바 '문화의 세기'를 이끌어 갈 세대의 창의력의 토대를 제공하는 데 기여하여야 할 것이다. 그것은 다른 측면에서 문화재에 대한 시민의식 계몽에 활용되어 문화재의 가치에 대한 자각의식을 함양함으로써 문화재보호에 대한 시민의 인식 제도와 문화재관리의 주체의식 고취라는 성과를 이뤄낼 수 있을 것이다.

4. 지역축제정책

지방자치제가 실시되고 지역의 문화정책이 중앙정부에서 지방자치단체로 이관된 이후 지역의 문화정책의 시작이자 마지막은 지역축제라 해도 과언이 아니다. 지역축제는 1995년 지방자치제가 실시되기 이전 200여개에서 2002년 현재 그 세배에 달하는 600여개로 증가하였다. 각 지역의 전승문화를 계승하고 지역민의 애향심 고취라는 고전적 지역축제의 모토를 벗어나 광주비엔날레와 경주문화엑스포를 필두로 세계적 축제로 명명된 것이 10여개에 이르고 문화관광부에서 지원하는 관광축제가 18개(문화관광부 전통지역문화과 업무현황 참고)에 이른다.

지역축제에 앞서 가장 먼저 출발한 것이 각 지역 전승의 전통문화를 대상으로 50년대 후반 이래 현재까지 전국적인 연례행사로 시행되고 있는 '전국민속예술축제'이다. 이 행사는 일제강점기 1930년에서 해방 전까지 시행된 '전조선농악경연대회'(심우성, 1999 : 63)의 연장선에서 이해할 수 있다. 즉 수탈과 착취의 시대에 조선총독부의 내건 모토와 숨겨진 배경이 분명한 차이를 가진 그 대회가 한국전쟁 이후 피폐한 사회혼란기인 50년대 후반 우리의 농촌상황에서 다른 이름으로 재현되는 것은 그 정치적 배경이 크게 달라질 수 없을 것이라는 가정이 가능하다. '전국민속예술경연대회'로 40년간 지속된 이 행사는 1999년 이후 경연이라는 내용의 변화 없이 '전국민속예술축제'라고 개명되어 시행된다. 외형적 배경에 있어 유사한 행사로는 80년대 초에 전통문화의 현대적 계승이라는 구호로 전국 군 단위 이상의 행정기관에 의해 시행된 향토축제이지만, 그 형성 배경의 또 다른 이면은 정치적 의도와 무관하지 않다. 여기서는 정치적 목적이 우선하였다면 90년대 후반 중앙정부에서 지정하는 '문화관광축제'는 전통문화의 문화상품적 관심에 정책의지가 반영된 사례이다. 아래는 필자의 기발표 논문(이장섭, 2000)의 내용을 요약, 정리한 것이다.

가. 지역축제의 형성과 전개

축제의 개념이 그러하듯 우리 지역축제의 생성은 극히 최근의 일이다. 초기는 '향토축제'라는 이름으로 지역의 전통적인 관습을 전승하는 양상으로 시작되었다. 정확히 말하면 본격적인 지역축제의 형성 시점은 지난 세기 80년대 이후이다. 지역의 전통문화를 대상으로 지역정체성을 획득하고자 하는 배경과 지역주민의 여가생활의 확대라는 외연은 공공연한 것이었지만, 그 이면의 정치적 의도는 다른 데서 찾아야 한다. 80년대 신군부 정권은 정권 정통성 확보차원의 다양한 우민정책을 시행하였으니 그중 지역문화정책과 관련된 것이 소위 향토축제이다. 과거 이러한 중앙정부의 문화정책에 의거한 지역축제는 대다수 지역민과는 유리된 채 '향토애의 고취와 지역민의 단합'을 목적으로 내걸고 관주도의 동원된 인력으로써 '전시를 위한 행사'로 시행된 바 있다. 그리고 지자체 이후 중앙정권의 종속성에서 어느 정도 탈피되었다고 하나, 축제 상부조직은 큰 변화 없이 관주도 아래 지속된다. 새로운 것은 지역 관광상품으로서 축제의 역할이 강조되면서 다양한 이벤트성 행사를 보완하는 현상을 보이게 된다.

우리 사회에서 전통문화유산의 현대사회 계승과정은 초기에 정치적 이데올로기와 복합적으로 연결되면서 나타났다. 70년대 중반 이래 농악과 탈춤에 대한 새로운 해석과 의미부여는 당시의 민주화운동에 동반하여 전개된다. 탈춤의 대사에 함축된 사회비판적 텍스트, 사회 모순구조의 타파에 대한 희화적 연행은 당시의 사회적 상황에서 새로운 의미부여를 받게 되었고, 농악의 대동놀이적 성격은 여러 가지 모임이나 집회의 동질성 형성에 큰 영향을 주게 된다. 즉 그것은 각종 민주화운동에 부수적인 역할을 담당하였다. 나아가 이것은 서구문화의 일방적 유입 아래 있었던 현실 상황에 대한 대응으로서 전용되어 우리 전통문화의 현대적 계승의 한 계기가 되었다고 볼 수 있다.

한편 이러한 사회·문화적 과정과는 달리 정책 차원에서의 전통문화의 현대적 계승도 지속적으로 진행되어 왔으나(예;민속예술경연대회), 민주화 집단에 의한 전통문화의 재현 및 새로운 의미부여가 계기가 되어 또 다른 정치적 차원에서 보다 적극적인 정책적인 투자가 이뤄진다. 그래서 소위 '향토축제'라는 지역단위의 놀이행사가 80년대 일시에 전국적으로 확산되어 마치 그것이 지역사회의 동질성 내지 정체성 제공의 전래 주민행사인 것처럼 포장되었다. 그래서 향토애, 지역 전통문화의 계승 등을 모토로 삼아 지역주민의 축제행사를 요구하게 되었고 그러한 양상은 지금도 큰 변화 없이 지속되고 있다. 이러한 관주도의 향토축제는 초기에 중앙정부의 지시에 따르다 보니 그 진행절차나 프로그램에서 대동소이하였다. 유일한 지역성은 대부분 특수한 영역에 한정된다. 이를테면 지역마다 향토축제의 명칭을 달리한다거나, 그 지방 고유의 것으로 간주된 전승된 민속놀이 등이 행사내용의 하나로 포함되어 변별성을 가질 뿐이다. 비록 각 지역의 전승민속을 축제의 한 프로그램에 삽입한다 하드라도, 그것은 과거 양상의 외형적 재현을 보여주기 위한 것으로서 원래의 사회적 맥락이나 기능은 여기서 더 이상 아무런 의미가 없다.

이렇게 지역축제 프로그램을 장식하는 전통적 대상은 과거의 집단 관습에서 선택되어지는 경우가 대부분이다. 여기서 우리는 과거의 관습적 놀이 또는 제의적 행사의 재현양상을 살펴보자. 관습(Custom)은 그 사회에서 일정한 기능을 가지며, 그 기능으로 인하여 구성원에게 참여구속력을 가지는 공동행위이다. 즉 관습은 사회적 압력 속에서 지속성을 가진다. 그러나 사회의 변화에 따라 관습의 이 기능이 약화되면 참여에 대한 사회적 압력이 무의미해지게 되고 동시에 관습의 역기능이 공공연해지면서 이 관습은 소멸되거나 다른 형태로 변모한다. 즉 기존의 사회적 맥락과 다른 상황에서는 그것은 변화한다.

우리의 전래 관습은 대다수 농경과 연관되거나 다른 민간신앙과 연계되어 형성되었다. 농경사회에서 보편적이었던 이러한 관습은 산업사회로 접어들면서 원래의 기능을 상실하여 사회적 구속력이 약화되거나 전혀 다른 기능으로 변화된다. 농경이 더 이상 과거의 형태로 지속되지 않고 기계화 영농이 보편화된 오늘날 과거의 농경관습은 이 새로운 환경에서 구성원들에게 구속력을 가지지 못할 뿐 아니라 기능적인 면에서도 의미를 상실한다. 이는 비단 농경의례만 한정된 것이 아니라 여타의 전통관습이 그러한 변화를 겪게 된다. 예컨대 밀양지방의 백중놀이는 실제 경작상황에서는 더 이상 행하지 않는 전통이다. 다시 말하면, 오늘날 산업사회에서 그 기능이 전혀 다른 것으로 변모해 있지만 과거의 양상을 유지하고 있다. 농경에서 더 이상 세벌논매기를 하지 않을 뿐 아니라 두레라는 전통적 마을단위의 공동노동도 더 이상 존재하지 않는다. 그러나 백중놀이는 경남 밀양지방의 전통적 농경관습에 의한 놀이로서 보존되고 연행된다. 하지만 이 놀이는 원래 행하던 장소와 시기가 아닌 전혀 다른 사회적 상황에서 재현된다. 이를테면 밀양지방의 지역축제에서 또는 석촌놀이마당의 특정한 행사기간 동안 하나의 프로그램을 장식하는 것이다.

나아가 이러한 전통 문화현상이나 문화재가 특정한 이데올로기와 접목되면, 보존·전승이라는 차원을 넘어 다른 가치를 부여받는다. 산업사회가 정착되고 동시에 우리의 생활양식이 전반적으로 서구화로 변화과정을 겪으면서, 그러한 과정을 문화적 위협으로 바라보는 시각이 발생한다. 여기서 전통적 생활양식은 조상의 지혜 속에서 형성된 우리만의 독특한 문화로서 가치를 인정받게 된다. 그래서 우리의 전래의 문화는 우리에게 가장 적절한 생활양식으로 상정되어, '우리 것은 소중한 것이여'라는 모토 안에서 새로운 토양을 가진다. 한편 이러한 자민족중심주의(Ethnocentrism)적 경향은 아이러니컬하게도 19세기 이래 유럽 자민족중심주의에서 출발한 그들의 제국주의의 확산의 귀결로써 나타난 서구문화의 보편화에 대한 적대적 대응에 뿌리를 둔다. 이는 소위 제3세계에서 보편적으로 나타나는 20세기말 문화운동의 신민족주의와 맥을 같이 한다.

나. 지역사회의 변화와 축제의 가치

산업화의 지속적인 발전은 도시의 확대 발전으로 이어지고, 이는 다시 촌락사회의 붕괴로 이어진다. 그래서 신도시가 형성되거나 촌락단위의 지역사회는 광역시의 하위 행정구역으로 편입되는 과정이 현재도 진행 중이다. 도시의 발달로 형성된 지역사회는 지역의 역사성과 공간성, 그리고 구성원의 구조적인 측면에서 타 지역사회와는 현저한 차이를 가진다. 지방의 지역사회는 비록 과거보다 많이 다양화되고 복잡한 사회조직으로 발전하고 있지만 일정한 동질성을 가진다. 그곳은 외부세계와 경계가 확실한 지리적 구분을 가지며, 내부 구조에서도 사생활 뿐 아니라 공적인 생활에도 영향을 미치는 지역의 전통적인 규범체계가 존재한다. 이에 따라 －앞서 본 바와 같이－ 문화예술도 지역 전통에 바탕을 둔 것이 우선시되는 경향이 있다.

이와는 달리 대도시의 자치구는 도시 생활구조의 복잡다단한 성격을 가진다. 여기서는 지역이라는 단위의 구체적 인지가 어렵게 된다. 따라서 지역문화에 대한 관점의 수정이 필요하다. 자치구의 경우 전통에 근거한 정적인 문화가 아니라 역동적이고 발전과정으로서 문화가 우선된다. 자치구가 도시발전에 따른 지역 형성이기 때문에 지역의 역사성과 공간적 위상에서 문화를 설정하기가 힘들기 때문이다. 또한 주민의 사회적 격차, 그에 따른 다양한 주거양상과 문화적 관심의 차이로 말미암아 주민의 정체성 형성도 희박하다.

또 다른 측면에서 과연 자본주의 산업사회의 구조에서 공동체적 일체감을 제공하는 지역축제가 가능한 것인가? 다원화된 현대 사회구조 속에서 개인은 자신의 인성구조에 일치하는 정체성을 여러 가지 사회 하위체계에서 찾게 된다. 정체성 발견과정이 개인에게 만족스러운 결과를 가져올 것인지의 여부는 사회가 허용하는 동질화 대상에 종속되고, 다른 한편에서 그것은 개인의 사회화과정이 어느 정도까지 열려있는 세계관을 형성시켜 왔는가와 직결된다.

다. 지역축제의 개선과제

오늘날 자본주의 산업사회의 질서 하에서 사회적 실체는 다양한 세계관의 연계 속에서 구조화된다. 마찬가지로 하나의 지역에 거주하는 주민도 매우 다양한 집단으로 구성된다. 대도시의 지역은 더 이상 과거의 공동체적 형성체가 아니다. 따라서 지역의 일상생활에서도 다양한 문화의 모습이 등장한다. 여기서 지역축제가 지역정체성을 제공하는 통합적 기능을 가질 수 있다면, 그것은 '우리 느낌'(we-feeling)이라는 동질감의 강화를 자아낼 수 있어야 한다. 이 과정은 개인에게 정체성 확인으로 나타나며, 그것은 관념적이든 가시적이든 어떠한 형태로든 조작될 수밖에 없다.

그래서 지역축제가 하나의 대안이라면 실현 가능한 접근이 필요하다. 포괄적인 접근은 지역축제의 다양성을 무시하기 때문에 지금까지의 많은 경우처럼 사장되기 일쑤이다. 실제적인 '활성화'는 [하나의 지역축제]에 대한 성과 분석을 토대로 대안이 제시되었을 때 실현성이 높다. 이 경우 문화 외적인 다른 변수를 고려한 축제의 특화된 지역성을 도출하기가 용이하기 때문이다. 여기서는 다음의 변수가 고려된 명확한 진단이 요구된다. 첫째 지역사회의 규모와 성격, 둘째 축제 기획의 상부구조와 하부구조의 조화 문제, 셋째 축제의 내용에서 전승된 지역성과 창조된 지역성의 구분, 넷째 축제의 기능이 지역 통합을 위한 동질성과 정체성을 위한 것인지 그 경제적 가치에 우선하는 지에 대한 분석이 기본적으로 필요하다.

지방자치단체 단위의 가장 큰 문화행사로 자리잡은 지역축제는 -긍정적으로 본다면- 지역사회의 정체성 확보를 위한 가장 큰 기회이다. 주민에게 지역민으로서의 일체감을 제공할 수 있는 축제는 무엇보다 지역사회와 지역민에게 열려 있어야 한다. 이들에게 지역에 대한 동질성 제공의 수단을 제공하는 기회로만 그치지 말고, 참여를 통하여 지역정체성을 확인하는 장이 되어야 한다. 축제의 하부조직에 동원되는 것이 아니라 행사의 기획에서 활동에 이르기까지 체계적으로 참여하는, 즉 축제 상부조직에도 주민의 역할이 필요하다. 시민, 산, 관의 유기적 협조로써 축제가 기획될 때 그것은 문화행정의 전시적 효과 이상을 제공할 것이다.

관광상품으로서 지역축제의 기능은 그 다음의 문제이다. 역으로 지역주민의 주인의식이 상실된 축제는 지역의 정체성을 보여줄 수 없기 때문에 외부인에게도 관심을 잃게 된다. 즉 관광상품으로서 부가되는 경제적 가치가 주민 모두에게 돌아온다는 확신이 서면 지역주민이 축제를 재가공하여 관광축제로 만드는 데 앞장설 수도 있다. 그래서 지역축제의 구성은 일차적으로 주민의 정체성 확립을 위해서 그들의 자발적인 참여의지를 확보하는 것이고, 그 통합적 기능을 통하여 해당 지역 사회구조에 안정성을 제공받게 되며, 나아가 이를 바탕으로 관광상품으로서 가능성도 열리게 될 것이다.

5. 전통문화상품화정책

전통문화를 대상으로 상품화하는 문화산업 분야는 다양한 분야를 망라한다. 최근 들어 부각되는 문화콘텐츠산업에서 전통문화의 디지털화에 대한 지원정책을 논외로 한다면 가장 일반적인 문화상품의 대상은 전통공예 부문이다. 이 장에서는 전통공예 분야 문화상품 제작에 종사하는 무형문화재들을 대상으로 한 정책의 문제점을 짚어보고 개선방안을 제시하고자 한다. 여기서는 필자의 '전통공예 전승현황 및 문화관광상품화 개발 연구'(1999) 과정에서 국가 혹은 지자체 지정 무형문화재 보유자들과의 면담 내용을 토대로 한다.

가. 전통공예산업의 현황과 문제점

전통공예에 대한 정책은 우선 무형문화재의 지정에서 시작된다. 하지만 이 제도는 전통문화를 과거의 원형을 보존 유지하는 데 목적를 두고 있다는 점에서 문화상품화로 연결되는 데 일차적인 한계를 가진다. 원형 보존과 문화상품개발이 동전의 양면과 같이 분리할 수 없는 측면이 있지만, 실제 접근방법은 전혀 다른 각도에서 이뤄져야 하기 때문이다. 그러한 문제에도 불구하고 현행 무형문화재 지정제도는 지정 후 사후관리의 문제가 제기된다. 보유자들은 무형문화재를 지정하고 '관리'만 하였지 실질적인 후속지원이 이뤄지지 않는다는 점을 공통적으로 지적한다. 보유자로 인정된 전통적 기능과 재능을 더욱 꽃피울 수 있게끔 작품활동을 할 수 있고 후진을 양성할 수 있는 환경이나 여건을 조성해 주지 못한다는 것이다. 지정 관청은 지정하는 데 의의를 두고, 지정 받는 사람은 -특정 종목을 제외하면- 지정 무형문화재 보유자로서 자부심은 가지게 되지만 문화상품 개발을 위한 실제 사업에는 도움이 되지 않는다는 견해가 지배적이다.

이러한 상황은 보유자에 대한 일반 인식에도 영향을 미치고, 특히 후진양성에서 결정적인 불리한 조건으로 작용한다. 일본의 무형문화재는 우리의 보유자와는 전혀 다른 대우를 받고 있다. 한 예로 공적인 모임 참석시에서는 관에서 차량이 제공되는 등 사회적 유명인사로 대접받고 있다는 점에서 차이를 가진다. 전통문화를 전승하는 무형문화재에 대한 관의 인정이 이러하기 때문에 사회적 인정이 수반됨은 당연하다. 예를 들면 임진왜란 때 왜국에 끌려간 조선 도예공의 후예인 심수관의 사회적 위치가 이 사실을 대변한다. 상황이 이러하기 때문에 그들의 기예 전승에서도 우리와 천양지차의 결과를 낳고 있다. 전수자가 되고자 하면 그 부모들이

와서 삼고초려를 하는 것이 다반사이다. 우리 전통공예의 경우 가내수공업적 상황에서 현실적 어려움과 불투명한 미래 때문에 후진양성의 어려움이 절실한 실정이다. 이 현실은 궁극적으로 우리 문화를 사장시키는 결과를 가져오게 된다. 심지어 속칭 '인간문화재', 즉 무형문화재 보유자로 지정하는 것이 전통문화를 정형화(stereotype)하는 결과를 가져와 우리 문화의 발전을 저해하는 요인으로 작용하기도 한다.

대부분의 지정 무형문화재 1세대들은 그들이 전수해 온 전통문화를 고집하는 세대이다. 이러한 열정이 오늘날 그 기예가 전승되는 바탕이 되었고, 무형문화재 지정제도가 그것을 뒷받침하였다고 할 수 있다. 따라서 그들은 자신의 전통에 대한 금전적 보상이나 개인적 명예에 대해서는 크게 좌우되지 않았다. 그들은 자신이 하는 일에 사명감이 있었고, 동시에 '이 분야에서 내가 최고다'라는 자부심을 지금까지 가지고 있었다. 이것이 지금의 전통공예가 전승되는 원동력이 된 것이다. 하지만 2세대는 다르다. 생계가 보장되지 않는 '전통 전수'를 2세대는 동조하지 않는다. 전통공예의 전승 전수자가 부족한 이유도 여기에 있다. 이점은 문화상품의 개발을 저해하는 요인이 되기도 한다. 실제로 새로운 가능성에 대한 비전을 가지고 있는 2세대 전수자 또는 조교들도 현실의 생존문제 때문에 포기하는 경우가 적지 않다. 현재의 상황에서는 젊은 계층의 사람들은 전통공예 분야의 박봉과 열악한 작업환경이라는 현실적 문제와 불투명한 미래 보장 때문에 일을 배우려는 의지가 상실되고 있는 실정이다. 이러한 후진 양성의 문제는 장기적인 안목에서 제도적, 법적 보완으로 해결되어야 한다.

무형문화재 지정정책에서 또 다른 문제는 전통공예 분야 중 인기품목과 비인기품목에 대한 지원대책의 구분이 없다는 점이다. 차등적인 정책

지원이 요구됨에도 불구하고 중요 무형문화재라는 동일한 기준에 대한 보조금 지원만 존재한다. 예컨대 비인기 종목인 갓이나 장죽은 작품 하나를 제작하는 데 수개월이 소요되고 판로도 명확치 않지만 다른 종목과 전혀 구분되지 않는 보호대책으로 '보호'되고 있는 실정이다.

문화상품 개발과정에서 드러나는 문제점은 모방제작의 일반화와 지적재산권 부재이다. 전통적인 장롱 등 대작(大作)을 제작하던 대구의 소목장 엄태조 씨는 약 90년대 중반부터 소품 개발에 주력해 오고 있다. 팔리지 않는 대작으로는 업체를 더 이상 꾸려가지도 힘들 뿐 아니라, 팔리지 않는 이유가 일부 호사가적 취미를 가진 사람의 기호 이외는 그것이 현대적 주거공간에선 맞지 않는다고 판단했기 때문이다. 이후 그는 독자적인 관광상품용 문화상품의 개발을 다양하게 하고 있다. 보석함, 등잔형 메모지 및 필기구꽂이, 촛대를 이용한 장식품, 호롱형 인주/도장함 등 다양한 제품을 생산하였다. 이 상품들은 국산재료를 사용할 때 약 3만원의 판매가가 책정되고 외국재료 사용할 때 약 1만원의 가격이 가능하다. 다시 말해 관광상품으로 적절한 가격대가 형성된다. 하지만 개발 문화상품에 대한 인정제도가 불명확하여 다른 업자들이 질 낮은 모방상품을 만들어 유통시키기 때문에 창작 개발에 의의를 찾을 수 없는 실정이다.

또 다른 문제는 무형문화재 보유자가 문화상품을 개발하면 '전문가'에게 자문을 받으라고 요구받는다. 무형문화재의 작품 또는 제품의 생산과정에서 가장 취약한 부분으로 드러나는 것이 제품디자인의 문제이고, 이 문제는 나아가 제작된 제품의 포장디자인까지 연결된다. 하지만 대부분 대학의 공예과 교수인 전문가의 자문은 형식적인 절차에 불과하고 실질적인 시너지효과는 발생되지 않는다는 점이다.

한편 조달청에서는 구매품목에 '문화상품'을 지정하여 그 대상을 전통공예품 중에서 선정하여 일반의 주문을 받아 대신 판매하는 사업을 시행하고 있다. 문화상품 공급사업은 조달청이 문화, 관광산업을 진흥시킨다는 목적으로 시행한 무형문화재 보유자와 산자부 지정 명장들의 제품을 조달품목으로 지정하여 공급하는 사업이다. 이 문화상품을 국내 공공기관이나 해외공관 등에 판매할 수 있도록 지원한다. 여기서 문화상품은 "무형문화재 기능보유자 또는 명장기능보유자가 만든 공예제품과 국보급 등 문화재 및 민속공예품을 관광 상품화한 물품 또는 지역을 상징하고 문화적 가치가 있는 전통공예품으로 조달청이 지정한 제품을 말한다"(조달청 '문화상품 구매계약'의 목적). 그러나 조달청에서 전통공예 문화상품 구매도 해당 당사자들의 의견은 부정적이다. 조달청 지정이 되면 납품가격은 낮게 책정된다. 하지만 많은 수량을 계약하기 때문에 그에 상응하는 기대효과가 있으나 조달청의 구매는 일정한 수요가 있을 때까지 기다려 받는 것이기 때문에 생산과 판매 양면에서 전혀 도움이 되지 않는다. 심지어 계약한 제품을 제작만 하고 납품을 못하여 손해를 보는 경우까지 발생한다.

마지막으로 무형문화재 보유자들의 의식의 보수성 문제이다. 무형문화재 보유자들의 작품제작이나 업체운영이 대부분 가내수공업적 수준을 벗어나지 못하듯이 전수생들이 가족 또는 친족 범위 내에서 선택되는 경우가 많다. 그러다 보니 전수 본래의 목적보다는 내가 가진 기예의 전승을 남에게 줄 수 없다는 식의 전승이 지속된다. 전수 상황의 문제도 문제려니와 이러한 과거 가계전승도 문화상품화에 큰 걸림돌이 되고 있음은 부인할 수 없다. 이런 점에서 무형문화재 보유자들의 보다 높은 차원의 의식이 요구된다. 그리고 전통공예 관련 기능보존에 관한 단체가 난립되어 있는 현실도 문제로 지적된다. 각 분야별 이익단체의 난립은 지정 문화재들의 안고 있는 문제점 해결과 전통공예 공동 발전에 대한 일치된 의견을 제시하지 못한다. 다시 말해 개별 집단의 집단이기주의로 말미암아 공통적인 관심사에 대한 통일된 의견도 제시 못하고, 바람직한 발전방안에 대한 의견의 일치도 보지 못하고 있다.

나. 전통문화상품화의 과제

위에서 살펴본 현실적인 문제점을 토대로 현재 전통공예 관련 무형문화재 보유자들을 포함한 전통공예 문화상품의 발전을 위한 과제를 단기 및 중장기로 구분하여 제시하면 다음과 같다.

1) 단기적 과제

첫째, 현재 무형문화재 작품의 전시공간으로만 기능을 가지고 있는 공방의 효율적 운영이 강구되어야 한다. 무형문화재 작품의 전시, 판매 뿐 아니라 그 문화상품의 판매 기능도 가져야 된다. 이는 해당 전통공예 뿐 아니라 지자체 범위 내의 타 무형문화재의 작품과 문화상품을 동시에 전시하는 시설이 되어 지역 전통공예 홍보관의 기능으로 확대시켜야 할 것이다. 그리고 공방은 무형문화재 전수교육 뿐 아니라 관람객이 참여할 수 있는 해당 전통공예의 제작 실습프로그램과 시설이 필요하다. 휴게시설과 함께 전통공예를 체험하는 공간이 설치되어 그것의 일반에 대한 인식 확대 기능을 가져야 한다. 전시실, 교육 및 일반인 실습시설, 아트샵 형태의 문화상품관의 복합적인 다기능 공간으로서 공방의 역할이 변모되어야 할 것이다.

둘째, 국가기관, 지방자치단체 및 국가단체 등에서 기관을 방문하는 VIP와 외부 방문객에게 제공되는 방문기념품을 무형문화재 제작 문화상품으로 바꾸는 방법이 있다. 넥타이 및 넥타이핀, 시계와 같은 천편일률적인 방문기념품 대신 무형문화재가 제작한 전통공예품으로 대치하면 일반인들에게 우리 전통공예품의 중요성을 홍보하는 하나의 계기가 될 뿐 아니라 외국의 방문객들에게는 우리 문화의 진가를 알리는 방법이 된다. 시범적으로 몇 개의 전통공예 문화상품으로 선정, 실시하여 성과에 따라 확대하는 방안이 강구될 필요가 있다. 이 방법은 대국민 홍보 및 외국사절에 한국적 문화상품의 알리는 계기가 될 수 있다.

셋째, 전국전통문화제전 개최는 전통공예 뿐만 아니라 예능분야를 통해 전통문화의 국민 인식 전환 및 홍보와 지속적 문화산업을 정착시키기 위한 목적으로 시행할 수 있다. 국가의 체육발전을 위해 전국체전을 하고, 민속보존을 위해 전국민속예술축제를 하듯이 전통예능과 공예문화를 알리는 목적이 그것이다. 여기서는 무형문화재 문화상품의 경연대회와 더불어 그것을 전시, 판매도 하는 축제의 장으로 구성하여 축제 이상의 유발효과가 발생할 수 있다. 분야를 구분하여 1부는 전통예능 분야, 2부는 전통공예 분야로 구분하여 실시하는 것이 효과적이다.

넷째, 기업메세나 차원에서, 기존의 예술지원 중심의 기업메세나 활동 영역을 전통공예 지원으로 확대하는 방안이다. 국제통화기금 구제금융 체제 이후 기업메세나의 활동이 뜸해지긴 하였으나 기업메세나의 활성화 차원에서 시행하는 것이다. 즉 중앙의 기업메세나가 문화예술 범위에서 지원을 우선한다면, 지역 기업메세나는 전통예술에 중점을 두는 방향으로 지역기업메세나를 활성화시키는 방안이 될 수 있다. 전통공예의 경우 각 지역에 소재하는 무형문화재의 문화상품 개발을 하던 지역기업의 지원으로 시행하는 것이다. 하나의 기업이 하나의 지역 전통공예에 대한 지원을 하는 것이다. 또한 실질적인 지원이 이루어지기 위해서는 우선 기업의 방문객 기념품을 지역 전통공예상품으로 하게 권장하는 방안이 있을 수 있다.

　다섯째, 대부분의 전통공예 무형문화재 기능보유자는 개별적인 가내수공업 형태의 생산을 하거나 독자적인 사업체를 운영한다 하여도 직원 2～3명을 고용한 영세적인 업체를 운영하는 실정이다. 이러한 상황에서 은행 대출은 거의 불가능하다. 은행대출의 경우 사업자등록증과 사업실적이 필수적이다. 그러나 문화상품을 기존의 제조업 사업등록으로 할 경우, 일차적으로 판로의 불확실성으로 말미암아 등록이 불가능하다. 또 다른 문제는 사업실적인데 이는 세무조사와 관련되어 있다. 은행의 기준에는 1억 이상의 사업실적이 요구되는데, 이러한 실적은 문화재 업에 종사하는 사람으로는 거의 불가능하다. 설사 억지로 이러한 매출실적을 맞춘다 할지라도 그 다음은 세무서의 세무사찰이 문제가 되기 때문에 현실적으로 불가능하다고 할 수 있다. 유일한 은행대출은 담보대출만이 가능하다. 하지만 이 경우도 다른 정부 지원자금이 있을 경우 문제가 발생하게 된다. 상품화를 위해서는, 즉 저가상품의 대량생산을 위해서는 기계설비가 필수적이다. 그러나 가내수공업적 생산이나 영세업자로서 기능보유자로서는 그에 필요한 자금확보가 불가능한 일이다. 따라서 '전통공예품 관광상품 개발자금 융자'의 경우도 현실적인 문제가 고려된 자금지원의 개선이 요구된다.

　여섯째, 전통공예품의 품질보증제도를 도입해야 한다. 무형문화재 보유자가 새로운 상품을 개발해도 일반 공예품 제조회사의 모방으로 개발가치를 상실하게 된다. 특허청의 의장등록이 무의미한 것은 등록된 특정 모양의 변용, 예컨대 디자인을 원형과 약간만 변형한 모방품은 제재 없이 무방하게 사용된다. 따라서 개발 문화상품의 모방 규제가 필요하다. 특히 무형문화재 보유자의 상품은 일반 공예품 제조회사와는 구분되는 다른 적용방법이 요구된다. 현재의 상황은 전통공예를 근거로 신제품을 개발하더라도 타업체가 유사한 제품을 모방함으로써 개발의욕을 감퇴시키고 있는 실정이다. 품질 보증 및 감정기관의 활동의 부재에서 오는 결과이다. 창의력과 아이디어 개발을 위해 제도적인 지원 혜택이 필요하며, 행사출품용 작품이 아니라 문화상품의 대량생산이 이루어지기 위한 제도적 보완이 시급하다.

일곱째, 전통공예품을 전시·판매하고, 유통을 중개할 수 있는 대규모 판매유통센터가 필요하다. 주체가 없는 상황에서는 문화상품의 개발은 일과성 유행으로 그치거나 실적위주로 전락할 우려가 있다. 또한 현재 영세적인 개발업체와 극소수의 지원체계들이 서로 고립, 분산되어 있는 문제도 극복하기도 힘들다. 아울러 문화상품은 연구-개발, 디자인-제작-판매의 유기적 체계가 형성될 때에만 탄생할 수 있다. 박물관과 미술관, 연구소, 문화상품 판매업체, 개발지원관계부서가 개발주체를 중심으로 유기적이고 수평적인 시스템이 형성될 때 실질적인 개발이 가능할 것이다. 판매유통센터는 처음부터 이러한 시스템의 관점에서 모색되어야 할 것이다.

2) 중, 장기적 과제

첫째, 무형문화재에 대한 시설자금 지원과 관광상품 혹은 문화상품에 대한 개발지원을 보다 효율적인 방법으로 전환하기 위해서는 '문화산업 벤처기업'으로 육성하는 방안이 있다. 실적위주의 건수 지원보다 장기적인 전략 아래 문화벤처기업으로 전통공예를 육성해야 한다. 우리 시대에 결실에 급급하지 말고 후대에 열매가 맺을 수 있는 문화를 위해서는 장기적인 투자만이 가능하다. 지정된 무형문화재 보유자는 이미 그 능력을 인정받는 것이고 그들의 작품을 토대로 한 문화상품 개발을 위한 지원은 전통문화를 활용한 문화산업의 한 영역을 확대하는 방안일 뿐 아니라 보유자들의 경제적 안정을 위해서도 이러한 제도의 검토가 필요하다. 왜냐하면 현재의 무형문화재 보유자에게 '전통보존'의 대가로 지급되는 지원금으로는 생계조차 불가능하기 때문이다.

둘째, 전통음악인 국악은 대학에 학과가 설치되어 발전의 현대적 계기를 이룬 반면 전통미술의 경우 동양화를 제외한 다른 분야는 소위 제도권 미술이 과외로 다루는 정도로 밖에 인식되어 있지 않다. 특히 전통공예의 경우 서양공예를 전공으로 하는 전문가들이 호기심 차원에서 전통공예의 기법을 원용하는 정도로 그치고 있다. 다시 말해 전통공예는 본류가 아니며 단기간 체득하여 응용할 수 있는 공예기법의 하나로 간주되고 있는 실정이다. 이 점에서 장기적으로는 대학의 미술학과에 전통공예도 독립적인 영역을 가지게 될 수 있도록 여건이 조성되어야 할 것이다.

셋째, 무형문화재 지정의 본래의 목적인 원형 보존의 의미, 즉 '작품'으로서 전통적인 방법에 의한 제작기예의 전승은 유지하되 문화상품 개발을 위한 대안이 필요하다. 동시에 그 작품을 토대로 문화상품을 개발하는 방안은 현재의 체제로는 불가능하기 때문에 무형문화재 작품 전승과 문화상품 개발을 구분하는 방안이 요구된다. 이는 역으로 전통공예 작품을 토대로 한 문화상품이 팔리고 보유자의 생활이 가능하게 되면 후세에 남길 '작품'을 제작할 수 있다. 전통의 전수는 단순한 과거의 반복이 아니다. 그것이 변화하는 사회환경에서 보존이라는 이름을 가지고 있지만, 예술적 관점의 작품세계에서는 퇴보이다. 새로운 작품을 창조하는 것이 진정한 전통의 계승이다. 원형반복이라는 멈춰진 전통은 창작을 하는 분야에서는 유효하지 못하다. 새로운 시도로 좋은 작품을 만들 때 우리 문화의 전통이 풍요로워진다. 전통공예는 옛날 것만 그대로 만든다는 인식이 잘못된 것이다. 문화상품의 개발에서 무형문화재를 지정하여 과거와 동일하게 제작해야 되는 방식으로 지정문화재제도가 오히려 걸림돌이 되고 있기 때문이다. 21세기 문화를 이야기하면서 18세기 것을 고집할 수는 없다. 그러한 인식 아래서는 문화상품의 개발도 불가능하다. 18세기의 전통공예 문화가 있다면 21세기 전통공예문화가 있어야 하기 때문이다.

넷째, 무형문화재 1세대가 가지고 있는 장인정신은 이제 2세대에게 유효하지 않다. 2세대들은 전통의 맥을 잇고 있다는 1세대의 자부심은 그 세대로 족하다고 생각된다. 사회적 인식의 변화만으로 만족할 수 없는 것이다. 왜냐하면 문제는 생활이기 때문이다. 전수문화생에게 역사에 남는다는 (1세대가 가져왔던) 사명감과 명예는 월급이 보장되지 않는 직장과 미래가 불확실한 상황에서는 다른 직장을 찾게 된다. 전승의 의욕을 고취시키고자 하는 최소한 지원금 지급으로는 문화상품 개발에는 한계를 가질 수밖에 없다. 이는 문화상품이 아니라도 전통전승의 목적이라면 생계 가능한 지원을 하고, 문화상품의 경우는 개발에 필요한 생산지원금, 판로 개척, 교육, 공방활성화 등을 위한 제도적 개선이 필요하다. 이점은 문화상품의 개발을 추구하는 집단의 목적과도 일치할 수 있다. 실제로 새로운 가능성에 대한 비전을 가지고 있는 2세대 전수자 또는 조교들도 현실의 생존문제 때문에 포기하는 경우가 적지 않다.

다섯째, 주요 무형문화재 보유자에 대한 인식전환이 요구된다. 전통공예의 기능 분과이든 예능 기예분과이든 전통적인 관념상 사회신분적으로 부적절한 의미의 '재인'(才人) 혹은 '장인'(匠人)이라는 인식이 일반적이다. 문제는 '기예자' 혹은 '기술자'에 대한 전통적 신분인식이 우리의 전통예술에만 적용된다는 점이다. 서양 기술, 서양 예술에 종사하는 집단은 엘리트, 예술가로서 대우받는 것과는 대조적이기 때문이다. 그래서 전통공예는 대학에서도 정식 학과 인정받지 못하고 단순한 기예로 간주되고 있는 실정이다. 다시 말해 한국문화의 전통을 이어가고 우리 문화의 우수성을 전승하는 집단에 대한 보편적 인식이 긍정적이지만 않다는 점이다. 따라서 전통문화에 대한 지속적인 계몽을 할 수 있는 홍보정책도 필요하다. 전통수호자에 대한 사회적 인정은 나아가 전통문화의 전승, 즉 그 기예의 전수생들에게도 새로운 활력을 불러일으키는 효과를 가져올 수 있고, 문화상품 개발에 보유자들의 참여동기 유발이 가능해진다는 것이다.

여섯째, 민속촌과 같은 형태로 주요 무형문화재, 명장, 그리고 비록 국가 지정의 기예보유자나 전수자는 아니지만 전통공예 분야에 일정한 자격 기준을 가진 전문가 등의 공동 공방 형태의 단지를 조성하는 것이다. 기본적인 시설로는 전통공예 각 분야 전문가들의 구분된 상설전시관(박물관), 그들의 작업공간 및 전수생 교육공간, 관람객이 참여하면서 즐길 수 있는 공간(소위 'Edu-tainment' 개념의 도입), 작품 및 문화상품 판매장, 홍보 및 유통 기능을 담당하는 홍보공간, 전통공예의 다양한 모습을 상영하는 영상자료관 등의 시설을 설치하여 명실공히 한국전통공예의 메카를 조성한다. 이 시설은 우리 전통문화의 보존, 전승에 새로운 전기를 가져오는 일차적 기능 뿐만 아니라 문화관광의 새 장을 열게 될 것이다.

6. 요약 및 결론

국가정책은 다양한 분야를 포괄하고, 국가정책의 기조에 의해 우선순위가 정해질 수 있다. 우리나라의 경우 문화재보호정책이 타 분야의 정책보다 우선되지 않는다는 점에서 문제가 발생한다. 문화재보호정책이 일차적으로 부딪히는 분야는 개발정책이다. 이는 산업화에 의한 개발이라는 인류사회의 목표가 문화재보호의 개념을 탄생시켰다는 원론적인 문제를 상기한다면 흥미로운 일이다. 우리가 문화선진국으로 간주하는 국가에서는 문화재보호 정책이 모든 국가정책에서 우선한다는 사실은 왜 그 국가가 문화선진국이 되었는가를 별도로 설명할 필요가 없는 예이다.

문화재 보호의 위기는 일차적으로 무분별한 국토개발과 문화재 도굴에 기인하는 바 크지만, 문제해결을 어렵게 만드는 요인으로는 문화재보호의 법적 구조가 현실과 유리되어 있다는 점도 간과할 수 없다. 효율적이고 체계적인 문화재 보호는 기구, 법 등 제도적 정비로써 가능하지만, 무엇보다 중요한 것은 국민과 보호관청의 문화재에 대한 인식 전환이 선행되어야 완성될 수 있다. 세계화시대, 문화의 세기라고 강조되는 21세기는 구호로만 가능하지도 않고 그에 걸맞은 문화정책이 뒷받침될 때 이뤄낼 있는 것이다. 여기서 문화정책의 기본이자 하드웨어인 문화재보호가 중요한 이유를 찾을 수 있다. 그 출발과 전제조건은 문화재보호법이 안고 있는 문제점과 한계를 탈피하는 것이라는 점을 되새길 필요가 있다.

문화의 세기가 온다고 말하지만 문화의 중요성보다는 궁극적인 관심은 문화를 매개로 한 경제적 이익에 귀착된다. 이 점에서 우리의 양면적인 문화관(觀)을 읽을 수 있다. 세계화 시대에 전통문화를 통한 문화정체성을 말하고 동시에 문화산업을 주장한다. 이 둘의 공존은 혼란을 야기할 수밖에 없다. 왜냐하면 우리 정체성을 확인할 수 있는 전통문화는 —문화적 논리로만 볼 때— 세계화 맥락과는 거리를 가질 수 밖에 없고, 문화상품을 위한 전통문화의 대상은 보편성을 가져야 하기 때문이다.

전통문화에 관한 한 그 본래의 가치를 무시하고 경제적 부가가치의 도구로만 치부할 수 없다. 현대적 효용가치의 측면에서 본다면, 전통문화와 문화유적지의 단순한 보존 관리의 차원은 이제 원론적인 과제로만 남아 있다. 하지만 이 문제는 기본적으로 그것이 잘 보존되어야 가능하다는 역설이 가능하다. 문화유산의 보호, 보존 투자를 소홀히 하면서 그것을 모태로 한 문화상품으로서의 경제적 득실을 논함은 연목구어에 다름없으며, 지역주민의 자발적 참여와 즐김을 동반하지 않는 지역축제로부터 관광자원의 효용을 추구하는 것은 사상누각이 되고 만다. 지역축제의 관광자원화의 첫걸음은 -그 지역이 경주 혹은 제주도가 아닌 한- 지역주민의 잔치가 되어야 된다. 참여자가 즐기고 재미있지 않는 축제로써 관광객에게 강요할 수 없는 것이기 때문이다.

문화의 중요성이 그 어느 때보다 강조되고, 특히 문화에서 기대된 경제적 부가가치로 말미암아 문화산업은 국가경쟁력의 한 영역으로 자리잡고 있다. 그래서 전통공예의 소중함도 그 보존과 보호 차원에 더불어 문화상품으로서 가치가 더해진다. 현대적 생활맥락과 유리된 전통이 아니라 현대 생활에 접목을 통해, 전통공예의 다양한 특성에 따른 문화상품 개발이 부각된다. 전통문화 자산을 소재로 문화상품의 개발은 문화도 풍요롭게 하면서 문화자긍심도 부여하고, 우리 문화의 홍보와 동시에 경제적 이익도 가져다주기 때문이다.

문화상품의 개발에는 전통공예 전승작품과 문화상품이라는 이원적인 전통전승의 인식전환이 필요하다. 무형문화재 보유자들의 작품제작이나 업체운영이 대부분 가내수공업적 수준을 벗어나지 못하듯이, 전수생 또한 가족 또는 친족 범위 내에서 선택되는 경우가 많다. 전승의 의욕을 고취시키고자 하는 지원금으로는 전통의 전수와 후진양성에 어려움을 겪고 있다. 이러한 상황에서는 문화상품 개발에는 한계를 가질 수밖에 없다. 전통공예 문화상품의 경우, 개발과 생산을 지원하는 체계와 나아가 유통을 포괄하는 전통공예 전문기관의 설립과 같은 제도적 개선이 필요하다. 문화상품공모전과 같은 행사처럼 다양한 개발 아이템의 나열만으로는 불가능하다. 그것은 문화상품 개발이 일회성 행사로 그칠 우려가 있으며, 설령 좋은 문화상품이 개발된다 하더라도 판로를 얻지 못하고 사장되는 결과를 낳게 된다. 실질적인 개발대책이 시급하다. 훌륭한 문화상품은 연구-개발, 디자인-제작-판매의 유기적 체계가 형성될 때에만 탄생할 수 있다. 이러한 유기적 체계를 수립하려는 폭넓은 노력이 요구된다.

선진외국의 문화상품 개발정책과 우리의 정책 차이는 우리가 개발지향적 보호정책인 것에 비해 선진외국은 개발에서 유통까지의 개방정책이라는 점에 있다. 이러한 정책의 차이는 외국의 경우, 자국의 보유하고 있는 타국의 문화자원을 소재로 한 세계상품 개발로 발전하고 있으며 나아가 해외문화상품의 유통까지도 장악하고 있다. 이러한 시장주의적 개방정책은 상품개발에까지 그 영향이 피드백 되어 다품종 개발은 물론 자국의 문화와 타국의 문화가 동시에 표출되는 제 3의 문화상품 개발에까지 이르고 있다. 이러한 시장지향적 정책의 결과로 자국문화의 확산이라는 정책적 목적 이외의 문화상품산업의 활성화라는 경제적 목적도 동시에 이룬다. 따라서 우리도 이러한 경쟁력 있는 정책개발이 요구된다.

우리 시대에 결실에 급급하지 말고 후대에 열매가 맺을 수 있는 문화를 위해서는 장기적인 투자만이 가능하다. 전통문화는 보존이 우선되어야 하고, 문화상품의 개발을 통해 계승 발전이 시도되어야 한다. 오천년 문화민족을 말하고 자랑스런 전통문화의 자부심은 구호로만 완성되지 않기 때문이다. 우리 문화의 해외홍보는 63빌딩 같은 고층빌딩이나 서구적으로 치장된 상품이 아니라 잘 다듬어진 인사동거리와 우리 전통의 모양새를 가진 문화상품이 더 효과적이라는 사실을 다시 새길 필요가 있다.

  섣부른 경제논리가 문화논리에 대한 심도있는 논의를 무색케 하는 우리의 문화현실 때문에 모든 문화영역이 문화산업화의 대상이 되어선 안되고, 실제로 될 수도 없다. 적어도 문화를 통한 철저한 이익추구의 논리가 필요하다면 문화 본연의 제반 갈래에 대한 초보적인 중요성이 우선 인정되어야 한다. 시장논리로만 해결되지 않는 영역중의 하나가 문화이기 때문이다. 비록 현실적으로 문화산업이라는 거대한 바다 안에 전통문화가 함몰되어, 그러한 현상에 대한 비판적 안목이나 그 본질에 대한 탐구와 이해의 관점이 패배주의적 자괴감을 안겨주는 현실이지만, 문화산업의 다른 분야, 이를테면 가요나 애니메이션과는 다른 척도로 그것을 인식해야 한다. 전통문화와 문화산업의 모순적 공존이 불가피한 현실이라면, 전통문화의 정치적, 경제적 물상화에 대한 '문화적' 논의는 새로운 세기의 문화가 황폐해지는 길을 막는 방법이다.

참고문헌

김봉건, 「영국의 문화재보존정책」, 1989, 『문화재』 22호, 문화재관리국
김용정 외, 「개발과 유산의 보존」, 1996, 유네스코한국위원회
김헌선, 『한국전통문화 이해의 길잡이』, 1998, 서울 지식산업사
남궁승태, 「문화재보호법에 관한 고찰」, 『문화정책논총』 제6집, 1995
문화관광부, 「한국의 지역축제」, 1995
신기철외, 『우리말 큰사전』, 1979

심우성, 「무형문화재 제도의 문제점」, 『민족예술』 통권 52호 60~65, 1999.12.
심우성 외, 「한국의 전통예술」, 1997, '97 문화유산의 조직위원회/한국문화재보호재단
오세탁, 「문화재보호법 연구」, 1983, 단국대 박사학위논문
원용진, 『대중문화의 패러다임』, 1997, 서울 한나래
이강수 편, 『대중문화와 문화산업론』, 1998, 서울 나남출판
이장섭, 「역사고도 보존을 위한 특별조치법(안) 연구」, 1997, 문화유산의해 조직위원회
──, 「전통공예 전승현황과 문화상품화 개발 연구」, 1999, 한국문화정책개발원
──, 「지방문화 활성화, 누구를 위한 정책인가」, 2000, 『한독사회과학논총』 10권 2호 273~287
조흥윤외, 「향토축제 활성화를 위한 모형개발」, 1994, 한국문화정책개발원
최종고, 「문화국가의 문화재보호」, 1990, 『문화재』 제23호, 문화재관리국
한국문화예술진흥원 문화발전연구소, 「문화재 및 전통문화 관리기능 강화방안 연구」, 1992
한글학회, 『우리말 큰사전』, 1992
한상복, 「전통문화의 이해」, 전통문화의 이해, 1988, 한국문화재보호협회
한상복 외, 「전통문화의 자주적 현대화방안」, 1989, 한국문화예술진흥원 문화발전연구소
Bausinger, H., *Grundzuege der Kultur*, 1978, Darmstadt
Dorson, R., Fakelore, in : *Zeitschrift fuer Volkskunde* 75, 1972
Moser, H., Folklorismus, in : *Zeitschrift fuer Volkskunde* 65, 1962
Wiegelmann, G., Eine Einfuerung : *Volkskunde*, 1977, Berlin

Ⅳ장   지식정보시대의 문화산업정책 방향

전택수(한국정신문화연구원, 교수)

1. 서론
2. 문화산업에 대한 이해
3. 문화산업정책: 문화정책인가 산업정책인가
4. 문화산업비전21계획에 대한 평가 및 제안
5. 요약 및 결론

Ⅳ장 지식정보시대의 문화산업정책 방향

1. 서론

  문화산업이 무엇인지에 대해 아직도 많은 논의가 진행되고 있으며 그 개념도 천차만별이다. 이에 따라 문화산업의 발달을 위한 정책을 개발하는데 있어서 이론적 틀에 대한 연구도 부족하다. 그러나 각국에서는 문화산업에 대한 나름대로의 개념을 설정하고 이를 바탕으로 하여 독특한 정책을 전개하고 있다. 그래서 그 전개 양식은 각국마다 서로 다를 것임은 당연하다고 하겠다.

  영어권에서는 이익을 취득할 목적으로 다수의 청중을 위한 예술을 생산하는 분야를 문화산업으로 정의하면서 대개 영화, TV, 라디오, 출판, 그리고 음반 등을 의미하고 있다[1]. 한국에서는 문화산업의 개념이 「문화예술진흥법」에서 처음으로 정의되었는데, 동 법은 1972년에 성안되었으며, 그 이후에 많이 개정되어서 오늘에 이르고 있다. 2000년 1월 12일에 개정된 동 법은 문화산업을 문화예술의 창작물 또는 문화예술용품을 산업의 수단에 의하여 제작·공연·전시·판매를 업으로 영위하는 것으로 정의하고 있다[2]. 한편, 1999년에 제정된 「문화산업진흥기본법」은 문화산업을 문화상품의 생산·유통·소비와 관련된 사업으로 정의하면서 구체

---

* 전택수(한국정신문화연구원, 교수)
1) Koivunen and Korto(1998, 1면) 참조.
2) 이 법은 1995년에 대폭 개정되었으며, 이후 세 차례 일부 개정되었다.
   www.mct.go.kr 참조.

적 분야를 나열하고 있다. 대표적으로 영화와 관련된 산업·음반·비디오·게임물과 관련된 산업 등이 여기에 포함된다[3]. 그리고 문화상품은 문화적 요소가 체화되어 경제적 부가가치를 창출하는 유·무형의 재화와 서비스 및 이들의 복합체로 정의되고 있다.

이상에서 보면 문화산업은 문화적 요소와 일반 경제의 상품적 요소를 동시적으로 가지고 있음을 알 수 있다. 그러면서 문화산업은 문화 영역에서만 나타나지 일반 경제영역에서는 발견되지 않고 있다. 따라서 문화산업은 문화와 경제 사이에 불안정한 상태로 놓여 있다. 현재 문화산업의 발전을 위한 정책이 문화관광부의 중요 업무의 하나로 관계 법령에 의해 규정되고 있다.

그러나 현재 나타난 각종 법령 및 지원책이 문화정책인지 아니면 경제학적 의미의 산업정책의 일부인지 불명확한 상태에 놓여 있다. 선진국의 예를 보면 문화정책은 평등을 기본 이념으로, 그리고 산업정책은 효율성을 기본 이념으로 간주하고 있다. 만일 문화산업정책이 산업정책의 특수한 형태라면 문화정책과 문화산업정책은 정책의 기본적 철학이 서로 달라야 한다. 어떤 정책이 명확한 철학적 배경을 기초로 해야 성공 혹은 실패했을 때 우리는 그 원인을 규명하여 개선 및 발전시킬 수 있을 것이다.

그리고 문화산업정책을 산업정책 차원에서 접근한다고 하더라도 시대적 환경이 변했음을 고려해야 할 것이다. 실제로 시대적 환경이 예전과 매우 다른데도 불구하고 아직도 개발 년대의 산업정책 관행을 벗어나지

---

3) 이외에도 출판·인쇄물·정기간행물과 관련된 산업, 방송프로그램과 관련된 산업, 문화재와 관련된 산업, 캐릭터, 애니메이션, 디자인, 광보, 공연, 미술품, 전통공예품과 관련된 산업, 멀티미디어 컨텐츠와 견련된 산업, 기타 전통의상 및 식품과 관련된 산업 등을 포함하고 있다. www.mct.go.kr 참조

못하고 있다. 즉 산업화시대에서는 눈에 보이고 손에 잡히는 물질적 상품의 생산을 촉진시키는 것이 산업정책의 내용이므로 각종 규제와 지원이 소기의 목표를 달성할 수 있었다. 그리고 규제와 지원의 성과를 쉽게 측정할 수 있어 정책의 성패를 쉽게 판단할 수 있었다. 그러나 문화상품은 그 가치가 눈에 보이지 않고 상품 내부에 숨어 있으므로 이러한 상품의 생산을 지원하려는 정책의 성패를 판단하기 쉽지 않다는 점을 중시해야 한다.

본고에서는 이상에서 제기된 두 문제점을 깊이 인식하고서 앞으로 다가올 지식정보 시대의 특성을 고려하여 새로운 산업정책 철학을 개발하고 이에 걸 맞는 문화산업정책 방향을 제시하고자 한다. 마지막으로 이러한 방향에 비추어 그 동안 한국에서 집행된 문화산업지원정책의 사례를 분석하면서 각각의 방향을 제시하겠다.

2. 문화산업에 대한 이해

가. 문화산업의 개념적 연원

문화산업(cultural industry)의 개념은 1940년대 독일의 프랑크푸르트학파의 Theodor Adorno and Max Horkheimer(1947)에 의해 처음으로 명명되었으나, 그 최초의 아이디어는 Walter Benjamin(1937)으로부터 나왔다. 이들 모두는 권력과 강자의 조작(manipulation)을 비판하는데 공통적인 생각을 가졌다. 또한 이러한 비판적 생각을 라디오에 의해 지배받던 대중문화, 대중적인 문화산업에 의해 촉진되던 표준화, 문화상품의 생산 그리고 정교한 선동적 활동에까지 확대시켰다.

1930년대에 들어오면서 사회적으로 대중의 역할이 점차 중요해지면서 예술품이 모사품의 형태로 재생산되기 시작했다. 이 현상 때문에 진품 예술품의 값어치는 떨어지고, 진품이 보관되어 있는 장소나 진품을 볼 수 있는 시점은 상대적으로 덜 중요하게 인식되었는데 Benjamin은 이점을 중요시하였다. 그는 예술품의 성질이 점차 변해지고 있다고 지적하면서 복제할 수 있는 기계적 도구가 개발되면서 그 정도는 더욱 강하게 나타났다고 보았다. 이러한 그의 지적이 문화산업에 대한 Adorno와 Horkheimer의 초기 구상에 결정적인 영향을 미치게 되었던 것이다.

Adorno and Horkheimer는 문화산업을 책이나 신문과 같이 산업화 이전의 기계적 생산물과 라디오와 영화와 같은 산업적 대중예술로 정의하였다. 이 정의에 의하면 문화산업은 기계적으로 만들어진 대중문화를 의미하며 다양한 형태의 개별적인 문화와 대항되는 개념이라고 말할 수 있다. 특히 Adorno는 대중문화가 상의하달식의 대량생산체제에 의해 만들어지므로 소비자들의 의미화를 고려하지 않아 궁극적으로 순수예술을 위협하리라고 보았다. 그는 표준화와 의사 개별화의 두 과정이 음악산업을 지배하고 있음을 예로 들면서 문화산업이 상품물신주의를 대표하는 것으로 보았다. 그래서 그는 문화산업을 비난하면서 이로부터 위협을 받고 있는 순수예술을 그 개성과 진실성 때문에 적극적으로 옹호하였다. 그들은 특히 문화산업을 대중을 기만시키는 계몽이라고 간주하였다.

그러나 Benjamin은 시간이 지나면서 문화산업의 긍정적인 측면을 인식하기 시작했다. 예술과 기술의 진보는 민주주의와 해방의 기회를 가져왔다고 인식하였다. 즉 예술품의 복제 때문에 예술이 전통적으로 종교적 의식의 굴레로부터 해방되었다고 보았다. 관중들이 일종의 전문가가 되고 높은 식견을 갖게 된 것은 영화나 스포츠의 특성 때문이라고 주장하는 것은 우연이 아니라는 것이다. 예술에 대한 대중의 반응이 점차 변화되어 가고 있는데, 이는 진보적 태도에 기인한 것이다. 그래서 그는 관중들이 보고 들음으로써 즐거움을 얻는다는 것은 평가 능력이 개선되었기 때문인 것으로 이해했다. 그리고 다양한 형태의 예술에서 발생하는 기술적 진보 때문에 시각과 청각의 영역을 확대시켜주고, 시청각의 인식도와 이해도를 개선시켜준다고 보았다.

나. 문화산업의 개념화 과정

문화산업은 아직도 국제적으로 공통된 개념은 가지고 있지 못하다. 그 개념은 각 국가별로 그리고 연구자별로 역사적, 문화적 배경에 따라 다양하게 전개되고 있다. 한국에서는 서론에서 제시된 문화관광부의 정의가 있고, 서양에서는 협의의 개념에서부터 광의의 개념까지 다양하게 존재한다.

최근에 프랑스의 Nicholas Garnham(1983)은 문화상품이나 서비스의 형태로 상징(symbols)을 생산하고 분배하기 위해서 제조기업들과 같은 생산양식과 조직을 운용하는 제도들이라고 정의하고 있다. 이러한 정의는 신문, 잡지, 책 등의 출판사, 음반회사, 음악 작곡가, 상업 스포츠 등을 망라하게 된다. 오스트레일리아에서는 문화산업을 소리, 정신적 이미지, 말과 사진 등을 통해 삶의 방식에 어떤 형태를 부여하는 활동으로 정의한다. 그래서 문화산업은 영화와 TV와 같이 삶의 방식을 표현하는 상품과 서비스, 그리고 광고나 신문처럼 사회적 통신제도의 어떤 위치를 점하는 상품과 서비스를 생산한다. 이는 아주 포괄적인 정의라 할 수 있다.

최근에 와서는 정보의 가치와 오락의 즐거움이 서로 융합되면서부터 새로운 정의가 선호되고 있다. 여기서는 문화산업은 생산물의 의미적 내용에 기초한 산업적 생산 활동으로 정의되므로 예술, 공예 그리고 산업 디자인까지도 포함한다. 이는 가장 포괄적인 개념이다. 이러한 정의는 최근의 생산 활동에서 나타나는 네트워킹, 신축적 활동 모형, 소기업 형태, 그리고 정보기술의 사용 등에 의해 그 진가를 발하고 있다[4].

이를 반영한 것이 영국의 개념이라고 할 수 있다. 영국은 진부한 명칭인 문화산업보다는 창조산업(creative industry)을 선호하면서, 그 개념을 개인의 창의성, 기술, 재능 등을 이용해 지적재산권을 만들고 이를 상업적으로 활용함으로써 경제적 부가가치와 고용창출을 가져오는 모든 산업 활동으로 정의하고 있다. 여기에는 광고, 건축설계, 미술품 및 골동품, 수공예, 디자인, 영화, 쌍방향 소프트웨어, 음반, 공영예술, 출판, 텔레비전과 비디오 방송 등을 포함시키고 있다[5].

이상의 개념들을 종합하여 하나의 표로 나타낼 수 있다. 내부의 원은 문화산업을 의미하고 이를 구성하는 요소들은 외부의 원들이다(<그림 1> 참조).

그런데 문화산업에 대해 다시 관심을 갖게 된 것은 물론 좋은 의미로 관심을 갖게 된 것은 1980년대 초부터였는데, 이는 문화활동에 관련된 영역이 많은 일자리를 창출하고 부가가치를 창출한다고 믿으면서부터였다. 특히 Nicholas Garnham은 1983년에 지역경제의 활성화를 위한 전략을 수립하는데 있어서 문화산업을 포함시키기도 하였다. 최근에 와서 멀

---

4) 본 논문은 문화산업 지원정책에 관한 것이므로 현재의 개념으로도 충분하므로 문화산업의 개념을 새로이 정리하려는 시도는 하지 않겠으며, 자세한 것은 구문모 외(2000, 21~24면), Koivunen, H. and Korto, T.(1998) 등을 참조할 수 있다.
5) 구문모 외(2000, 23면) 참조.

티미디어와 온라인을 통해 의미와 상징이 쉽게 교환되면서 문화산업이 다양한 형태로 다양한 곳에서 급속히 활용되기 시작했다. 특히 EU 각국에서 일자리가 증가한 실례를 보면 더욱 놀랍다[6].

〈그림 1〉 문화산업의 개념도

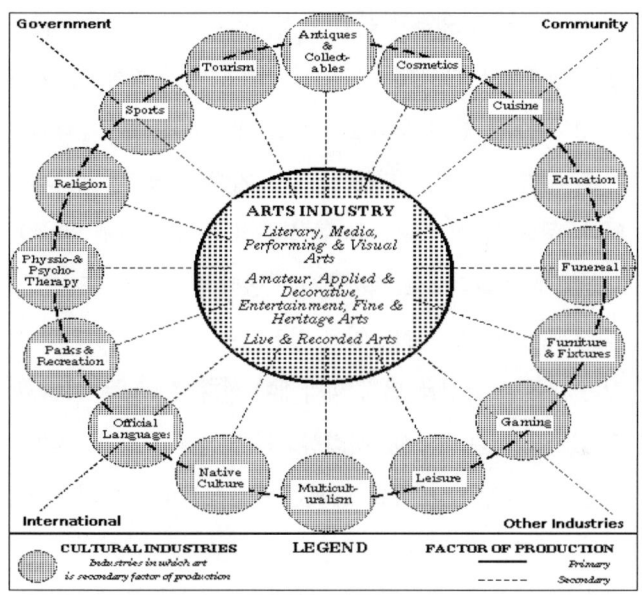

자료 : Chartrand(2000)의 Exhibit 2

다. 문화상품의 특성

문화상품은 일반적으로 이념, 상징, 그리고 생활방식 등을 전달하는

---

[6] 특히 EU 각국에서는 다음과 같이 예술가와 제작자의 수가 급격히 증가하였다. 스페인 : 1987년부터 1994년 사이 24%, 프랑스 : 1982년부터 1990년 사이 36.9%, 영국 : 1981년부터 1991년 사이 34%, 독일 : 1980년부터 1994년 사이 약 23% 증가. European Commission Staff Working Paper(1998, 2면) 참조.

소비재 혹은 자본재를 말한다[7]. 다시 말하면 개인적 혹은 집단적 창의성의 결과물이 산업적 과정에 의해 재생산되어 세계적으로 배급되는 것이다. 이는 구성원들을 즐겁게 하거나 필요한 정보를 제공함으로써 집단적 정체성을 구축하는 역할을 담당한다.

문화상품도 금전을 매개로 하여 거래되는 대상이라는 점에서 제조 상품의 성질을 가지고 있으면서 문화적 상징이나 의미를 내포하고 있다는 점에서 제조 상품과 다른 성질을 가지고 있다. 즉 문화상품은 예술성, 창의성, 오락성, 대중성 등의 문화적 요소를 내포하고 있다. 그러면서 이윤을 목적으로 제작 및 생산된다는 면에서 기존의 제조업 상품의 성질을 가지고 있다. 문화상품이 갖는 이러한 복합적 성격 때문에 일반적 경제이론을 문화상품에 일의적으로 적용해서는 올바른 추론을 도출할 수 없을 것이다. 대신 경제이론을 문화산업에 성공적으로 적용하기 위해서는 문화상품이 갖는 독특한 특성을 먼저 파악해야 한다. 이는 두 가지 차원에서 접근할 수 있을 것이다. 첫째는 문화상품의 생산에서 소비까지의 과정 즉 생산 사이클을 살펴보는 것이고, 둘째는 문화상품의 내재적 특성을 살펴보는 것이다.

먼저 생산 사이클을 보기로 하겠는데 이것도 두 측면에서 접근할 수 있다. 하나는 M. Porter(1985)의 가치사슬 개념을 이용하여 문화상품의 내재적 가치의 형성 과정을 고려하여 창작, 개발, 재가공(packaging), 유통(marketing), 그리고 배급(distribution)의 다섯 단계로 나누는 것이다[8]. 다른 하나는 제조 상품의 생산 사이클을 원용하여 창작, 생산, 배급, 소비, 그

---

[7] 전택수(2001)는 정보통신기술의 발달로 문화 및 문화상품이 타산업의 중간 원료로 작용하는 소위 자본재의 역할을 할 것임을 체계적으로 밝힌 바 있으므로 이를 참조할 수 있다.

[8] Koivunen and Korto(1998), 구문모 외(2000) 등이 대표적이다.

리고 보존의 다섯 단계로 나누는 것이다[9]. 양자는 나름대로 각각의 특징을 가지고 있지만, 문화산업 지원정책의 개념적 확립과 관련지어 볼 때 창작, 개발, 재가공, 유통 및 배급, 소비, 그리고 보존의 여섯 단계로 종합할 수 있다. 여기서 개발과 재가공의 두 단계는 제조업의 생산 단계에 해당된다고 볼 수 있다. 각 단계의 내용에 대해서는 구문모 외(2000), Chartrand(2000), Koivunen and Korto(1998) 등의 생각을 다음과 같이 정리 요약할 수 있다.

창작은 가치사슬의 첫 단계로서 아이디어에 절대적 기반을 두고 있다. 이는 이미지, 텍스트, 그래픽스, 음악, 음성, 그리고 디자인 등을 창조한다. 여기에 참여하는 사람들은 주로 개인들로 구성되어 있으며, 독립적이고 감성적이어서 기술관료 조직에 잘 적응하지 못한다. 그러나 규모의 경제를 누리는 광고, 방송, 영화사 및 음반사 등의 대형 기업은 외주를 통해 작가, 작곡가, 저작권자 등의 창작 작품을 구매한다. 그리고 미디어나 공연예술의 창작은 집단적으로 이루어진다. 어느 경우에나 창작 과정은 앞으로 1인 기업 형태를 취할 것으로 보이며, 이들 기업은 대기업과 연결시켜 줄 딜러나 에이전트의 역할을 더욱 요구할 것으로 보인다.

개발 단계는 문화산업의 모든 가치사슬 단계에서 발생하고 있으며 또한 발생해야 하므로 독립적인 단계로 구분하기는 힘들다. 1인 예술, 시각예술, 해석예술, 공연예술 등의 장르별 특징에 따라 다소 달라진다. 이 단계는 독립제작사, 영화스튜디오, 콘텐츠 개발사, 기술진 등 많은 사업자로 구성되어 있다. 따라서 시장성 여부에 대한 판단이 이 단계에서 이루어진다. 따라서 이 분야의 성공은 각 분야의 전문가 집단들 간의 유기적

---

[9] 이는 산업조직론을 문화산업에 적용하려는 Harry H. Chartrand(2000)에 의해 채택되고 있다.

협조 체제의 유무에 의해 결정될 것이다.

　재가공 단계는 공연물, 이벤트물, 프로그램, 인터넷 서비스 등과 같은 문화상품의 실체를 창출하는 단계이다. 이 부문의 사업자들은 제작자들에게 독립된 자본을 투입하여 일차적으로 제작된 콘텐츠를 재구성하여 다양한 상품을 끊임없이 개발한다. 가능한 한 많은 경제적 부가가치를 창출하도록 다각적인 사업전략을 구사한다. 따라서 이 단계는 전체 사슬에서 문화상품의 실질적인 성패를 결정짓는다고 할 수 있다.

　유통 및 배급 단계는 문화상품의 판매 촉진 단계이다. 체인, 프랜차이즈, 그리고 독립 상점, 우편 주문 등을 통해 배급되었으나, 최근에 와서는 인터넷을 통한 배급이 본격적으로 이루어지면서 유통과정이 매우 단순화되는 경향을 보이고 있다. 이 과정에서는 제작사에게는 적절한 소득을 보장하고, 일반 국민에게는 문화 향수의 기회 균등을 보장하는 것을 중시해야 한다. 그래서 저작권의 문제가 중요한 이슈로 등장한다.

　소비 단계는 문화상품이 최종 소비자에게 접촉되는 단계이다. 문화상품의 소비는 일반 상품의 소비와 다르다. 문화상품은 소비자들이 소비한다고 해서 그 가치가 감소하는 것이 아니다. 소비는 본질상 물적 소비가 아니라 심리적 소비이므로 소비자들의 형태에 따라 심리적 만족도 및 소비 형태도 달라진다. 문학의 소비자는 독자, 매체의 경우는 시청자, 공연예술의 경우는 청중, 시각예술의 경우는 수집가 혹은 방문객 아니면 관람자 등의 형태를 취한다. 그래서 만족을 극대화하는 소비 방식을 설명하려는 전래의 정보 처리 방식은 유희, 여가, 관능적 쾌감, 공상, 환상, 심미적 쾌락, 정서적 반응 등의 쾌락적인 측면을 무시한다는 지적을 받고 있다.

　마지막으로 보존 단계는 새로운 문화 상품이 항상 구식 문화상품을 대체하는 것은 아니라는 점 때문에 나타난다. 과거 작품의 보존 및 보호는 다른 어느 분야에서도 볼 수 없이 중요하다. 보존은 전문적 기술, 전문가, 그리고 특수한 시설을 요구한다. 무엇보다 중요한 것은 개인들의 수집 욕구라고 할 수 있다.

한편, 문화상품의 특성은 위의 소비 단계에서 부분적으로는 설명되었지만 문화산업정책의 특수성을 유도하기 위해서 다시 한번 종합적으로 설명할 필요가 있다.

첫째, 문화상품은 노벨 경제학상 수상자인 G. Becker(1974)가 말하는 유익한 습관성(beneficial addiction)을 가지고 있다. 즉 어린 나이에 문화를 체험하고 소비할수록 성년이 되어서 더욱 많이 소비하게 된다. 여기서 얻는 만족감은 계속 증대하면서 우리의 정신을 더욱 건전하게 한다. 경제학적으로 표현하면 문화예술은 소위 한계효용 체증의 법칙을 보인다고 말할 수 있다. 이는 마약이나 담배 그리고 술처럼 중독적인 특성을 가지고 있지만 이들과는 달리 정신적이고도 육체적인 건강을 증진시키고 상상력까지 풍부하게 한다는 점에서 유익한 습관성이라 부르는 것이다.

둘째, 문화상품의 소비는 소비로만 끝나는 것이 아니라 자본의 축적으로 연결된다. 이러한 자본을 소비자본(consumption capital)이라 부르는데, 이는 문화에 대한 이해 능력을 높이고 개인적 선호를 변화시킨다. 원래 두 문화 사이의 친근감은 각 문화 사이의 지리적 거리, 언어의 유사성, 그리고 과거의 교류 경험 등에 의존하는 법이다. 그래서 일단 외국 문화를 자주 접하게 되면, 현지인들은 문화상품의 소비자본 기능 때문에 문화적 친밀성을 느끼고 궁극적으로는 자국 문화의 일부로 간주하게 된다[10].

---

10) 전택수(2001, 490~510면) 참조.

셋째, 문화상품은 경험재의 특성을 가지고 있다. 즉 문화상품은 소비자들이 직접 경험해 보아야 그 품질을 깨달을 수 있다는 특성을 가지고 있다. 이에 따라 주변의 소문, 평가, 신인도 등은 문화 소비자들의 의사결정에 결정적인 영양을 미친다. 문화상품은 대개 눈에 보이거나 손에 잡히는 물적 상품이 아니고, 그 내용이 안에 숨어 있다. 더구나 소비자들의 다양한 기호를 고려한다면 품질에 대한 사전적이고도 객관적인 측정은 불가능하게 된다. 그리고 수시로 변하는 고객의 취향은 현장에서 뛰는 문화 관계자들이 제일 잘 알 수 있다.

넷째로, 문화상품은 조금만 변형시키면 전혀 다른 시장을 갖는 상품으로 만들어진다. 다른 산업과는 달리 재가공 과정이 별도로 존재하면서 중요하게 인식된다. 이를 창구효과(window effects)라 부르기도 하며 one-source multi-use의 특성을 내포한다고 한다. 예를 들면 한 편의 영화가 영화관에서 성공적으로 상영되면, 이는 조그만 변형 과정을 거쳐 비디오, 게임소프트웨어, 서적 출판, 캐릭터 등으로 활용된다는 것이다.

마지막으로 문화상품은 원본의 제작에는 상당한 규모의 초기 투자비용을 요구하나, 복사본의 생산인 경우에는 추가 비용이 거의 들지 않는다. 따라서 복사본의 생산을 늘릴수록 그 평균생산비용은 급속히 줄어드는 특성을 가지고 있다. 그래서 상업성을 인정받는 문화상품은 조기에 상상을 초월하는 수입은 얻을 수 있다. 그래서 이 점이 성공한 문화산업 영역을 대박으로 인도하는 요인이 된다.

라. 문화산업의 구조

문화산업이 경제학에서 말하는 산업으로 취급되어서 경제학적으로 분석될 수 있으려면 산업조직의 특성을 가지고 있어야 한다. 첫째로 공급 측면(생산)과 수요 측면(소비)을 가지고 있어야 하고, 둘째, 산업은 조직의 특성을 가지고 있으며, 셋째, 산업내의 기업은 특정 시장의 환경 변화에 적응하는 행동패턴을 가지고 있어야 한다. 그러면서 문화산업은 몇 가지 기본적인 경제학적 개념을 수반해야 한다. 첫째, 시장에서 판매자와 구입자가 있어 상품과 서비스를 교환하고, 둘째, 기업은 생산 활동에 관여하는 주체이다. 그 생산 활동은 비영업적인 목적일 수도 있지만 주로 이윤 목적일 것이다. 셋째, 산업은 공동 구입자에게는 대체재의 판매자 집단이어야 하고, 마지막으로 산업은 여러 부문(sector)으로 나눌 수 있어야 하고 그 부문은 관련 기업들의 집단이다.

문화산업지원정책의 새로운 모형을 유도하기 위해서는 문화산업의 수요와 공급에 대한 의미를 파악하는 것이 중요할 것이다. 각각의 의미는 문화산업을 산업조직이론으로 체계화하려는 Harry Chartrand(2000)의 생각으로 대신 설명할 수 있다. 그는 지식의 경제학적 의미를 중시하고서 기본적으로 문화산업의 공급 측면을 지식 기반 경제로 정의하였다. 그리고 수요 측면에서는 예술에 대한 공동수요(co-demand)로 간주하였다.

1) 문화상품의 공급

산업화 시대에는 생산요소가 자본, 노동, 기술 등이었으나, 시간이 지남에 따라 그 성격이나 범위가 점차 바뀌고 있다. 처음에는 기술을 인간의 노동력과 무관하게 결정되는 과학기술의 발달에만 의존하는 것으로 취급하였으나 이제는 근로자의 노동에 체화되는 것으로 이해되고 있다. 기술은 어원상으로 볼 때 후자의 개념으로 이해해야 할 것이다. 기술

(technology)은 그리스말로 예술(art)과 이성(reason)의 합성어로서 추론된 예술(reasoned art)이며 지식의 응용을 의미한다. 반면 과학(science)은 지식의 체계화를 의미한다.

지식의 응용과 체계화 사이의 환류는 근로자로 하여금 사물을 이해하게 한다는 의미에서 학습 혹은 교육으로 유도한다. 이러한 의미에서 지식기반 경제에서의 기술변화는 새로운 지식의 응용으로부터 나오고, 지식은 다시 지식기반 기술변화를 구성하고 있다. 그리고 지식기반 기술변화는 자연과학, 인문사회과학, 그리고 예술문화 등이 상호 작용하여 실생활에서 많이 응용될 때 발생한다. 그런데 자연과학과 인문사회과학은 대학과 전문 연구기관에서 발달하였으나 문화예술은 예술학교, 생산회사 등에서 그 영역을 점차 넓혀왔다. 지식 영역의 제도화는 국가마다 서로 다르게 나타났다. 캐나다에서는 캐나다예술집행위원회, 사회인문연구집행위원회, 자연과학 및 공학연구집행위원회를 가지고 있다. 그리고 영국에서는 각 분야별로 별도의 기구를 가지고 있다.

지식기반 경제에서 창출되는 부가가치는 지식기반 기술 변화를 통해서이다. 이는 우선 자연과학과 공학에서 주로 나타나는 생산과정의 혁신이나 신상품의 개발일 수도 있다. 다음으로는 사회과학과 인문학에서 나오는 것으로서 재정, 인력, 그리고 정보 및 물적 자원의 효율적 조합을 통하는 것이기도 하다. 마지막으로 예술로부터 나오는 새로운 심미는 잘 디자인 되고, 창의적으로 광고되며, 지적으로 판매되는 상품에 체화되어 있다.

2) 문화상품에 대한 수요

문화상품은 앞에서 언급한 여러 가지 특수성을 내포하고 있어 그 수요 분석은 일반 상품의 것과는 달라야 한다. 그래서 Chartrand(2000)는 예술에 대한 유형별 소비수요를 제시하고 있다[11]. 그는 예술에 대한 수요 동기를 아마추어 예술, 응용 및 장식 예술, 오락 예술, 순수 예술, 그리고 전통 예술 등 다섯 가지로 나누고 있다. 각각의 수요 동기는 고유한 시설과 기계 그리고 특이한 기능 보유자를 요구하면서 상이한 시장을 창조하므로 서로 다른 문화산업을 만들 수 있다. 그러함에도 불구하고 이들은 관중, 자본, 노동, 기술 등에 의해 상호 밀접히 연결되어 있을 것이다.

첫째, 아마추어 예술은 자아실현과 자아교육을 위한 수요 동기로서 관중을 기쁘게 하려는 데에는 무관심하고, 대신 자기표현이나 자기 이해를 높이려는 목적을 가지고 있다. 그리고 이는 초등, 중등, 그리고 고등 교육 기관에서 실현되며, 여기서는 예술에 관한 재능이 형성된다.

둘째, 응용 및 장식 예술은 광고, 건축 및 도시 디자인, 공예, 보석 및 패션, 산업 및 상품 디자인 등을 포함한다. 여기서의 생산 활동은 심미적 가치와 공리적 가치의 결합에 의해 이루어진다. 이것은 인간의 환경에 고상한 분위기를 제공하는 역할을 한다. 모든 수요에서 가장 많은 일자리를 제공하는 영역으로서 경제적 영향을 가장 많이 끼치고 있다.

셋째로 오락 예술은 기쁨, 즐거움 그리고 레크리에이션 등을 창조한다. 이는 영화, TV, 음반 등을 포함하는데 미국의 가장 경쟁력 있는 분야

---

[11] 이것은 유사한 성격을 가진 상품들의 집단이 존재하며, 효용함수는 분리될 수 있다는 선호에 대한 제약의 현실화에 기초한 것으로서, J. M. Keynes의 세 가지 화폐수요 동기에 착안한 것으로 보인다. 이러한 생각의 확장은 Deaton and Muellbauer(1980, chap.5)를 참조할 수 있다.

로 지적되고 있으며, 국방무기 다음으로 많이 수출되는 영역이다.

넷째로 순수예술은 '예술을 위한 예술'의 정신으로 수요되며, 예술산업에서 가장 중요한 R & D 영역이다. 이는 인간의 본성을 향상시키면서 계몽적인 내용을 창조한다. 주로 여기서 새로운 재능과 기법이 발견되며, 이것이 문화산업의 수익을 추구하는 기업에 의해 산업적으로 활용된다. 순수 예술은 하나의 성공을 거두기 위해서는 수많은 실패를 겪어야만 하므로 재정적으로 자립할 수 없는 영역이다.

마지막으로 전통예술은 후세대에 의해 보존된 앞의 네 가지 수요 동기들의 잔여이다. 이는 당대의 예술 기준의 설정에 영향을 미치며, 창조자를 격려하기도 한다. 이는 사회적 유대감이나 연속성과 같은 심미적 가치와 희소성을 결합시켜 정신적 풍요를 창조한다. 이는 우리를 과거와 연결시킴으로서 우리의 정체성을 인식하게 만든다.

3. 문화산업정책 : 문화정책인가 산업정책인가

가. 문화정책의 의미

정부는 국민의 문화활동에 개입할 때 무엇을, 왜 해야 하는가와 정부의 개입으로 인해 어떤 차이를 가져올 수 있는가가 문화정책에서 중요한 질문이 될 것이다. 문화가 담고 있는 경제적 가치를 발굴·제고하고, 국민들에게 문화의 중요성을 체계적으로 인식시키는 데 관심을 두는 문화경제학에서는 왜(why)에 많은 관심을 두고 있다.

특히 Dick Netzer(1978)는 그의 Subsidized Muse에서 세 가지 이유를 제시했다. (1) 문화의 외부성(Baumal과 Bowen의 cost disease 포함), (2) 사회

민주주의적 입장(문화향수에 대한 국민의 평등권 보장), (3) 그리고 평등의 연속성에서 대중문화에 대한 지원 필요성 등이다. 최근에는 프랑스의 사회학자인 P. Bourdieu가 지적한 것처럼 문화는 개인의 능력 개발에 중요한 역할을 한다는 의미에서 문화의 자본재 역할이 중시되고 있다. 이를 기초로 물적자본이나 인적자본에 대응하는 의미에서 문화를 사회적 자본 혹은 문화자본으로 정의하고 있다. 앞으로 문화자본을 경제이론 모형에 도입하기 위해서는 자본재로서의 성격을 체계화해야 한다. 그래야 문화에 대한 지원을 논리적으로 전개할 수 있을 것이다. 즉 문화에 대한 지원을 투자의 개념으로 접근해야만 문화에 대한 예산 배분 혹은 민간 기부의 중요성을 예산전문가, 기업, 그리고 개인들에게 설득시키는데 도움이 될 것이다. 이는 더 많은 문화예산을 얻으려는 문화인들의 노력을 지원하게 될 것이다.

Mark Schuster(1998)에 의하면 문화정책은 각국의 역사적 배경과 정책적 전통에 따라 달라지기 때문에 문화 예산의 규모를 국가간에 비교한다는 것은 별다른 정책적 함의를 갖지 못한다. 또한 한 나라에서도 시대에 따라 문화정책의 철학이 변해 왔다. 그래서 문화예산의 적정성 여부를 국가간 비교로 판단하기는 곤란하다는 것이다. 선진국의 문화정책 철학을 세 가지로 분류할 수 있다. 첫째, 프랑스는 사회민주주의적 입장에서 문화에 대한 향수기회의 확대를 목표로 중앙집권적 제도를 취하고 있다. 미국은 개인주의를 바탕으로 문화도 시장의 원리에 맡겨야 한다는 원칙을 견지하므로 민간이 문화의 최대 지원세력이다. 이 양자의 중간 입장을 취하는 나라는 북유럽의 제국으로서 중앙정부, 지방정부, 그리고 민간이 공히 참여하는 형태를 취한다.

이상에서 보면 문화정책의 목적은 국민들에게 문화의 향수권을 보장하는 것이므로 평등이 기본 이념이라고 말할 수 있다. 문화의 향수권 보장이란 문제는 국가의 중요한 업무 중에 하나임은 명확하다. 이러한 임무는 1972년에 성안된 「문화예술진흥법」에 의해 규정되고 있다[12]. 그리고 문화의 작품성 혹은 심미성을 제고하는 것도 문화정책의 주요한 목적 중에 하나이다. 이는 문화의 본질인 문화의 다양성으로 연결되는데, 문화예술진흥기금의 사용처와 지방문화예술진흥기금의 조성 목적을 규정하는 본 법률의 내용에 의해 구체화되고 있다.

반면, 기업이 문화를 지원하여 문화향수권을 확대한다는 것은 기업의 본래의 임무가 아니다. 기업은 국민과 사회 속에서 기업활동을 하며 여기서 얻은 수익금의 일부를 사회에 환원한다는 도덕적 규범 차원에 머무를 따름이다. 따라서 기업은 정부 역할을 보조하는데 끝나야 한다고 말할 수 있다.

나. 문화산업정책의 의미

산업정책이라 함은 경제성장, 국제경쟁력 강화 등을 달성하기 위해 산업에 대한 지원, 조정, 규제 등을 통해 산업일반, 또는 특정산업의 생산, 투자, 거래 활동에 개입하는 경제정책이다[13]. 산업정책의 정당성은 대개 시장실패로 인해 원활한 자원배분이 이루어지지 않는다는 점에서 찾고 있다. 그래서 정부는 관련 산업의 민간기업 활동에 적극적으로 개입하여 그 산업의 발전을 촉진시키고자 하는 의도를 담고 있다. 산업정책은 개개는 공급측면의 애로를 타개하려하고, 한정된 생산자원의 배분

---

12) 2000년 1월 12일 개정된 법률 제6132호의 제9조 1항을 참조.
13) 이경태(1996, 3~5면) 참조.

을 규제와 지원을 통해 조절하며, 전후방 연관효과가 큰 부분에 집중하는 것이다.

여기서 산업정책의 대상 분야는 문화산업으로서 이미 산업영역은 정해졌으므로 문화산업을 지원하는 당위성을 밝히고, 문화산업의 특성을 고려하여 적절한 정책방향과 수단을 밝히는 것을 주요 목적으로 삼기로 한다. 특히 문화상품의 가치사슬 단계별 특성과 내재적 특성 등을 고려해야 할 것이다.

먼저 문화산업에는 정체성의 문제를 두고 지역간이나 국가간의 긴장관계가 항상 존재한다. 문화상품은 정치, 경제, 사회 및 문화적 현실 및 역사적 배경을 반영하므로 단순히 상품이나 용역으로서의 기능이외에 국가나 지역의 정체성과 문화 주권을 전달한다[14]. 지금까지는 이 점이 너무 중시되어서 정부의 공공정책적 지원이 문화산업의 가치사슬 중 초기단계에 치중하였다. 즉 예술가의 생계유지, 예술가 및 예술가 단체에 대한 지원 등이 그 대표적인 사례이다.

다음으로는 문화 및 예술의 생산, 분배, 그리고 소비에 있어서 기술의 광범위한 사용을 들 수 있다. 전통적인 형태의 문화 및 예술의 배포에 기술을 활용하는 경우로는 현존하는 예술품을 디지털화하여 가상 박물관이나 도서관을 만드는 것이다. 그리고 멀티미디어에서의 신기술은 새로운 형태의 예술을 출현시키고 있다. 마지막으로 기술은 새로운 형태의 상호 네트워크를 만드는데, 이는 소비의 형태와 의미를 변경시킨다[15].

---

[14] 대표적으로 프랑스는 미국의 오락산업 침투를 막기 위해 프랑스 내에서나 EU 에서 쿼터량을 확보하기를 시도하고 있고, 캐나다는 미국으로부터 문화적 독립을 유지하기 위해서 방송의 주파수 할당을 주장하고 있다. Paul Audley(2000) 및 Koivunen and Korto(1998) 참조.

[15] 정보통신기술이 일상생활을 지배할 21세기에는 문화가 소비의 대상을 넘어서서

이렇게 볼 때, 문화산업은 분명히 경제영역에 포함되지만 문화적 영역을 무시할 수도 없다는 점은 분명하다. 그러나 문화산업 지원정책을 확립하는 문제와 관련해서는 산업정책의 정의가 말하듯이 산업적 영역을 중점적으로 고려해야 할 것이다. 왜냐 하면 문화적 영역은 역시 문화정책 차원에서 접근하면 될 것이기 때문이다. 그러면서 분명히 지적해야 할 점은 문화산업이 문화의 다양성과 문화적 향수기회의 균등성을 항상 보장하지는 않지만 결과적인 부수 효과로서 균등성과 다양성을 제고할 수 있다.

그러면 문화기업이 문화상품을 생산하여 이익을 얻을 수 있는데도 불구하고 왜 정부지원의 대상이 되어야 하는가. 우선 예술가와 천재의 상상력이나 창의성이 어떤 형태로든 최종 소비자에게 전달되지 않으면 무의미하다. 문화와 예술의 상업화 단계를 거쳐야만 소비자가 문화 및 문화상품을 이용하거나 즐길 수 있다. 실제로 예술작품으로부터 개발된 일반상품은 상업적으로 경쟁력을 갖게 되는 경우를 많이 본다. 이처럼 문화산업의 발전에서 가장 중심적인 이슈는 문화의 상업화 과정인데도, 그 상업화 과정은 공공지원이나 기업지원의 대상에서 항상 제외되어왔다. 그리고 예술적 활동을 최종 소비재로 전환시키는 데는 새로운 투자가 필요한데도, 이에 대한 적절한 자원은 발견되지 않는다. 상업화에 대한 투자의 결여는 훌륭한 창의적 아이디어를 가치 있는 상품으로 실현시킬 수 없으며, 나아가 이는 다시 콘텐츠의 부족을 초래해 정보사회의 경

자본의 역할을 할 것이다. 즉 과거에는 문화 및 문화상품이 일회적으로 소비되는데 그쳤으나 이제는 문화를 즐기는 과정에서 생성되는 상상력과 창의력이 각종 제조업이나 서비스업에 쉽게 활용되고 있으며, 이러한 현상이 앞으로는 더욱 현저하게 나타날 것이다. 문화의 역할 변화에 관한 자세한 소개는 전택수(2001, 490~510면) 참조할 수 있다.

쟁력을 저해할 것이다. 바로 이점이 정부의 산업정책적 지원에 대한 정당성이 된다.

그런데 오늘날 국제시장에서 문화의 상업화 과정을 지배하는 조직은 다국적 미디어 기업이거나 거대 유원기업(entertainment companies)들이다. 이들은 각국의 문화적 특색을 고려하지 않고 표현이나 수용의 표준화를 시도한다. 이에 비해 각국의 문화산업은 특성상 중소기업들이 주류를 이루고 있으며 심지어는 1인 기업의 형태도 많다. 이 경우 중소규모의 문화기업들을 지원하는 것은 문화의 다양성을 제고할 수 있다. 그리고 미디어 인프라는 네트워크 세계에서 문화에 대한 민주적 접근성을 제고하고, 정보시설이 보편적으로 구축될 미래에는 콘텐츠 서비스가 문화적 평등성을 가장 효율적으로 제고할 것이다.

다. 문화산업정책의 목표와 수단

1) 문화산업정책의 구조

경제 분야에서 일찍부터 활용되고 있는 산업정책의 구조는 최종목표, 중간목표 그리고 정책수단으로 구성되어 있다[16].

여기서 대부분의 경제학자들은 산업정책의 최종목표로 역시 경제개발의 촉진을 꼽고 있다. 이는 산업정책의 개념정의로부터 직접적으로 정당화된다. 즉 생산자원의 총공급을 증가시키거나 부문간 자원배분의 개선을

---

[16] 이경태(1996, 26면) 참조. 이러한 구조화는 산업정책 뿐만 아니라 정책의 효과를 확인하기 위해서는 통제가능성을 기본조건으로 간주하는 모든 경제정책 즉 통화신용정책, 재정정책 등에서도 마찬가지 형태를 취한다. 통화신용정책은 정책 툴, 정책 수단, 중간목표 그리고 최종목표의 순서로 이미 오래전에 구조화되었다.

통하여 경제의 효율성을 극대화시키려는 공급지향적 정책으로 규정되기 때문이다.

그러나 최종목표가 경제개발이든지 아니면 다른 것이든지 간에 매우 추상적이고 포괄적이기 때문에 정책 입안자에게 구체적인 정보를 제공하지 못한다. 그리고 산업정책의 현실적 집행은 정책수단을 통해서이나 그 수단 선택은 후에 나타날 최종목표를 보고 이루어질 수 없을 것이다. 따라서 수단의 선택은 수단이 직접적이고도 예측 가능한 방향으로 영향을 미치는 정책과제의 움직임을 보고 이루어져야 한다. 이를 우리는 중간목표라 부른다. 중간목표는 정책수단으로부터 직접적이면서 예측 가능한 영향을 받으면서 최종목표의 움직임을 밝혀주는 지표 역할을 해야 한다.

산업정책의 목표체계가 문화산업정책에 도입된다면 문화산업정책의 체계적이고도 효율적인 집행을 담보할 수 있을 것이다. 다행스럽게도 이러한 제의는 1983년에 프랑스의 문화부에 근무했던 Augustin Girard(1983 : 171~172)에 의해 이뤄졌다. 그는 문화정책은 궁극적 목적(장기), 목표(중기, 측정가능), 그리고 정책수단(인력, 재정, 입법) 등이 분명하고도 통일적인 체계로 정의되어야 한다고 주장했다. 이러한 제안은 문화정책의 적절성 여부를 판단하는 기준 및 그 정책의 효과성 여부를 평가하는 기준도 제공한다.

한국의 경제발전 과정에 나타난 산업정책의 목표체계를 그림으로 표시하면 <그림 2>와 같이 정리할 수 있으며, 이를 적절히 수정하면 문화산업정책의 구조화에 그대로 적용할 수 있을 것이다(<그림 2> 참조).

〈그림 2〉 산업정책의 목표 체계 구조

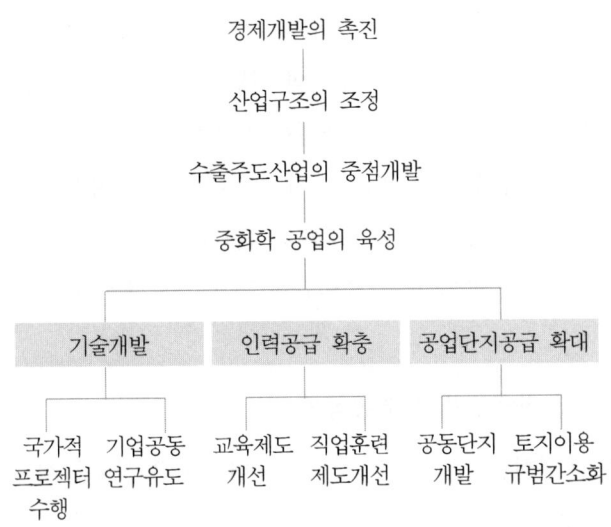

자료 : 이경태(1991, 28면)

산업정책의 수단은 중간목표를 달성하기 위해서 동원되는 것들이다. 일반적으로 동원되는 사례를 보면 금융자금의 우선 배분, 저리 자금의 공급, 재정 융자 및 보조, 외자 도입의 우선 배분, 기술도입 우대, 수입 규제를 통한 국내 시장 보호, 투자세액 공제와 특별 감가 상각, 연구 개발에 대한 조세 감면, 신규 투자에 대한 인·허가, 기술인력에 대한 병역특례 조치 등을 들 수 있다. 그런데 정책수단의 효과가 실현되는 경로를 기준으로 유인적 수단과 규제적 수단으로 분류할 수 있다[17].

유인적 수단은 정부가 기업 활동에 대하여 직접적 또는 간접적 지원을 제공하고, 이를 통하여 기업 활동이 정부의 의도와 부합되는 방향으로

---

[17] 이 외에도 정책수단의 효과가 미치는 대상의 범위를 기준으로 일반적 수단과 선별적 수단으로 구분할 수 있으나, 문화산업정책의 경우에는 본문의 분류로만 충분하다고 볼 수 있다. 김경태(1996, 30~34면) 참조.

수행되도록 유도하는 것이다. 즉 기업에게 금전적 혹은 비금전적 이익을 기대하게 하여 정부가 원하는 방향으로 행동하게 하는 것이다. 따라서 기업은 이러한 지원을 수용할 것인가의 여부를 자주적으로 결정할 수 있으므로 이러한 지원은 기업의 의사결정에 간접적 영향을 미치는데 불과하다.

반면, 규제적 수단은 기업의 의사 결정에 정부가 직접 개입하여 기업의 자유의사에 제약을 가하는 것이다. 진입규제, 수입규제, 사치성 소비억제, 불공정거래 행위 규제, 수입규제 등이 이에 속한다.

2) 문화산업정책의 최종목표 [18]

앞에서 문화산업은 문화적 상징과 의미를 담은 상품을 상업적 목적으로 생산하는 영역이라고 말했다. 이는 문화산업이 문화적 영역과 경제적 영역을 동시에 내포하고 있음을 의미하므로 문화산업을 지원하는 정부의 정책도 이러한 성격을 반영해야 할 것이다.

먼저 문화산업은 문화상품 생산의 상업적인 목적을 고려한다면 당연히 산업정책의 목적을 가져야 할 것이다. 즉 문화산업에서 자원의 배분을 조정하여 문화산업의 공급 측면을 개선함으로써 경제발전을 촉진하는 것을 중요한 목적으로 삼아야 한다. 이러한 의미의 최종목표는 국내 문화산업의 경쟁력을 높이기 위해 정부의 지원을 동원한다는 취지를 가지고 있다. 그리고 최종목표는 문화산업의 수출, 무역수지, 직장 창출, 고용 증대 등에 의해 달성되면서, 시장을 비롯한 경제학적 용어를 사용하고 상업적 경쟁력의 증대에 의해 다듬어질 것이다. 이 목적은 최소한의 정부 간섭을 의미하며, 효율성을 최고의 덕목으로 간주해야 할 것이다.

---

[18] 여기서 제시된 세 가지의 최종목표는 문화산업에 대한 UNESCO의 접근에 나타난 것을 필자의 해석으로 재정리한 결과이다. Milagros del Corral(1996) 참조.

그러나 문화상품은 문화적 상징을 담고 있으므로 국가와 민족의 정체성을 내포한다. 특히 대부분의 집단주의적 가치관을 따르는 나라들은 문화상품이 경제적 가치보다는 문화적 가치관을 전달하는 것으로 간주한다. 이들 나라들은 민족 가치관 및 신념과 일치하는 상품을 많이 생산하는 데 정부의 지원을 투입한다.

만일 세계를 단일 시장으로 간주하여 지역적 혹은 민족적 차이를 무시한다면, 다국적 문화기업은 생산 기술과 유통 기술의 표준화를 통해 규모의 경제를 달성하고, 그 결과 해외시장에서는 생산비 이하의 가격 책정으로 세계 시장을 지배할 것이다. 그렇게 되면 민족적 정체성은 소멸되고 말 것이라는 것이 이들 나라들의 생각이다. 이에 따라 자국 기업이 상품의 배급 경로를 지배하도록 정부는 자국의 문화 기업들을 지원하여야 한다는 결론에 도달한다. 예를 들면 캐나다, 프랑스 등은 정체성의 주장을 바탕으로 미국의 문화산업의 지배로부터 독립할 것을 내세운다. 특히 캐나다는 1993년 이후 진보적인 입장을 견지하는 캐나다자유당이 정권을 장악하면서부터 캐나다를 문화적으로 방어하겠다는 정책을 당헌에 명기하기도 하였다[19]. 이는 문화산업을 지원하려는 정부의 지원에 대한 강력한 명분이 된다.

마지막으로 문화산업정책이 추구할 또 다른 목표는 문화민주주의 달성이다. 문화적 상징성과 의미를 담고 있는 문화상품의 특성 때문에 선진

---

[19] 캐나다는 미국에 지리적으로 인접하고, 자유무역 협정을 맺은 상태이며, 같은 영어를 사용하므로 방송, 신문, 잡지, 영화 등에서 미국으로부터 엄청난 위협에 직면하고 있다. 많은 나라들은 공공의 도덕성을 위협하는 문화상품의 유입을 금지하는 권리를 GATT에서는 인정받고 있다. 이어 각국은 문화산업을 WTO의 자유무역 협정 영역에서 제외시키기를 강력히 희망하고 있다. Liberal Party of Canada(1992, 11면) 참조.

국들은 국민들로 하여금 문화의 생산과 소비 활동에 적극적으로 참여하도록 장려하는 것을 주요 이념으로 간주하고 있다. 그래서 정부는 개인들을 문화활동에서 수용적 객체로서가 아니라 창조적 주체가 되도록 지원해야 한다는 것이다.

문화민주주의가 내포하고 있는 몇 가지 내용을 이해할 필요가 있다. 첫째, 문화민주주의는 문화적 다양성을 보호하고 제고함으로써 사회구성원들의 문화 향수권을 보장하는 것이다. 다음으로는 공동체 문화 활동에의 적극적인 참여를 유도하는 것이다. 또한 구성원들이 각자의 문화활동의 질에 영향을 미칠 수 있는 정책 결정에 참여할 수 있도록 하며 각종 문화 자원과 정부지원에 공평한 접근을 보장한다.

이상의 세 가지 장기 목표는 동시적으로 혹은 선택적으로 채택될 수 있을 것이다. 그 채택은 순전히 정책결정자의 철학적 배경에 의해 결정될 것이다. 문화적 정체성이나 문화적 민주주의가 경제적 효율성과 서로 배치되는지는 검증된 바 없지만 지금까지는 영어권 국가들에서는 미국의 상업 문화에 대항하기 위해 제시된 것이라는 점을 고려한다면 서로 배치된다고 보아야 할 것이다. 그러나 한 국가 내에서는 문화적 정체성의 요체인 문화적 다양성 없이, 그리고 문화적 민주주의의 주요 내용인 대중의 접근 가능성 없이 경제적 효율성의 원천인 창의성이 발생할 수 없다. 따라서 세 가지 목표는 서로 협력적일 수도 있을 것이다.

3) 문화산업정책의 중간목표

바람직한 중간목표는 어떤 변수들일까? 최종 목표에 직접적으로 영향을 미치는 변수들이어야 한다. 그러면서 정책 당국은 최종 변수의 바람직한 상태를 설정하고, 이를 달성할 수 있는 중간목표의 경로를 결정한다. 그런데 일반 산업정책에서 채택되고 있는 정책목표들을 보면 설비 투자 촉진, 기술발전 촉진, 수출 촉진, 경쟁 촉진, 경쟁 억제, 사회 간접 자본 조성 등이 있다. 문화산업정책의 최종 목표를 경제발전으로 간주한다면 이들을 다소 수정해서 중간목표로 원용하는 것은 당연하다 하겠다.

문화 정체성이나 문화 민주주의는 수량화 될 수 없는 최종 목표이어서 그 중간 목표도 수량화 될 수 없음은 당연할 것이다. 그러나 이들은 문화산업정책의 방향을 제시할 수 있는 정도의 지시적 의미를 찾아낼 수 있을 것이다. 앞으로 정책목표로서 활용되려면 어느 정도 측정 가능한 대용변수를 발굴해야 할 것이지만 몇 가지 가능한 변수를 생각할 수 있다. 즉 문화에의 접근도, 대중매체의 품질 및 독립성, 창의적 작품의 출현 정도, 전통문화 시설, 문화상품의 수출 실적 등이 될 것이다. 이는 앞으로의 정책연구과제가 되어야 할 것이다.

그러면서 주의해야 할 것은 중간목표의 형태나 선택은 일정한 것이 아니고 국가에 따라, 시대에 따라 변하는 가변성을 지닌다. 즉 경제개발의 촉진이라는 최종목적지에 도달하기 위해서는 구체적인 방안은 개별국가의 역사적이고도 문화적인 배경, 경제발전 단계, 그리고 정치적 환경 등에 따라 달라진다.

4) 문화산업정책의 수단 [20]

앞에서 정책수단으로는 유인적 수단과 규제적 수단이 있다고 밝힌 바

---

[20] 본 절의 내용은 이경태(1996)에 의해 잘 정리된 일반 산업정책의 정책수단들을 원용한 것으로서, 문화관광부의 문화산업국에 의해 집행되고 있는 내용을 포괄하고 있다. 1999년에 발표된 「문화산업발전5개년계획」, 2001년 12월에 개정된 「문화산업진흥기본법」, 2001년 5월에 발표된 「콘텐츠 코리아 비전 21」 등이 예로 들 수 있다.

있다.

먼저 유인적 수단의 의미와 종류에 대해 알아보기로 한다. 유인적 수단은 문화기업의 생산함수 혹은 비용함수에 영향을 미쳐 시장에서의 상대가격의 변화를 통해 기업의 의사결정에 간접적인 영향을 미쳐 정부의 의도를 달성하고자 하는 것이다. 여기에는 금전적 혜택을 제공하는 금전적 유인수단과 정보의 제공과 같은 비금적 유인수단이 있다.

우선 세제상의 유인책을 보면 투자세액공제, 특별 감가상각, 법인세 면제, R&D 조세 감면, 원자재 관세 감면 및 환급, 수출소득 과세 감면, 기부금에 대한 소득공제제 등을 들 수 있다. 이에 대한 자세한 연구는 손원익 외(1996) 등이 있다.

다음으로는 재정적 지원이 있다. 이는 중앙정부 예산, 지방정부 예산, 문예진흥기금, 공익자금을 통한 지원 등이 주류를 이루고 있으나, 방송발전 기금과 같은 공공자금의 지원도 포함된다. 이상의 재정 지원은 자금의 효율적 운용을 기한다는 의미에서 금융기관으로 하여금 지원 대상 기업을 선발하게 하는 방법을 통하는 것이 보통이다.

셋째로, 금융적 지원은 정부가 금융기관으로 하여금 특별히 유리한 조건으로 문화산업에 지원하도록 하는 것이다. 이에는 금융자금 이용 기회 확대, 저리자금의 공급, 기술개발자금, 수출 금융, 수출 설비 금융 등이 있다. 그러나 국내외의 새로운 환경 변화 때문에 동원되기 힘들게 되었다.

넷째로, 문화인프라를 구축해주는 일이다. 이에는 고속 정보통신망의 체계적 구축, 문화산업 집적지의 확보, 공동시설의 제공, 콘텐츠 자료센터의 구축, 지적재산권제도 확립, 문화인력 육성 등을 들 수 있다.

비금전적 유인수단에는 비전 제시와 협력체계의 구축을 들 수 있다.

비전 제시는 세계 문화산업의 동향이나 발전 전망, 그리고 외국의 문화산업정책의 변화를 수집 조사하여 전달해주고, 국내에서는 장기적인 국정 방향을 수립하여 제시하는 것을 포함한다. 그리고 협력체계의 구축은 문화산업의 가치사슬별 네트워크 형성, 기업과 정부간, 기업과 소비자간 등의 정보 공유 혹은 상호 이익의 증대를 도모해주는 것이다. 동종 업의 연합회 결성 등을 지원해 주는 것이 이에 해당된다.

한편, 규제적 수단은 기업의 의사 결정에 정부가 직접적으로 개입하여 기업의 자유의사에 제약을 가하는 것이다. 이에는 금전적 규제와 물리적 규제가 있다. 전자는 다시 외국의 문화상품의 수입에 대한 관세부과, 문화산업에 대한 여신 관리, 특별소비세 부과 등을 통해 특정 문화상품의 생산 및 수입을 억제하는 수단이다. 그리고 물리적 규제로는 인가, 허가, 행정지도 등이 있다. 이에는 국산 영상물의 의무 방영시간 준수 등과 같은 스크린 쿼터제도 등이 포함된다.

4. 문화산업비전 21 계획에 대한 평가 및 제안

가. 동 계획의 배경

한국에서의 문화산업정책은 1994년에 문화관광부의 문화산업국이 신설되면서 문화정책으로부터 분리되었으며, 문화의 산업적 활용 가능성을 모색하기 시작했다. 처음에는 문화산업기획과가 문화산업정책 업무를 담당하였으나, 지원 인원수나 사업 예산의 규모를 볼 때 형식에 불과했다. 또한 이 때는 선진국의 경험을 토대로 문화산업에 대한 정부의 역할을 학습하는 차원이었다. 특히 1997년에 책정된 1998년도 문화산업 관련

예산이 168억원에 불과하였다는 점은 문화산업에 대한 관심의 정도가 얼마나 허약하였던가를 반영한다고 하겠다.

그러나 이어 1999년 문화산업기획과가 문화산업정책과로 개명되면서 문화산업정책은 본격적으로 추진되었다. 문화산업정책과로 변경되기 전까지는 관련 업무가 체계적으로 진행되지 못했던 것으로 보인다. 문화산업국의 사업 예산도 1999년에는 1,000억원으로, 600% 증가하였는데, 이는 문화산업의 발전에 대한 정부의 강력한 의지를 엿보게 한다. 그 구체적인 실례로 1999년 2월에는 문화산업진흥기본법을 제정함으로써 문화산업의 지원에 대한 근거를 마련하였다. 동 법 제4조는 문화산업의 중·장기 기본 계획의 수립을 규정하고 있는데, 이에 따라 정부는 1999년 3월에 문화산업진흥 5개년 계획을 수립하고, 이를 수정 보완하여 「문화비전21 계획」으로 개명하고서 2000년 2월에 문화산업진흥위원회의 심의를 받아 확정했다[21].

〈표1〉 문화산업진흥 5개년 계획 목표   (1$ = 1,200원)

구분	1999년 (1차년도)	2003년 (5차년도)	성장률
산업규모(억원)	206,864	357,345	70%
수출액(만달러)	88,220	176,271	99.8%
수입액(만달러)	74,884	111,718	49.2%
고용인력(천명)	483	616	27.5%

자료 : 문화관광부(2001)

---

21) 문화관광부(2000)를 참조

나. 동 계획의 주요 내용 및 평가

본 계획은 문화산업정책의 최종목표에 해당되는 비전 및 목표로서 문화산업을 21세기 문화대국 및 경제선진국 도약의 발판으로 설정하였다(문화관광부, 2000. 2 : 29). 그러면서 적극적이고 공세적인 문화산업 육성대책 추진, 민간부문의 경쟁력 강화와 투자 환경 조성 그리고 독창적이고도 세계적인 문화상품의 개발 등을 기본 방향으로 정했다. 이를 효율적으로 추진하기 위해 전략 문화산업의 집적화 및 유통현대화, 문화산업 정보네트워크 구축, 전문인력 양성체제 확립, 창업 및 제작의 촉진과 기술개발의 지원, 그리고 수출전략상품 개발과 해외진출 강화 등을 내세웠다. 이것들은 중간목표에 해당된다고 볼 수 있다.

그 결과 1999년 현재 세계시장 점유율이 1.5%인데, 목표년도인 2003년말에는 2%로 늘어나게 된다. 총 산업규모는 1차년도의 20조 7천억 원에서 목표연도인 2003년에 35조 7천억 원으로 늘어나 누계 70% 성장할 것으로 추정된다. 수출액은 1999년의 8조 9천억 원에서 계획년도 말에는 그 배인 18조로 늘어날 것이다. 여기에 고용인력도 타 분야보다도 더 빨리 늘어날 것이다(<표 1> 참조). 그러면 이를 달성하기 위한 정책수단에 해당되는 조치들로서 1999년 이후에 시행된 것들을 보기로 한다.

1) 제도적 정비

우선 제도정비를 들 수 있다. 문화산업진흥기본법의 제정을 비롯하여 그 시행령을 마련하였고, 게임 및 PC방의 개념 정립과 멀티미디어물에 관한 진흥을 도모하려는 음반·비디오물및게임물에관한법령, 위성방송, 디지털방송, 영화 및 애니메이션의 의무 방영비율 등을 규정함으로써 창작 및 수요 확대를 유도하려는 통합방송법, 영화진흥법 및 공연법령 등을 제정하였다. 한편 문화예술의 자유로운 창작 분위기를 조성하기 위해 등급 분류를 자율화시키고, 저작권법을 개정하여 지적재산권보호 제도를 보완함으로써 불법 복제를 단속하도록 하였다.

그런데 정부 정책이 문화산업에 영향을 미치는 경로는 인허가 및 감독과 저작권의 두 가지로 구성된다. 우선 문화산업정책은 정부의 의지를 반영하는 것이므로 자의적일 수 있다. 이는 지원을 받을 민간에게 불확실성을 증대시킬 수 있으므로 인허가 및 감독에 대한 제도적 정비는 정부의 의도를 명시적으로 표시하므로 불확실성을 줄여 민간의 예측성을 높여준다. 나아가 문화산업이 지금까지 서비스업으로 인정되어 정부의 지원을 받지 못했으나 이러한 제도적 정비 때문에 제조업처럼 금융, 재정, 조세, 그리고 관세상의 지원을 받게 되어 문화산업의 발달에 큰 역할을 하였다고 말할 수 있다.

그리고 문화상품은 디지털 기술의 발달로 진품을 쉽게 복사할 수 있고, 인터넷망의 확산으로 쉽게 광범하게 전파될 수 있어 작가 및 생산자의 창의력 및 경쟁력을 저상시킬 것이다. 지적재산권의 포괄적 보호를 규정하는 제도적 정비는 문화산업을 활성화시킬 것으로 보인다[22]. 그러나 아무리 좋은 제도를 도입하더라도 집행되지 않으면 오히려 혼란을 유발하므로 제도의 엄격한 집행이 매우 중요하다고 하겠다.

2) 문화산업 진흥기금의 신설

다음으로는 문화산업의 진흥을 위한 재원을 조성하였다. 문화산업진

---

[22] Chartrand(2000) 참조.

흥기금을 신설하여 2003년까지 약 5,000억원을 조성하고, 영화진흥기금을 신설하여 2003년까지 1,700억원을 조성하기로 하였다. 그리고 민간의 문화산업 투자의 활성화를 유도하기 위해 중소기업청 창업지원규정 개정으로 영상물에 대한 프로젝트 개념을 도입하였으며, 일신창투 및 미래창투 등 6개사에서 321억을 투자하도록 유도하고, 문화산업 투자조합의 설립을 통해 외자를 유치하도록 지원하였다. 이중 국고 지원금은 연리 3.5%~4.5%로 2~3년 거치 후 5년 내 분할상환 하도록 되어 있다.

재정적 지원은 민간의 문화산업 활동에 직접적으로 영향을 미치는 요인으로서 가장 중요하다. 이는 민간기업의 생산비용구조를 개선시킴으로서 경쟁력을 제고하는 역할을 한다. 즉 자금의 가용성의 증대 및 금융비용의 감소를 제공한다. 따라서 이는 정부의 의도를 따르는 기업에게 지원을 한다는 의미를 가지므로 민간기업에게 유인의 효과를 갖는다. 그러나 이러한 지원은 자본시장의 조건과의 차이만큼 지대를 형성하므로 민간기업들은 이 지대를 선점하기 위해 생산 활동과 무관한 경쟁을 벌일 수 있다. 더구나 문화산업의 성과가 계측되지 않으므로 자금 배분이 왜곡될 가능성이 더욱 높다 하겠다[23].

또한 자원배분을 담당하는 주체는 공직자인데 그 담당자가 책임감이 약하면 형평이라는 이름 하에 평등하게 배분할 수 있다. 이는 자금의 효율성을 낮추면서 산업정책의 기본 철학을 위배하는 것이 된다. 현재 관련 담당자들이 빈번히 교체되어 높은 전문성을 가지고 있다 할 수 없으므로 전문가로 구성된 위원회를 선용할 것을 제안할 수 있다[24].

---

[23] 이러한 현상의 대표적인 사례는 고도의 지식산업일수록 쉽게 발견되며, 최근의 벤처지원 과정에서 많이 나타난 각종 부정부패이라고 할 수 있다. 지대추구를 두고 나타나는 부정부패는 어느 나라에서나 나타나지만 법치가 이루어지지 않으면서 성취욕구가 강한 사회에서는 그 정도가 심하다고 할 수 있다.

3) 전략산업의 집적화

주요 전략산업의 분야별 집적화를 위해 영상벤처센터, 게임종합지원센터 등을 설립하였고, 종합영상지원센터, 출판문화정보단지 조성, 음악, 애니메이션 산업, 및 독립제작사 지원센터, 문화산업단지의 조성 등을 계획하고 있다. 특히 문화산업단지의 조성은 산업화시대의 공업단지의 개념을 차용하여 문화산업 관련 업종을 특정지역에 집적시켜 기업간의 네트워크를 통한 시너지 효과를 제고하여 국제 경쟁력이 있는 문화상품의 기획, 생산, 유통 및 수출기반을 마련하려는 것이다. 단지 조성에 3~5년에 걸쳐 최고 200억원 내외의 국고를 지원하기로 하였다. 입주 업체에 대해서는 각종 부담금 면제, 인허가의 편의 등을 제공하기로 하였다.

이러한 발상은 산업화시대의 공업단지, 수출단지 등의 개념을 차용한 것으로 보인다. 물론 문화산업이라고 못할 바는 아니지만 문화상품이 갖는 여러 가지 특성과 인터넷망의 확산을 고려한다면 사정은 달라질 수 있다. 문화산업에서 거래되는 중간 원료들은 무형으로서 전자상거래로 쉽게 교환될 수 있고, 영업에 관한 정보도 쉽게 교환될 수 있으므로, 위치와 거리가 중요한 애로 요인이 될 수 없다. 따라서 지식정보시대에서 산업단지의 개념을 무비판적으로 차용하기보다는 업종별 특성을 면밀히 분석하여 신중히 결정하여야 한다. 이러한 시도는 자원의 낭비를 줄이는 방법 중에 하나가 될 수 있다.

---

24) 현재 각 중요 사업별로 운영되고 있는 위원회는 의사 결정 과정에서 대부분 서면 동의에 의존하는 등 형식에 거치고 있다. 이는 민간인 전문가로 구성된 위원회의 이름을 빌려 관련 공직자의 독단을 정당화시켜 주는 역할을 하므로 과거 산업화 시대에 비해 후퇴한 느낌을 준다.

4) 문화산업 전문인력 양성

문화산업 전문인력을 양성하기 위해 문화산업 관련 전문직 기관을 운영하는데 지원하기로 하였다. 그리고 애니메이션, 만화 등 특성화 고교, 출판, 게임 등 대학 전문학과의 증설 등 정규교육과정을 보강하는 조치를 계획세우고 있다. 이외에도 해외시장의 진출을 강화하기 위해 국제 박람회, 전시회 등에 관한 정보를 수집하고, 해외산업의 정보를 수집하여 기업에게 제공하는 것 등도 있다.

산업화시대의 제조업 인력 양성 기관에 대한 지원은 수많은 시행착오를 거듭한 바 있다. 수강생에 대한 보조이냐 아니면 기관에 대한 보조이냐, 그리고 기관에 대한 보조일 때 수강생의 숫자에 연계한 보조이냐 아니면 수강후의 취업자수에 연계한 보조이냐 등을 생각할 수 있다. 각각에 대한 지원의 효과는 상당히 다르기 마련이다. 예를 들어 수강생의 수에 연계한 지원인 경우 보조받는 기관이 수강생의 교육을 게을리 하고 의도적으로 숫자를 늘리려는 유혹을 받는다.

그리고 문화산업의 최종생산 단계에 필요한 인력의 양성에 지원을 집중할 경우, 저급 기술자만 양산하게 될 뿐만 아니라 수시로 변하는 소비자의 기호를 교육기관이 제 때에 충족할 수 없어 항상 한 발 늦게 따라가게 된다. 이러한 인력은 산업현장에서 경험학습(learning by doing)으로 양성되는 것이 바람직하다. 대신 창의적이면서 기초연구를 하는 인력은 인문학과 예술을 전공하는 대학생들에게 정보 교육을 시키고, 정보통신을 전공한 대학생들에게 문화교육을 시키는 방안을 모색할 것을 제안한다.

그리고 문화상품이 one-source multi-use의 특성을 가지며, 창구효과 등의 특성을 가진다는 점을 고려할 할 때, 교육제도를 너무 세분화하면 아니 된다.

다. 미래지향적인 문화산업정책 방향

문화인들 때로는 정치권마저도 정부가 문화산업의 육성에 적극적인 역할을 할 것을 재촉한다. 그러나 정부가 할 수 있는 것은 앞에서도 언급되었듯이 재정적 지원과 제도적 통제로 구성될 수밖에 없다. 이것들은 1960년대 이후 한국경제를 급성장 시킨 산업정책의 주요 내용인데, 이제는 제조업에도 통하지 않으며, 문화부문에서는 더욱 실천되기 힘들다. 그 이유는 문화상품의 특성상 문화산업에 대한 재정적 지원의 효과를 측정할 수 없기 때문이다. 그래서 금전적 지원은 지원 받은 사람의 기회주의적 속성과 도덕적 해이에 의해 악용될 것이어서 소기의 효과를 거두기 힘들다. 오히려 특혜 지원의 소지를 만들어 공정경쟁을 저해하고, 이는 유능한 문화인들로 하여금 공조직을 불신케 하며, 궁극적으로는 창작 의욕을 저상시킬 것이다.

따라서 정부는 문화산업지원정책의 철학을 정립하고, 이에 따라 문화산업을 지원하는데 있어서 극히 조심스럽게 접근해야 한다. 예를 들면, 문화산업의 가치사슬을 창작, 개발, 재가공, 마케팅, 그리고 배급 등의 과정으로 나누어볼 때, 정부는 기반에 해당되는 창작의 터전 마련에 중점을 두어야 한다. 그리고 개발 부문의 일부도 지원할 수 있고 전문 분야에 들어가기 전까지의 문화산업 경영 인력의 양성을 지원하는 것도 정부 역할의 중요한 부문이다. 또한 선진국의 문화산업의 동향에 관한 정보를 수집하여 영세적인 문화기업에 제공하여야 한다. 인간의 정신과 본능을 연구하는 인문학자들로 하여금 문화적 의미와 상징성을 발굴하도록 끊임없이 지원하고 그 연구결과를 DB화 하여야 한다. 이것들이 소위 말하는 문화산업 인프라에 해당된다.

그리고 제도적으로 지원할 수 있는 분야는 모든 가치사슬 과정에서 공정 경쟁을 저해하는 각종 규제를 풀어야 할 것이다. 문화산업의 발달을 억제하는 각종 법규나 규제는 각 부처가 관장하는 법령에 숨어 있으므로 이를 찾아내 완화 내지는 철폐하여야 한다. 그리고 문화산업도 이익을 추구하는 산업이므로 정부는 효율성을 문화산업 지원정책의 중심 이념으로 삼아야 하며, 효율성은 공정경쟁에서 나온다는 점을 명심해야 한다. 그리고 각 영역별로 혹은 시기별로 주어진 환경을 고려하여 문화 정체성의 제고와 문화민주주의의 달성을 가미할 수도 있다. 어느 것이든지 특정영역을 지원할 때 그 목표가 분명해야 할 것이다.

5. 요약 및 결론

문화상품은 금전을 매개로 하여 거래되는 대상이라는 점에서 제조 상품의 성질을 가지고 있으면서 문화적 상징이나 의미를 내포하고 있다는 점에서 제조 상품과 다른 성질을 가지고 있다. 즉 문화상품은 예술성, 창의성, 오락성, 대중성 등의 문화적 요소를 내포하고 있다.

문화상품이 갖는 이러한 성격 때문에 일반 경제이론을 문화상품에 일의적으로 적용해서는 올바른 추론을 찾을 수 없다는 점은 명확해진다. 더구나 문화산업정책은 산업정책보다도 더욱 정교하게 다듬어져야 하는 이유가 여기에 있다.

지금까지 정부에 의해서 그리고 현재 나타난 각종 법령 및 지원책이 문화정책인지 아니면 경제학적 의미의 산업정책의 일부인지 불명확한 상태에 놓여 있다. 선진국의 예를 보면 문화정책은 평등을 기본 이념으로, 그리고 산업정책은 효율성을 기본 이념으로 간주하고 있다. 만일 문화산업정책을 산업정책의 특수한 형태라면 문화정책과 문화산업정책은 정책의 기본적 철학이 서로 달라야 한다. 아니면 같다면 최소한 서로 같아야만 한다는 논리를 밝히면서 이를 유념하고서 정책의 입안 및 집행에 들어가야 할 것이다. 어떤 정책이 명확한 철학적 배경을 기초로 할 때에만 그 정책이 성공하거나 실패했을 때 그 원인을 규명하여 성공한 정책은 반복할 수 있고, 실패한 정책은 그 재발을 피하거나 개선시킬 수 있을 것이다.

그래서 본 장은 문화산업정책을 최종목표, 중간목표 그리고 정책수단으로 구조화할 것을 제안했다. 그러면서 문화산업의 특성을 고려해서 최종목표로는 경제발전, 문화적 민주주의 달성, 문화적 정체성 유지 등을 고려할 수 있음을 밝혔다.

그리고 문화산업정책을 산업정책 차원에서 접근한다고 하더라도 시대적 환경이 변했음을 고려해야 할 것이다. 실제로 시대적 환경이 예전과 매우 다른데도 불구하고 아직도 개발 년대의 산업정책 관행을 벗어나지 못하고 있다. 즉 산업화시대에서는 눈에 보이고 손에 잡히는 물질적 상품의 생산을 촉진시키는 것이 산업정책의 내용이므로 각종 규제와 지원이 소기의 목표를 달성할 수 있었다. 그 성과를 쉽게 측정할 수 있어 정책의 성패를 쉽게 판단할 수 있었다. 그러나 문화상품은 그 가치가 눈에 보이지 않고 상품 내부에 숨어 있으므로 이러한 상품의 생산을 지원하려는 정책의 성패를 판단하기 쉽지 않다는 점을 중시해야 한다.

이상의 제안을 기반으로 해서 문화산업진흥5개년계획을 평가해 보았다. 문화산업진흥5개년계획에서는 정부가 기업의 평균비용을 절약할 수 있도록 문화산업 기반시설의 제공에 전력하고, 금전적 유인을 제공할 때에는 올바른 승자를 선택하는데 주력해야지 모든 기업들을 승자로 만들겠다는 과욕을 부려서는 아니 된다는 점을 지적하였다. 모두가 승자가 될 수 없음은 너무나 당연하며 정부의 능력에도 한계가 있음을 인식해야 할 것이다.

마지막으로 문화산업 통계의 작성에 더욱 정성을 기울일 것을 제안한다. 정책의 효과성을 평가하고, 정부 지원 대상 기업을 선발하는 데에는 올바른 기준이 있어야 한다. 이러한 평가 기준은 올바른 정보에서 나오고, 그 정보는 문화산업의 통계로 나온다. 따라서 문화산업 통계 작성은 이제 시작되어 그 내용이 초보적이므로 기업 차원의 미시적 통계와 국가 차원에서 작성될 거시적 통계를 확립하는데 국가적 노력을 기울여야 할 것이다.

참고문헌

구문모 외, 「문화산업의 발전방안」, 산업연구원, 서울, 방문사, 2000.
손원익, 「문화예술지원과 세제」, 『문화경제연구』, 제1권 제1호, 한국문화경제학회, 1998.
이경태, 「산업정책의 이론과 현실」, 산업연구원, 1996.
전택수, "지식기반 사회에서의 문화와 경제," 한국문화경제학회(편), 『문화경제학 만나기』, 서울, 김영사, 2001.
문화관광부, 「문화산업비전 21」: 문화산업진흥5개년계획, 2000.
문화관광부, 「콘텐츠 코리아 비전 21」, 2001.
Adorno, Theodor and Max Horkheimer, *Dialectic of Enlightenment*, 1947.

Audley, Paul, "*Cultural Industries Policy: Objectives, Formulation, and Evaluation*," unpublished Paper, 2000.

Benjamin, Walter, *The Work of Art in the Age of Mechanical Reproduction* (1937), http://www.student.math.uwaterloo.ca/~cs492/Benjamin.html.

Chartrand H. Harry, "*Towards an American Arts Industry,*" *The Public Life of the Arts in America*, Joni Cherbo and M. Wyszeomirski (eds), Rutgers University Press, 2000.

Deaton Angus and Muellbauer John, *Economics and consumer behavior*, Cambridge University Press, New York, 1980.

del Corral, Milagros, UNESCO's Approach to Cultural Industries in the Information Societies, *The Present Situation and Future Prospects of Cultural Industries*, Final Report of the 1st Asia-Pacific Cultural Forum, 15~25, 1996.

Girard, Augustin, *Cultural Development: Experiences and Policies*, 1983.

Heilbrun, James and Gray, Charles, *The Economics of Art and Culture*, Cambridge University Press, New York, 1993.

O'Connor, Justin, "*Cultural Industries and Cultural Policy in Europe*," http://www.culminatum.fi/ajankohtaista

Koivunen, H. and Korto, T., "*Value Chain in the Cultural Sector*," 10th International Conference on Cultural Economics, Barcelona, Spain, 1998.

Liberal Party of Canada, *A Cultural Defence for Canada*, 1992.

Myerscough, J., *The Economic Importance of the Arts in Britain*, Policy Studies Institute, London, 1993.

Netzer, Dick, *The Subsidized Muse: Public Support for the Arts in the United States*, Cambridge University Press, New York, 1978.

Porter, M., *Competitive Advantage: Creating and Sustaining Superior Performance*, 1985.

Schuster, Mark, J., "*The Other Side of the Subsidized Muse: Indirect Aid Revisited*," 1998, draft.

V장 21세기 한국 문화교육의 새 패러다임 탐색

오만석 (한국정신문화연구원, 교수)

1. 서론
2. 문화의 의미와 특성
3. 문화교육의 재개념화
4. 문화교육의 패러다임 탐색
5. 요약 및 결론

Ⅴ장   21세기 한국 문화교육의 새 패러다임 탐색

1. 서론

　현재 인류는 20세기를 마감하고 21세기로 들어서고 있다. 우리가 맞고 있는 새로운 세기벽두의 하나의 공통된 화두는 '문화'라고 할 만큼, 현재 세계는 선진국을 중심으로 문화에 대한 관심이 증대되고 있으며, 문화교육의 중요성이 강조되고 있다. 원초적인 의미에서 문화는 물고기와 물의 관계처럼 인간의 삶 자체에 의미를 부여하고 방향을 제시하는 삶의 정신적 기반이라고 할 수 있다. 또한, 문화와 교육은 밀접한 관련성을 가지고 있다. 교육의 제도, 교육의 내용, 방법 등 교육체제 자체가 문화적 산물이며, 동시에 문화는 교육을 통해서 계승, 공유, 발전된다는 의미에서이다. 이렇게 보면, 어느 시대, 어느 문화를 막론하고, 문화와 문화교육이 중요하게 취급되지 않을 수 없다고 할 수 있다.

　문화와 문화교육의 보편적 중요성에도 불구하고, 2000년대를 전후로 새삼스럽게 문화와 문화교육에 대한 관심이 고조되고 있는 까닭은 무엇인가? 이는 하이덱거가 인용한 '위험이 증가되면, 구원의 힘도 증가한다'는 횔더린의 시가 시사하듯이 문화와 관련하여 위험이 증가하고 있는 시대적 상황을 반영하는 것이라고 할 수 있다(Heidegger, 1954 : 32). 건강할

---
* 오만석(한국정신문화연구원, 교수)

때는 건강의 중요성을 생각하지 않으며, 환경이 온전할 때는 그 중요성을 망각한다. 그 균형이 깨질 때, 그리하여 자신들의 삶의 위협을 느낄 때 비로소 관심을 가지기 시작한다. 헌팅턴(Huntington, 1999)이 문명의 충돌을 예상한 것이나 후꾸야마(Fukuyama, 1995)가 신뢰의 문제를 제기한 것은 이러한 시대적 위기에 대한, 또는 위험은 아니더라도 적어도 문명사적 전환에 대한 역사적인 인식과 무관하지 않다고 할 수 있으며, 9.11 테러나 반세계화 시위의 확산은 이러한 변화의 가능성이 현실화된 사례들로 간주될 수 있다.

문명사적 전환기로 인식되고 있는 현대라는 시대와 관련하여 문화와 문화교육이 강조되는 이유는 다양하다. 첫째, 가장 많이 거론되는 이유로서 탈산업사회에서 문화의 경제적 가치에 대한 강조이다. 산업사회에서 탈산업사회로 이행되고 있는 세계경제는 헐리우드의 영화 한 편이 수 천 대의 자동차보다 높은 부가가치를 창출하듯이 전통적 상품에 비하여 문화상품이 월등한 수익을 가져다주며 이러한 문화산업의 비중이 점차 확대된다. 또한 탈산업사회에서는 기술의 확산속도가 빠르고, 상품들의 표준화가 급속도로 이루어지기 때문에 상품의 기능적인 특성보다 상징적 이미지가 소비를 결정한다. 헌팅턴(Huntington, 2000)이 한국과 가나를 비교하여 1960년대 두 나라의 경제적 상황이 비슷하였으나, 1990년대 두 나라가 1인당 GNP의 수준에서 15배가량의 차이가 난 결정적 요인을 문화의 차이로 본 것(8~9면)도 문화의 경제적 가치를 강조한 것으로 볼 수 있다.

둘째, 과학기술의 발달로 인한 정보화, 세계화의 촉진이다. 과학기술, 특히 정보통신기술의 발달은 세계를 국가 간, 민족 간 교류의 기회를 확대시키고, 상호의존성을 증대시켰다. 따라서 지구촌 가족의 원활한 교류 및 협력을 위해서 서로 다른 문화에 대한 이해와 관심을 요구한다. 다양한 문화적 바탕에 대한 오해나 몰이해, 한 문화의 타문화에 대한 지배는 민족간, 문화간의 갈등을 야기하여 인류의 평화적 공존을 심각하게 위협할 수 있는 가능성이 과거 어느 때보다 크다고 할 수 있다. 또한, 세계화의 촉진은 다양한 타문화와의 접촉의 기회를 확대시켜, 자문화와 타문화 간의 경계를 약화시킴으로써 문화적 정체성의 위기를 초래할 수도 있다. 세계적이면서도 사대적이지 않고, 주체적이면서 폐쇄적이지 않은 문화적 정체성의 확립을 위해서도 문화와 문화교육에 대한 관심이 절실히 요청된다.

그리고 셋째의 보다 중요한 이유는 포스트모던 시대의 도래이다. 근대사상은 이성적 사유의 힘으로 진리를 인식하고 가치를 발견하는 데 적용되는 절대적 기준이 있다는 믿음을 바탕으로 중세 암흑기의 신의 절대적 지배로부터 인간을 해방시키고, 합리적 이성을 바탕으로 인간을 역사의 중심에 올려놓았다. 분명히 근대사상은 종교적 도그마로부터 벗어나 근대의 학문적, 공학적, 경제적, 정치적 진보를 이룩하는 데 중요한 공헌을 하였다. 그러나 근대 사상은 진리, 인간, 방법론 등에 대한 제한된 가정으로 인하여 인간의 종교적, 도덕적, 심미적 경험과 같은 문화적 경험을 합리적인 논의의 영역 밖으로 추방함으로써 인간을 "공학적 거인"이나 "도덕적 백치," 넓게 말하자면 '문화적 백치'로 전락하게 만들었다 (Debdock G, 1976). 그리하여, 20세기에 들어서면서부터 근대사상의 한계에 대한 인식과 함께 이의 극복을 위한 새로운 패러다임의 탐색을 위한 노력이 범학문적으로 진행되고 있다.

포스트모던 사상은 미완의 아직 진행 중인 사상으로 학자에 따라 다양한 경향을 보이지만, 적어도 근대사상의 한계, 또는 도그마에 대한 인식과 함께 이의 극복을 위한 새로운 패러다임의 탐색에 대해서는 대체적으로 같은 노선에 있다고 보아야 할 것이다. 근대사상, 특히 근대과학의 수학적 우주관, 원자론적·기계주의적 가정, 방법론적 절대주의, 진리의 절대성과 보편성에 대한 가정들에 대해서 회의적인 포스트모던 사상은 적어도 근대과학의 방법론적 가정에 의해서 소홀히 취급되었던 문화에 대한 논의의 위상을 학문적 논의의 중심적 영역으로 전환시키는 데 커다란 공헌을 하였다. 특히 문화교육과 관련하여, 주입식, 전달식 교육의 바탕이 되어온 종래의 지식에 대한 허구적 가정의 문제를 제기함으로써, 문화교육뿐만 아니라 교육 자체의 패러다임 전환을 촉구하는 데 결정적인 공헌을 한 것으로 볼 수 있다.

이와 같은 시대적 상황에 비추어, 현대 사회를 문화와 문화교육이 중요시되는 문화의 세기로 규정하는 것은 충분한 근거를 가지고 있다고 할 수 있다. 그리하여 선진 각국에서는 문화의 세기에 대비하여 다양하고 의욕적인 문화정책 및 문화교육정책을 수립하여 추진하고 있다. 우리나라에서도 산업화에서 뒤떨어졌던 역사적 교훈을 거울삼아, 적어도 정보의 시대, 문화의 시대에는 이러한 역사를 되풀이할 수 없다는 국민적 정서를 바탕으로 문화와 문화교육을 위한 정책을 수립 추진하고 있다. 정부는 과거 '문화발전 5개년 계획,' '문화발전 10개년 계획,' '삶의 질 세계화를 위한 문화복지 기본 구상' 등의 의욕적인 계획을 수립·추진해 왔으며, 교육당국에서도 '문화선진국으로의 도약을 위한 교육정책'으로, 지역문화단체와의 공동보조, 문화기관의 사회교육기능 활성화, 예술교육의 내실화, 교사 재교육, 문화예술교육의 기반조성, 관련기관과의 협의체 구성 등을 제시한 바 있다(교육개혁 평가연구회, 1997).

그러나 현재 우리 나라의 문화교육의 실상은 매우 우려할 만한 상태에 있다. 학교교육은 구시대의 교육관을 바탕으로 주입식, 입시준비교육으로 일관하고 있으며, 문화정책이나 문화 교육 정책도 정책수준에서 크게 벗어나지 못하고 선언적, 전시적 수준에 머물고 있는 실정이다. 또한 문화교육정책은 관련기관 간의 유기적인 교류와 협력을 요구함에도 불구하고, 이해준의 "우리 나라에 '문화정책'과 '교육정책'은 있었어도 '문화교육정책'은 없었다(이해준, 1997)"는 지적과 같이 그러한 노력이 전혀 나타나지 않고 있다. 이러한 상황에서 문화의 세기를 맞이하여, 문화선진국에로의 도약을 기대하기 어려움은 물론, 문화적 후진국의 신세를 면하기도 어려울 것이라는 우려가 앞선다.

문화의 세기의 문화교육은 역사적 상황에 대한 인식을 바탕으로 하여야 한다. 그러기 위해서는 이 시대의 역사적 상황에 비추어 문화와 문화교육의 의미를 재규정해야 한다. 문화교육은 종래의 주입식 지식교육에 전통, 외국의 문화, 예술, 문화재, 박물관 등과 같은 '문화내용'의 일부를 첨가하는 것이 아니다. 종래의 지식교육 패러다임의 그릇된 가정에 대한 인식을 바탕으로 교육 패러다임 자체를 문화교육 패러다임으로 전환할 필요가 있다. 이 연구는 이러한 시대적 인식을 바탕으로 21세기 문화의 세기에 적절한 문화교육의 방향을 탐색하기 위하여 시도된 것이다. 이를 위해, 이 연구에서는 문화교육의 의미와 특성을 살펴보고, 문화가 강조되는 시대적 상황에 비추어 문화교육을 재개념화하고자 한다. 또한, 문화교육 이론과 관련하여, 그 동안 문화인류학 분야에서 제안되어온 문화교육에 대한 접근방법들의 강점과 한계를 비판적으로 검토하고, 현대해석학, 특히 가다머의 해석학을 바탕으로 문화교육의 새 패러다임을 모색해 보고자 한다.

2. 문화의 의미와 특성

가. 문화의 의미

문화교육은 그 동안 교육학계에서 상대적으로 소홀히 취급되어 왔다. 최근 문화에 대한 관심과 논의가 활발해지면서 문화교육에 대한 논의가 시작되고 있으나, 대체로 문화교육에 대한 심층적인 분석을 바탕으로 하지 않고 있어 문화교육의 현실에 대한 진단이나 개선 방향에 대한 논의에 있어서 중요한 한계를 노출시키고 있다.

단순히 말하면, 문화교육은 '문화'와 '교육'이 합성된 용어로서 문화에 대해서 가르치고 배우는 활동을 말한다. 그러나 문화란 무엇인가? 문화를 가르치고 배운다는 것은 무엇을 의미하는가? '문화'나 '교육'이라는 말은 인간이 지금까지 문화나 교육이라는 이름으로 살아온 경험의 총체로서 그 의미가 매우 풍부하여 자동차나 컴퓨터의 의미와는 달리 쉽게 정의할 수 없는 무한성의 영역에 속하는 단어이다. 그러나 지금까지 많은 학자들은 이를 여러 가지 방식으로 정의하려고 시도해 왔다.

인류학자인 크뢰버와 클럭혼(Kroeber, A. and C. Kluckhohn)은 문화에 대한 다양한 정의들을 검토한 결과 175 종류의 상이한 정의를 발견하고, 다음과 같이 새로운 종합적인 정의를 시도한 바 있다.

> 문화는 행동의, 행동을 위한 잠재적 및 현재적 유형으로서, 이 행동유형은 행동의 유형인 동시에 행동을 위한 유형이기도 하며, 그 유형은 잠재적으로도 현재적으로도 존재한다. 행동유형은 상징에 의하여 획득 전달된다. 상징은 한 인간집단의 특이한 업적을 구성하고 있으며, 문화내에 구상화되기도 한다. 문화의 기본적인 핵심은 전통적(즉, 역사적으로 발생되고 존속되어온) 관념들과 특히 거기에 부여된 가치들로 구성된다. 문화체계는,

한편으로는 행동의 산물로 간주되기도 하며, 다른 한편으로는 미래행동을 조건화시키는 요소로 간주된다((Kroeber, A. and C. Kluckhohn, 1952, 이종각, 1997, 48~49면).

이와 같은 크뢰버와 클럭혼의 체계적인 분석을 통한 종합적인 노력에도 불구하고, 이들의 정의 또한 문화에 대한 176번째의 새로운 정의로 간주되고 있다.

한편 아야베 쓰네오는 문화진화론, 문화전파주의, 기능주의 인류학, 문화양식론, 네델란드 구조주의, 문화와 퍼스낼리티론, 신진화주의, 마르크스주의와 인류학, 생태인류학, 상징론, 인지인류학, 해석인류학, 문화기호론, 현상학과 인류학 등을 포함하여 문화에 관한 15개의 이론을 각 이론들이 가지고 있는 문화에 대한 다양한 입장들을 분석하여 정리한 바 있다(아야베 쓰네오 편, 이종원 역, 1993).

문화의 의미에 대한 이러한 다양성에도 불구하고, 연구자들은 문화에 대하여 나름으로 정의를 하여 사용하고자 한다. 예컨대, 문명의 충돌로 널리 알려진 사무엘 헌팅톤은, 주관적임을 전제로 문화를 "한 사회 내에서 우세하게 발현하는 가치, 태도, 신념, 지향점, 그리고 전제조건 등"으로 정의하여 사용하고 있으며(Huntington, 2000, 11면), 교육개혁평가연구회는 "사회 구성원에 의하여, 습득, 공유, 전달되는 행동양식 내지 생활양식의 총체"라고 정의하여 사용하고 있다(교육개혁평가연구회, 1997, 400면). 또한, 김문환은 인문학적인 접근임을 전제로 "살되 좀더 사람답게 살려는 노력의 총체"로 규정하였으며(김문환, 1999. 4면), 이문원은 린톤의 정의에 따라 문화를 "생활 방식의 총체"라고 정의하여 사용하고 있다(이문원, 1999, 38면).

문화는 앞서 논한 바 있듯이, 인류가 문화라는 이름으로 살아온 경험의 총체로서 매우 포괄적이고 복합적인 개념으로, 그것을 임의적으로 정의한다고 해서 문화가 변하는 것이 아니며, 정의 이전에도, 이후에도 존재하는 그러한 개념이다. 그럼에도 불구하고 지금까지 대부분의 연구자는 연구하고자 하는 개념에 대한 정의를 강박관념처럼 받아들여온 것은 하이덱거(Heidegger)가 지적한 바대로, 모르는 것을 알려고 하는 대신, 모르는 것을 아는 것으로 환원시키고자 하는 근대과학적 전통의 한 반영이라고 할 수 있다. 연구자가 다른 연구에서 논한 바 있듯이(오만석, 2000), 한국의 교육연구는 실증주의, 특히 행동과학적 접근에 의해서 주도되어 왔으며, 이 전통에서는 연구하고자 하는 주요 용어나 개념에 대한 명료한 정의로부터 시작하는 것이 당연한 것으로 받아들여져 왔다. 그러나 현재 이 전통은 인문사회과학 분야에서 그 한계에 대한 인식이 널리 확대되고 있으며, 인류학, 현상학, 해석학, 탈구조주의, 신과학 등의 새로운 패러다임을 토대로 이 전통의 한계를 극복하고, 실제 세계를 과학에 의해서 만들어진 세계로 환원시키는 대신, 학문을 실제 세계에 보다 접근시킬 수 있는 방안들이 탐색되고 있다(Pinar, et. al, 1995; Slattery, 1995). 이제, 우리의 교육연구는 교육의 실재의 세계를 과학화된 이론으로 환원시키는 일로부터 벗어나, 교육이론을 교육의 실재 세계에 근접시키는, 그리하여 실재의 세계에 가장 근접한 이론을 창출해내는 방향에로의 대전환을 필요로 한다. 그러기 위해서는 종래의 접근방법에 대한 철저한 분석과 그 한계에 대한 인식을 필요로 한다.

나. 문화의 특성

문화의 실제 세계에 접근하기 위한 하나의 적절한 방법은 그것의 특성을 밝히는 일이다. 문화를 정의하는 것과 특성을 밝히는 것간에는 어떠한 차이가 있으며, 문화나 문화교육에 대한 연구 및 논의와 관련하여 어떠한 도움을 주는가? 인문사회과학에서 다루는 용어나 개념이 포괄하는 세계는 거의 무한하다. '인간'이라는 말을 예로 들면, 인간의 의미는 인간이 지금까지 살아온, 현재 살고 있는, 그리고 앞으로 살아가야 할 모든 것을 포함하며, 이를 모두 묘사한다는 것은 불가능한 일이다. 그리하여 우리는 그 가운데 일정 부분을 추상화하여 표현한다. '정의하는 것'이나 '특성화하는 것'은 모두 이와 같이 어떤 개념이 포함하는 실제 세계의 일정 부분을 추상화하여 표현한다는 점에 있어서는 동일하다. 그러나 그것을 추상화하는 방식에 있어서는 현저한 차이를 보인다. 연구자는 그 차이를 다음과 같이 논한 바 있다.

> 정의한다는 것은 한계를 짓는 것, 즉, 선을 긋는다는 것을 의미한다. 즉, 어떤 개념이 의미하는 실제 세계에서 연구의 의도나 목적에 적합한 부분을 선을 그어 정한다는 것이다. 이러한 과정을 거쳐 일단 정의가 내려지면, 그 개념의 의미는 정의된 것, 그어진 선 안에 들어오는 것에만 국한되게 되며, 그 선밖에 있는 세계는 처음에는 편의상 무시되지만 결국은 없는 것으로 망각된다. 그러므로 어떤 개념에 대하여 특정의 정의를 가진 사람은 정의가 정해놓은 선 밖의 의미를 가지고 있는 사람과 대화가 불가능해진다. 이러한 점에서, 정의는 처음부터 배타적이고 반대화적이라는 속성을 가지고 있다고 할 수 있다. 반면에, 특성을 밝힌다는 것은 어떤 용어나 개념이 의미하는 실제 세계 가운데 연구의 의도나 목적에 비추어 특징적인 부분을 추상화하여 표현하는 것이다. 물론, 특성화하는 과정에서도 실제 세계의 중요한 부분이 생략되거나 누락될 수 있다. 그러나 특성화는 처음부

터 전체로서 의미의 실제 세계를 전제하기 때문에 생략되거나 누락된 부분에 대해서도 거부하거나 배제하지 않고, 그것이 논의나 연구의 목적에 비추어 적절한 경우에는 항상 받아들일 수 있는 개방성을 가진다. 이렇게 보면, 특성화의 정의와 다른 중요한 강점은 의미 세계의 포괄성과 대화에 대한 개방성에 있다고 할 수 있다(오만석, 2000, 195면).

문화는 그 자체를 우리에게 온전하게 드러내지 않는다. 우리는 그것으로 인하여 나타나는 부분적인 결과로 그것을 추론할 따름이다. 문화의 정의에 있어서는 학자들 사이에 다양한 견해를 보이지만, 문화의 특성에 대해서는 어느 정도 공통된 의견을 보이고 있다. 이종각은 문화인류학자들이 의견의 일치를 보이고 있는 문화의 속성으로 다음 여섯 가지를 제시한 바 있는데(이종각, 1997, 22~34면), 이는 문화의 특성을 밝히고자 한 중요한 시도라고 할 수 있다. 그의 분석에 의하면, 문화의 첫째 특성은 그것의 공유성이다. 문화는 어떤 집단의 구성원이 공통적으로 가진 생활양식 또는 사고양식이다. 우리는 개체의 특성을 문화라고 하지 않는다. 어떤 특성이 집단에 의해서 공유될 때, 그것을 문화라고 부른다. 문화의 공유성은 집단 구성원으로 하여금 사회생활을 가능하게 해주고, 원활하게 하며, 규칙성을 부여한다. 그러나 한 사회의 구성원 모두가 똑같은 생활양식이나 사고양식을 가지고 있는 것은 아니다. 성, 계층, 세대, 지역 등에 따른 차이가 있으며, 이러한 문화내의 다양성을 문화변이(cultural variations)고 부르며, 다양한 집단의 문화를 '하위문화' 또는 '부분문화'라고 부른다. 문화변이는 정도의 차이는 있지만 어느 문화에나 있게 마련이며, 과거에 비하여 분화되고 개체의 자율성이 많이 허용되는 오늘날의 사회에서 더욱 크다.

둘째는 문화의 학습성과 누적성이다. 우리는 한 집단이 공유하고 있는 것을 모두 문화라고 하지 않는다. 예컨대, 한국인은 곧은 머리카락, 갈색 눈동자, 누런 피부색 등을 공유하고 있지만, 우리는 그것을 한국문화라고 하지 않는다. 그러나 상투, 한복, 집신 등은 한국 전통문화의 한 구성요소로 본다. 우리는 전자와 같이 생물학적, 유전적, 선천적 특성을 문화라고 하지 않는다. 후자와 같이 사회생활의 결과로 후천적으로 나타난 것, 즉 사회생활을 통해서 학습된 것을 문화라고 한다. 인간의 생물학적인 특성 자체는 문화가 아니지만, 문화와 인간의 생물학적 특성 간에는 쌍방적인 관계가 있다. 즉, 문화는 상징의 사용능력, 고등정신 기능, 두 손과 연장을 사용할 수 있는 능력, 무한한 학습을 가능하게 하는 가소성 등의 생물학적 특성 때문에 가능해진 결과이다. 또한, 정도가 낮기는 하지만, 식생활 문화와 체격, 양육방식과 얼굴모양 등의 경우와 같이, 문화가 인간의 생물학적 특성을 변화시키기도 한다.

인간은 사회생활을 통해서 문화내용을 배우면서 그 집단생활에 적응해나가며, 이렇게 학습된 문화는 다시 사회생활을 통해서 세대에서 세대로 전승되고 누적된다. 이와 같이, 사회생활을 통해서 문화를 학습하고, 집단생활에 적응해 가는 과정을 사회화 또는 문화화(enculturation)라고 하며, 이는 곧 넓은 의미에서 교육이라고 할 수 있다. 특히, 현대와 같은 복합사회에서 문화를 세대에서 세대로 전달해 주는 데 있어서 학교교육의 기능은 매우 중요하다. 이러한 문화의 학습성과 누적성은 인간에게만 있는 고유한 특성이다.

셋째, 문화의 통합성이다. 문화는 지식, 신념, 예술, 법, 도덕, 관습 등의 많은 구성요소들의 복합적 전체를 의미한다. 복합적 전체란 문화를 구성하는 다양한 요소들이 상호 무관하게 임의로 존재하는 것이 아니라, 긴밀하게 관련된 체계를 가지고 있다는 는 것이다. 즉, 문화는 여러 요소들로 구성되어 있지만, 그러한 요소들의 단순한 총화가 아니라, 여러 요소들이 상호 밀접한 관계를 가지고 유기적으로 연결된 복합적 통합체라는 것이다. 이러한 복합적 전체로서의 문화를 파악하는 일은 문화인류학의 주요 관심주제로서, 매우 복잡하고 어려운 작업이며, 이를 어떻게 파악하느냐에 따라, 구조-기능주의, 유형론, 문화의미론 등 다양한 이론이 나타난다. 예컨대, 문화유형론에서는 문화의 기저에 문화요소들을 종합하는 원리가 존재하며, 이 종합원리에 따라 다양한 문화이론이 일정한 문화유형을 형성하게 되는 바, 이러한 조직이나 질서를 '문화유형(cultural patterns)'이라고 한다. 이러한 문화의 통합성에 대한 인식은 문화에 대한 이해 및 문화교육에 시사하는 바가 크다. 적어도, 특정의 문화요소를 다루는데 있어서 그 복합적 전체와 관련 없이 다루는 것은 피상적일 뿐만 아니라 위험할 수 있음을 보여준다.

넷째, 문화존재의 보편성과 문화내용의 고유성과 상대성이다. 모든 종족이나 집단은 문화를 가지고 있다. 산업화된 미국인이나 한국인은 물론, 아프리카나 남태평양의 미개발된 지역의 사람들도 공통의 언어, 식사법, 예절, 도덕, 심미적 감각, 남녀관계, 선물교환 등 그들의 독특한 문화를 가지고 있다. 이런 점에서 문화는 어느 집단에나 보편적으로 존재한다고 할 수 있다. 그러나 문화는, 특히 문화의 내용은 민족이나 집단에 따라 상이하다. 예컨대, 상대방에게 예의를 표시하는 인사법, 식사예절, 관혼상제 의식, 육아방법 등은 문화집단에 따라 다양함을 보여준다. 말하자면, 민족이나 집단에 따라 다양한 고유의 문화내용을 가지고 있다고 할 수 있다. 이러한 다양한 문화들은 동등한가, 아니면, 특정의 문화가 다른 문화에 비하여 우수한 문화인가? 문화의 우열을 평가할 수 있는 보편적 기준이 있는가, 있다면 그것은 무엇인가?

문화의 보편성과 상대성의 문제는 매우 뜨거운 쟁점이며, 세계화 시대와 관련하여 많은 문제를 야기할 수 있는 중요한 주제이다. 역사적으로 한 때, 특히 식민주의 시대에는, 유럽의 문화가 다른 문화에 비하여 우월하다는 생각이 지배하였다. 그러나 이러한 입장은 문화적 제국주의로 비판받아왔으며, 오늘날 문화인류학에서 문화에 대한 이러한 입장을 거의 사라지고 있다고 할 수 있다. 그 대신 많은 인류학자들은 문화는 그 사회의 맥락에서 이해되고 평가되어야 한다는 '문화상대주의'의 입장을 취한다. 이 입장에서는 각 문화의 고유성을 인정하고 가치판단을 금지하는 태도나 관점을 가진다. 이종각은 문화상대주의를 방해하는 관점과 태도로서 다음 세 가지를 제시한다(이종각, 1997, 29~30면). 즉, 첫째는 자기문화가 제일이며, 다른 문화를 자기문화의 척도에 따라 원시적, 비도덕적, 야만적이라고 평가하는 '자기문화중심주의(ethnocentrism)'이며, 둘째는 자기문화를 후진적, 비효율적, 무가치한 것으로 보고, 서구문화와 같은 타문화의 이식에 의해서 개선되어야 한다는 '타문화중심주의'이며, 셋째는 현대사회의 병폐와 비인간화에 염증을 느끼고, '아름다운 과거' 또는 '아름다운 미개사회'를 동경하는 '복고주의적 경향'이다. 이러한 태도는 '문화적 제국주의', '문화적식민주의', 그리고 '문화적 낭만주의'라고도 부를 수 있을 것이다. 확실히, 자기문화중심주의, 타문화중심주의, 문화적 복고주의는 문화에 대한 부적절한 태도라고 할 수 있다. 그러나 문화상대주의 또한 문화의 현상유지에 급급한 나머지 문화의 적극적 변화나 창조적 발전을 저해할 수도 있다. 문화는 가치를 지향하는 것이며, 문화는 정체되어 있는 것이 아니라, 흐르는 물과 같이 더 높은 가치를 향하여 끊임없이 변화하는 것이다. 문화상대주의는 문화의 이러한 특성을 외면하는 것이며, 이러한 가능성을 처음부터 차단할 수도 있다.

다섯째, 문화의 탈유기체성이다. 이는 문화가 생물학적인 또는 심리학적인 것과는 다른 수준의 것이라는 것을 의미한다. 물론 문화는 개인생활과 행동 속에서 표현된다. 그러나 개인은 사회구성원으로서의 인간이며, 그의 행동은 사회적으로 인정된 행동양식이어야 한다. 그러므로 문화에서 생활양식이란 사회화된 집단의 생활양식이지, 개인이 임의로 선택할 수 있는 것이 아니다. 이러한 의미에서 문화는 개인에 의해서 담지되지만, 탈개인적이며, 탈유기체적인 것이다. 우리가 사용하는 언어가 개인의 생사와 관계없이 존속되고 변화되듯이, 모든 문화는 거기에 참여하고 있는 개인들에 의해서 담당되지만, 개별적인 개인의 생사나 세대교체와 관계없이 존속되고 변화된다.

그리고 마지막으로, 문화의 가변성이다. 특정의 문화는 세대에서 세대로 전달되고 계승되며, 이러한 현상을 문화전계 또는 문화화라고 한다. 우리는 앞에서 이를 넓은 의미에서 교육이라고 본 바 있다. 그러나 문화가 세대에서 세대로 전달, 계승되는 과정은 단순하지 않고 역동적이어서 변동을 수반하게 된다. 특히, 현대사회와 같이 사회변화의 속도가 빠른 사회에서는 그 변동의 폭이 크며, 속도 또한 빠르다고 보아야 할 것이다. 문화변동의 원인의 내부적인 요인과 외부적인 요인으로 나누어 볼 수 있다. 문화변동의 가장 일반적인 내부 요인은 발명에 의한 문화혁신이다. 발명은 물질적 영역에만 국한되는 것이 아니다. 언어, 예술, 사회, 종교 등 비물질적인 영역에서도 발명이 이루어진다. 우리가 가지고 있는 친족제도, 종교, 사상 등도 문화적 발명품에 해당한다고 할 수 있다. 문화의 한 영역에서 창조가 이루어지면 다른 영역에도 파급되어 전체 문화의 변동이나 혁신이 이루어질 수 있다. 사회의 물질적, 제도적 변화도 문화변동의 중요한 요인이 된다. 예컨대, 고속도로의 건설, 대규모 아파트 단지의 조성, 자동차 보급의 확대, 정보화의 진전 등은 물론, 의료보험제도 시행, 입시제도의 개혁 등의 변화도 소속집단 구성원들의 생활방식을 서서히 그러나 강력하게 변화시킨다.

문화변동의 외적 요인으로는 타문화와의 접촉을 들 수 있다. 외래문화의 영향을 통한 문화변동으로는 한 문화가 다른 문화와 장기간 동안 접촉하여 한쪽 또는 양쪽의 문화가 변하는 '문화접변(accultruation),' 보다 넓은 개념으로 문화접촉으로 생기는 모든 종류의 문화모방, 문화차용, 문화전이 등을 포함하는 '문화전파(culture diffusion),' 그리고 두 문화가 접촉하여 타문화에 대한 동화와 반발의 과정을 거치면서 새로운 제3의 문화가 형성되는 '문화변형(transculturation)' 등이 있다. 이러한 문화의 가변적 특성에 비추어 볼 때, 정보화, 세계화가 급속하게 진행되고 해외여행의 확대로 타문화와의 접촉이 빈번해진 현대 한국사회에서는 문화변동의 속도가 가속화되고 그 폭 또한 확대될 것으로 전망된다.

3. 문화교육의 재개념화

앞에서 살펴본 문화의 특성은 문화교육과 관련하여 다양한 쟁점과 시사점을 제공해준다. 첫째, 문화의 공유성과 관련하여, 한국인은 단일민족으로서 비교적 문화적 공유성의 폭이 크다고 할 수 있다. 그러나 현대 한국인의 경우 과거에 비하여, 급격한 경제발전, 사회의 변화, 외래문화와의 접촉 등을 통해서 문화가 급변하고 있으며, 이러한 변화에 따라 하위문화도 세분화, 다양화해지고 있으며, 문화내의 다양성이라고 할 수 있는 문화변이가 확산되는 추세에 있다. 문화교육에서 이러한 많은 하위문화, 다양한 문화변이의 내용들을 어떻게, 어떠한 방향으로 다룰 것인가 하는 문제를 제기한다.

둘째, 문화의 학습성과 누적성의 특성과 관련하여, 우리는 문화가 사회생활을 통하여 세대에서 세대로 전승되고 누적됨을 확인하였으며, 이러한 문화화 또는 문화전승이 곧 넓은 의미에서 문화교육이라고 하였다. 이러한 의미에서 보면 삶의 실제와는 유리된 화석화된 지식이나 기술의 전달에 치중하고 있는 우리의 현재 학교교육은 교육의 본래적인 의미에서 크게 벗어난 것이며, 문화교육을 위해서는 그것의 근본적인 개혁을 필요로 함을 시사한다. 또한 문화화는 전 세대의 문화를 후 세대에게 기계적으로 복사시키는 것이 아니라, 이를 창조적으로 발전, 변화시키는 것을 포함한다. 문화교육에서 복합적이고 다양한 기존문화를 어떻게 파악하여 가르치고, 이를 어떻게 창조적으로 발전시키도록 하느냐 하는 문제가 제기된다.

셋째, 문화를 지식, 신념, 예술, 법, 도덕, 관습 등의 많은 구성요소들의 복합적 전체로 보는 문화의 통합성에 대한 발견은, 현재의 많은 문화정책이나 문화교육에 대한 논의에서 볼 수 있듯이, 특정의 문화요소나 문화내용을 독립적으로 다루는 것은 무의미할 뿐만 아니라 위험하다는 것을 암시한다. 또한 문화교육에서 다양한 문화요소나 내용들의 복합적인 전체와 관련성을 어떻게 가시화하여 가르칠 것인가 하는 문제를 제기한다.

넷째, 문화의 보편성과 상대성의 문제는 특히 세계화 시대의 문화교육과 관련하여 복잡한 쟁점들을 야기한다. 물론, 문화교육에서는 자기문화중심주의, 타문화중심주의, 문화적 복고주의를 모두 극복해야 함을 시사한다. 그러나 문화적 상대주의는 기존문화의 현상유지를 정당화하고, 다양한 문화와의 접촉을 통한 문화의 발전이나 새 문화의 창조의 가능성을 제한한다. 어떻게 하면 자기문화중심주의나 타문화중심주의에 빠지지 않고 다양한 문화와의 접촉을 통해서 문화를 창조적으로 발전시킬 것인가 하는 문제는 문화교육의 중요한 과제로 부각된다. 문화의 가변적 특성 또한 유사한 문제를 제기한다. 정보화, 세계화의 급속한 진행, 타문화와의 접촉기회의 확대 등으로 인하여, 가속화될 문화변동을 문화교육에서 어떻게 다룰 것인지 하는 문제가 대두된다.

21세기 문화의 세기를 대비하는 문화교육은 이러한 다양한 문제와 쟁점들을 창의적으로 수용하고 반영해야 할 어려운 과제를 안고 있다. 그러나 지금까지의 문화교육에 대한 논의는 대부분 문화교육과 관련된 이러한 문제나 쟁점들에 대한 신중한 고려를 결여하고 있다. 예컨대, 정부 또는 문화계 일각에서 제기되고 있는 문화교육에 대한 논의는 문화자본주의 시대, 고도정보화 시대에 대처하는 문화인력의 양성으로 봄으로써(양건열 등, 1998), 문화를 단순히 경제성장이나 국가경쟁력 확보의 도구로 보는 정치경제적인 성향을 보인다. 이러한 관점에서 문화는 상품이나 자본으로 파악되며, 교육은 국가발전이나 경제성장의 도구로서의 기능적 맥락에서 파악된다. 이러한 의미에서의 문화교육은 조용환이 지적한 대로, 60년대 이후 한국교육을 지배해온 "발전교육론이 논리적 연장선상에서 그 외형만 바꾼 채 재등장한 것(조용환, 1999 : 206)"이라고 볼 수 있다.

또한 문화계 일부에서는 문화교육을 교과교육의 한 부분으로 보고, 예술교육이나 문화적 전통에 대한 교육, 문화재에 대한 교육, 박물관 교육 등을 문화교육의 내용으로 제시한다. 이러한 내용들이 문화의 부분적인 요소들임에는 분명하다. 그러나 앞서 살펴본 바와 같이, 문화내용이나 문화요소들은 복합적인 전체로 구성되어 있어, 이는 복합적인 전체와의 관련성 속에서 다루어져야 하는데, 문화교육을 이와 같이 교과교육의 한

부분으로 다루는 것은 문화의 이러한 속성에 대한 고려가 철저히 배제될 수 있다. 또한 근대교육의 고정된 지식관에 바탕을 두고 시행되고 있는 학교교육의 맥락에서 문화내용을 한 영역으로 추가하여 가르치는 것은 문화교육을 또 다른 종류의 화석화된 지식을 전달하는 교육으로 전락시킬 수 있다.

한편, 임철순은 문화교육을 경쟁력 있는 문화상품을 생산해 내는 기술 개발로 문화교육을 보는 관점에 반대하여, 문화교육은 "자신이 처한 상황에 주체적으로 적응하면서 삶의 질이 보다 나아지도록 노력할 수 있는 창조적 능력을 배양하고 육성해 주는 것(임철순, 1998 : 11)"으로 규정해야 한다고 주장한다. 문화교육을 '문화적 주체를 기르는 교육'으로 본다는 점에서 그는 발전교육론의 한계를 극복하고 문화교육에 대한 인간학적 입장을 교육의 주체중심으로 발전시켰다고 할 수 있다. 그는 또한 "문화는 결국 교육의 문제로 돌아가며, 교육도 결국 문화의 문제로 돌아간다(임철순, 1998 : 13)"고 주장함으로써 문화와 교육의 원초적 관련성을 부각시켰으나, 이에 대한 충분한 논의를 결여하고 있어, 문화교육의 문제를 애매하게 하였다는 비판을 받고 있다.

이와 같은 문화교육에 대한 제한된 이해는 문화 세기를 맞이하여 그 중요성이 증대되고 있는 문화교육을 처음부터 엉뚱한 방향으로 이끌 수 있다. 학교교육에 대한 제한된 이해도 문화교육을 어렵게 하는 한 중요한 요인으로 볼 수 있다. 현재 학교교육은 근대교육의 패러다임에 따라 인간과 사회에 대한 기계론적 가정, 고정된 지식관, 학습주체가 배제된 교수관 등 제한된 가정을 바탕으로 교육을 새로운 지식이나 문화의 창조가 아니라 화석화된 고정된 지식이나 문화의 일방적 주입과정으로 보는 교육체제 하에 운영되고 있는 것이 현실이다. 이러한 가정을 바탕으로 운영되고 있는 학교교육으로는 문화교육은 물론, 지식정보화 시대의 지식이나 기술교육 자체도 커다란 한계를 가질 수밖에 없다. 학교교육이 현재와 같이 운영되는 한, 임재해가 지적한 대로, "문화교육은 헛된 환상(임재해, 1999 : 68)"에 지나지 않을지도 모른다.

　문화의 세기에 적절한 문화의식과 문화적 역량을 가진 인재를 양성할 수 있는 문화교육의 방안을 탐색하기 위해서는 기존 교육에 대한 철저한 반성과 함께 문화교육을 포함하여 교육 자체에 대한 재개념화와 이 시대의 역사적 상황에 적절한 문화교육 패러다임의 탐색이 선행되어야 한다. 이러한 관점에서 문화교육의 재개념화에 대한 조용환의 다음과 같은 주장은 매우 적절한 것으로 볼 수 있다.

> 문화교육은 아동이나 청소년을 문학, 예술, 사상과 같은 상징적이고 심미적인 활동에 입문시키는 일에 국한되지 않는다. 또한 문화교육은 특정한 삶의 방식을 다음 세대에 고스란히 전승하는 일이 아니다. 그것은 '문화사회화'로 일컬어야 할 활동이다. 문화교육을 학교맥락의 '교과학습'에 대비되는 일상적 '문화학습(이홍우, 1991 : 제9장)'과 동일시하는 것도 곤란하다. 왜냐하면, '교과학습'을 통해서도 문화교육이 이루어질 수 있고 당연히 이루어져야 하기 때문이다.
> 　문화교육은 어른 아이 할 것 없이 모든 사람이 부단한 반성과 주체적인 판단 속에서 삶의 질을 향상해 나가도록 예술, 지식, 기술, 가치 등을 서로 가르치고 배우는 활동이요, 그 과정이다. 문화교육에 대한 이러한 평생적, 상호적, 과정적, 총체적 개념화는 후기 현대사회에 올 수록 더욱 절실하게 요청된다(조용환, 1999 : 210~211).

　이러한 의미에서의 문화교육은, 예술이나 문학, 전통, 문화재 등과 특수한 영역에 국한된 활동이 아니며, 특정의 문화내용을 후세에 그대로 전승시키는 문화적 사회화라는 활동과도 구별되어야 한다. 또한, 학교교육에서 교과학습과 구분되는 일상적인 문화학습에 제한시켜 파악하는 견해도 지양되어야 한다. 문화교육은 이러한 제한된 의미를 넘어서, 가르치는 자와 배우는 자 모두가 다양한 문화에 대한 경험을 바탕으로 부단한 반성과 새로운 발견을 통해서 보다 높은 수준의 문화적 역량과 문화의식을 재발견하고 창조해 가는 활동이요 과정이다. 그러므로 21세기 문화교육은 이와 같이 문화교육에 대한 보다 적절한 의미를 바탕으로 할 필요가 있다.

4. 문화교육의 패러다임 탐색

가. 문화교육의 세 접근

앞에서 현재 우리의 학교교육은 근대교육의 패러다임에 근거를 둔 사회, 인간, 지식에 대한 제한된 가정을 바탕으로, 교육을 새로운 지식이나 문화의 창조가 아니라 화석화된 지식이나 문화를 일방적으로 주입시키는 활동으로 전락시켰으며, 이러한 현재의 학교교육으로는 문화의 세기에 적절한 문화적 의식과 역량을 가진 인재양성을 기대할 수 없을 뿐만 아니라, 지식정보화 시대에 적절한 창의적인 지식인을 양성하는 데도 실패할 수 있음을 지적하였다. 그러므로 문화교육이 문화의 시대를 이끌어갈 수 있는 적절한 문화의식과 문화적 역량을 가진 인재를 양성하는 데 중요한 공헌을 할 수 있는 문화교육, 더 나아가 교육자체에 대한 혁신적인 패러다임의 전환을 요구한다. 이러한 조건에 적절한 문화교육을 탐색하기 전에 문화교육에 대한 기존의 접근방식을 검토해 보는 것이 도움이 될 것으로 보인다.

　한 세대의 문화가 사회생활은 통하여 다음 세대로 전승, 발전되는 현상을 문화화라고 한다면, 이는 원초적인 의미에서 교육 그 자체이거나, 적어도 교육과 밀접하게 관련되어 있는 활동이다. 그럼에도 불구하고 많은 문화인류학자들은 현재의 학교교육을 문화교육과 대립되거나 심지어는 반문화적인 것으로 본다. 예컨대, 임재해는 학교교육은 "일상적인 삶에서 격리된 공간에서 이루어지는 지식교육 또는 경쟁교육"인 반면, 문화교육은 "일상적인 삶과 함께 이루어지는 생활교육이자, 인간과 자연이 더불어 사는 슬기와 지혜를 익히는 공생교육"이라고 차별화하고, 현실적으로 "문화교육과 학교교육은 서로 맞서는 관계"에 있다고 보았다(임재해, 1999 : 67~68). 이는 문화교육을 좁은 의미로 규정한 다소 과장된 견해라고도 볼 수 있지만, 우리의 교육 현실에서 학교교육이 그것의 원초적인 의미로부터 너무 멀리 이탈되어 있음을 시사하기도 한다.

　이종각은 문화와 교육 간의 관계는 매우 공범하고 보편적일 뿐만 아니라, 문화갈등이나 단절과 같은 미묘한 부분까지 포함하고 있어, 이는 시대와 상황에 따라 변해왔다고 보고, 문화교육 대한 접근 유형을 크게 세 가지로 정리한 바 있다(이종각, 1997 : 9~13). 그 첫째 유형은 '민족문화적 접근'이다. 이 접근은 국민국가의 형성이 중요시되었던 19세기의 시대적 상황을 반영한 것으로, 문화교육은 국가단위로 인식되어야 한다는 점을 강조한다. 예컨대, 슈프랑거(Spranger)에 의하면, 한 나라의 교육은 민족의 이상에 뿌리를 박고 있으며, 그에 맞게 운영되고 개혁되어야 한다. 특히 국민교육은 그 나라의 문화적, 사회적, 역사적 과제를 풀 수 있는, 그리고 그것을 푸는 과정에서 삶의 의의와 보람을 느끼는 인간형성의 작용이다. 이 접근에서는 교육의 주요 목적이 민족의 문화적 전통의 형성과 계승 및 발전이며, 학교는 그러한 목적을 달성하는 가장 중요하고도 효과적인 장소로 인식된다.

이 접근은 국가주의가 강조되었던 당시의 시대적 상황을 반영한 것으로, 다분히 자국문화중심주의적 성격을 띤다. 그러므로, 문화적 교류 및 접촉이 빈번하고, 문화적 변동이 가속화되는 현대와 같은 시대에는 많은 한계를 지닌다. 또한, 현대사회는 같은 문화권내에서도 다양한 하위문화 간의 문화적 차이, 문화적 변이, 이로 인한 문화적 갈등의 문제가 나타나는 바, 문화교육을 통해서 이러한 문제를 풀어나가는 데 결정적인 한계를 가진다. 더욱이, 이 접근에서는 학교를 민족문화라는 이름으로 누군가에 의해서 만들어진 고정된 문화를 전달하는 장소로 전락시킴으로써 다양한 문화와의 교류, 접촉을 통한 문화의 창조적 발전을 제한할 수 있다는 한계를 가지고 있다.

문화교육의 둘째 유형은 '이질문화통합적 접근'이다. 이 접근은 두 가지 서로 다른 사회적 배경을 가지고 있다. 하나는 미국과 같이 새로 이주해온 여러 민족들의 다양한 문화를 어떻게 통합시키느냐 하는 문제가 중요한 과제로 대두되는 사회이며, 다른 하나는 산업화, 도시화가 급격히 진행되는 과정에서 전통문화와 신생문화간의 갈등, 세대간의 문화차이 등의 문제로 인하여 극심한 문화혼란과 불안정을 겪는 사회이다. 이 접근에서는 학교교육을 통한 문화적 통합이 중요한 과제로 간주된다. 예컨대, 미드(Mead)에 의하면, 교사는 미국사회의 이상과 일치하는 문화의 특성을 학생들에게 주입시켜야 한다. 아동은 문화적 유산이 주는 안정성을 필요로 하며, 사회 변동이 극심한 때에는 더욱 그러하다.

'이질문화통합적 접근'은 학교가 학생들에게 하나의 선택된 문화를 강요한다는 점에서 '민족문화적 접근'과 동일하다. 따라서 이러한 측면에서 이 접근은 민족문화적 접근이 가지는 한계점을 공유한다고 할 수 있다. 차이는 민족문화적 접근에서는 공유하고 있는 또는 적어도 공유하는 것으로 가정된 민족의 문화적 전통을 강요하는 데 반하여, 이질문화통합적 접근에서는 특정의 문화를 인위적으로 선택하여 강요한다는 점이다. 이로 인해 발생하는 문제는 선택되지 않은 특정의 문화를 가진 집단의 사람들이 부당하게 소외되고 불이익을 받는 다는 것이다. 따라서 이 접근도 문화의 시대, 세계화·정보화 시대의 문화교육의 패러다임으로서는 한계가 있다고 할 수 있다고 보아야 할 것이다.

문화교육의 세 번째 접근은 '문화갈등적 접근'이다. 이 접근은 사회 변화에 따른 불평등의 증대, 평등의식의 확산 등 20세기 후반의 문제의식을 반영하고 있다. 이 접근에서는, 문화적 불일치를 통합되어야 할 대상으로 보는 이질문화통합적 접근과 달리, 문화적 불일치가 사회적 불평등과 연계되어 있음을 파악하는 데 관심을 가진다. 이 접근에 의하면, 문화의 문제는 불일치의 문제가 아니라 불평등의 문제이며, 문화갈등의 문제는 결국 문화를 가진 집단간의 갈등의 문제가 된다. 따라서 학교는 문화통합을 위한 문화교육의 장소가 아니라, 문화갈등이 첨예하게 발생하는 장소로 본다. 이 접근은 문화상대주의적 입장을 취하며, 학교에서 다루는 문화의 내용이나 방법 자체보다도 문화선택과 연계된 권력과 지배의 문제, 이에 따른 문화교육의 윤리적, 정치적 성격에 관심을 둔다.

이 접근은 학교가 특정의 문화를 선택하여 가르치는 과정에서 나타나는 권력과 지배의 문제, 문화집단간의 갈등과 불평등의 문제 등을 부각시킴으로써, 종래의 교육이 문화통합이라는 명분 하에 선택되지 않은 다양한 다른 문화집단에게 불평등과 불이익 주는 교육의 윤리적 정치적 문제를 부각시키는 데 중요한 공헌을 하였다고 할 수 있다. 특히 이 접근은 지구화, 세계화의 촉진으로 문화적 다양성이 더욱 확대되고 있는 이 시대의 문화교육에 비추어 시사하는 바가 많다고 할 수 있다. 그러나 이 접근은 교육과 권력, 교육과 지배의 관계에 관심을 집중한 나머지, 교육이나 문화 그 자체에 대해서는 지나치게 단순화하여 파악한 경향이 있다. 앞에서 살펴본 바와 같이 문화는 이 접근에서 가정하고 있는 바와 같은 고정된 것이 아니다. 문화는 흐르는 물과 같이, 끊임없이 재발견, 재창조되며, 이 과정에서 타문화와의 갈등은 불평등이나 지배의 문제만을 야기한다기보다 제3의 새로운 문화를 형성하는 문화변형의 원동력이 될 수 있다. 또한, 교육은 교사가 학생에게 고정된 문화를 복사시키는 것이 아니다. 현대교육이 다소 그러한 성격을 가지고 있다고 하더라도, 그것 또한 고정된 것이 아니라 앞으로 극복되어야 할 과제이다. 학교가 문화통합을 위한 문화교육의 장소가 아니라 문화갈등이 발생하는 장소임은 분명하지만, 이러한 갈등은 교육을 통한 새로운 문화의 창조에 공헌할 수 있는 중요한 요소로 볼 수도 있다. 이와 같이, 문화갈등적 접근은 문화교육을 통한 불평등, 지배의 문제를 드러내는 데 중요한 공헌을 하였음에도 불구하고, 교육 및 문화에 대한 단순하고 소박한 가정으로 교육을 통한 문화창조의 가능성을 처음부터 차단함으로써 그 한계를 보였다고 할 수 있다. 이러한 관점에서 이 접근도 문화의 세기에 적절한 문화교육 패러다임으로서의 한계가 있는 접근이라고 할 수 있다.

나. 문화교육의 새 패러다임

21세기에는 과학기술, 특히 정보통신 기술의 급속한 발달로 인한 범지구적 문화교류 및 접촉 기회의 증대, 사회의 분화 및 개인의 자율성 확대에 따른 문화변이의 가속화, 근대의 거대설화, 거대담론의 붕괴 및 비표준화, 탈대중화, 분산화, 소규모화 등으로 특징지어지고 있는 포스트모던 시대의 도래 등으로 인하여 문화적 다양성의 폭이 확대되고, 그 변동의 속도도 가속화될 것으로 전망된다. 이러한 시대적 상황에 비추어 볼 때, 교육에서 직면하게 될 문화적 갈등의 문제는 앞의 문화갈등적 접근에서 제시한 것 이상으로 심각한 수준에 이를 것으로 예측할 수 있다. 이러한 갈등은 문화집단간, 민족간, 국가간, 그리고 문명간의 충돌로 이어져, 인류의 평화적 공존을 심각하게 위협할 수도 있다. 따라서 21세기 문화교육은 우리가 직면하고 있는 이러한 다양한 문화갈등의 문제들을 수용하여 해결해야 하는 과제를 안고 있다.

현대해석학, 특히 가다머(Gadamer, 1982)의 해석학은 이러한 상황에서 문화교육의 새 방향을 탐색하는 데 유용한 시사점을 제공한다. 가다머는 과학의 형이상학적 가정들이 가지고 있는 한계를 극복하고, 인간학의 새로운 기초의 확립을 시도하였다. 그는 근대과학은 인간학의 근본적이고 결정적인 문제로서 "소속된 것(belonging)"에 대한 원초적인 관계를 파괴하는 데 결정적인 영향을 미쳤다고 주장한다. 그에 의하면, 인간학으로서 해석학의 중요한 과제는 소속된 것에 대한 경험을 회복함으로써 '소외된 초연(alinated distantiation; 이는 우리가 실제로 하는 경험으로부터 독립된 객관화라고 할 수 있다)'의 문제를 극복하는 것이 된다. 가다머가 모든 이해의 불가피한 조건으로 선입견(prejudice)의 문제를 부각시킨 것은 인간의 소속된 것에 대한 경험을 회복하고, 인간학에서 소외된 초연의 문제를 극복하려는 그의 노력에서 중요한 의미를 가진다. 그는 근대과학을 지배해온 계몽주의의 근본적 가정을 "다른 선입견들을 부정하는 선입견"이라고 하면서 그것이 허구임을 강조하고, 하이덱거가 보여준 이해의 전구조(前構造)

와 순환적 특성을 통해서 인간의 해석행위에 관련된 선입견의 긍정적인 측면을 드러낸다.

하이데거에 의하면, 모든 이해는 전의미(前意味)와 새로운 의미간의 순환에 의해서 이루어진다(Heidegger, 1962). 하이데거는 이러한 이해의 순환성을 단순한 악순환으로 보지 않도록 요구한다. 이를 부정적으로 보고 거부하면, 이해는 시작부터 잘못되기 때문이다. 그 대신 그것을 적절한 방식으로, 즉 "유형이나 대중화된 개념"에 머무르지 않고, "세계 자체에 대하여 민감한 방식으로 직면해야 함"을 강조한다. 왜냐 하면, 이해의 이러한 순환 가운데 "가장 원초적인 앎의 긍정적 가능성"이 있기 때문이다(188~195면). 이해의 이러한 순환적 구조에 비추어 보면, 근대과학의 방법론적 이상이나 객관주의는 다른 선입견들과 같은 하나의 선입견에 지나지 않다. 그럼에도 불구하고 이것이 지배적인 견해가 되어, 다른 선입견들을 부정하고 배격할 때, 그것은 곧 다른 선입견들을 부정하는 선입견이 된다. 그렇다고 해서 모든 이해에서 계몽주의적인 선입견을 포함한 선입견들이 고수·보존되어야 한다고 주장하는 것은 아니다. 그에 의하면, 이러한 선입견들은 모든 이해의 출발점으로서 새로운 이해의 기초가 된다. 더욱이 자신의 선입견을 인식함으로써 우리는 그것을 극복하고 심층적인 이해에 도달하게 된다.

인간의 이해과정에 내재된 선입견의 위치에 대한 가다머의 생각은 역사의식에 대한 심층적인 분석에서도 중요한 역할을 한다. 그가 제시한 '나'와 '너'의 관계에 대한 세 가지 유형은 역사의식에서 나타나는 선입견의 작용을 분명하게 해준다(Gadamer, 1982 : 321~325). '나-너' 관계의 첫째 유형에서 '나'는 '너'를 경험적 세계에서 사물이나 사건을 보는 방식으로, 즉 예측 가능한 것으로 본다. 이 관계에서 '나'는 자신의 선입견에 의해서만 '너'를 이해하며, 다른 사람의 선입견은 무시된다. 근대과학에서 방법이나 객관성에 대한 소박한 믿음이나 '다른 선입견들을 부정하는 선입견'이 이 범주에 속한다. 둘째 유형에서 '나'는 '너'를 하나의 인간으로 인정한다. 그러나 이 유형에서 '나'와 '너'의 선입견은 모두 인정되지만, 그들은 분리되고 고립되어 있다. 그리하여 개인은 자신의 선입견을 극복하지 못한 채, 자신을 과시하기 위한, 또는 다른 사람 위에 군림하기 위한 투쟁이 계속된다. "다른 사람(과거)의 타인성"만을 강조하는 역사의식이 이 범주에 속한다.

가다머가 해석적 경험의 가장 높은 형태로 본 셋째 유형에서 '나'와 '너'의 관계는 개방성에 의해서 특징지어진다. 이 관계에서 '나'는 '너'의 주장을 무시하지 않으며, '너'가 '나'에게 말하는 바에 귀를 기울인다. 선입견과 관련하여, '나'는 자신의 선입견은 물론, '너'의 선입견도 의식한다. 그러나 '나'는 자신을 열어 '너'의 말에 귀를 귀울임으로써 자신의 선입견을 극복하고 한 차원 높은 수준의 이해에 도달하게 된다, 가다머는 이와 같이 가장 높은 수준의 해석적 경험을 "영향력 있는 역사의식(effective historical consciousniss)"라고 하였고, 이것이 실현된 상태를 "지평의 융합(fusion of horizons)"이라고 하였다.

가다머의 해석학은 현대교육의 본질적인 문제를 이해하는 데 매우 중요한 시사점을 제공한다. 무엇보다도 가다머가 인간의 이해행위에서 소속된 것에 대한 경험을 회복함으로써 소외된 초연의 문제, 즉 경험으로부터 독립된 객관화의 문제를 극복하고자 한 것은 근대과학에 의해서 파괴된 '세계 – 경험 – 지식' 간의 원초적인 관계를 복원하는 데 결정적인 공헌을 한 것으로 볼 수 있다. 원초적으로 인간은 세계와의 직접적인 접촉을 통하여 세계에 대한 지식을 획득한다. 그러나 근대과학은 그 동안 우리는 근대과학의 방법론적 가정 및 객관성에 대한 믿음, 즉 다른 선입견들을 부정하는 계몽주의의 선입견에 의하여 인간의 직접적인 경험을 비합법화하고, 지식생산 과정을 이러한 선입견으로 무장된 과학자들이 독점함으로써 다른 사람들을 지식생산과정에서 소외시키고, 그 대신 과학자들에 의해서 만들어진 지식을 수동적으로 수용하게 하였다. 이러한 계몽주의적 선입견에 바탕을 둔 근대교육은 교육의 주체인 교사나 학생을 지식생산 과정에서 철처하게 배제시키고 누군가에 의해서 만들어진 지식을 수동적으로 수용하게 만들었다. 이 경우 교사나 학생에게 지식은 자신의 경험이나 삶과는 무관한 화석화된 지식일 뿐이다. 그러나 가다머는 인간의 선입견을 복권시킴으로써 계몽주의적 선입견이 누려왔던 특권을 박탈하고, 학교교육에서 교사나 학생 모두가 자신의 세계와의 직접적인 접촉을 통하여 지식의 생산과정에 참여할 수 있는 가능성을 열어주었다.

특히, 문화교육과 관련하여, 가다머의 해석학이 시사하는 바는 다양하다. '나―너' 관계의 셋째 유형에서 나타나는 '영향력 있는 역사의식'이나 '지평의 융합'은 세계화, 정보화, 포스트모던 시대의 적절한 문화교육의 새로운 패러다임을 탐색하는 데 중요한 도움을 준다. 이 접근이 이론적으로 현대해석학에 바탕을 두고 있으며, 고정된 문화의 전수나 문화의 통합 보다 문화에 대한 높은 수준의 이해를 지향한다는 점에서 '비판해석적 접근'이라고 부를 수 있을 것이다. 이 접근에서는 문화를 특정의 문화적 전통이나 누군가에 의해서 통합된 문화내용과 같이 고정된 어떤 것으로 보지 않는다. 이러한 견해들은 문화에 대한 다른 선입견들을 부정하는 선입견으로 본다. 그 대신 문화는 인간이 문화라는 이름 하에 경험해온 경험의 총체로 본다. 그러므로 문화는 어느 누구의 최종적 결론도 거부하는 무한성의 영역에 있다는 점에서 텍스트와 동일하게 본다.

이해의 순환성에 비추어 볼 때, 인간은 누구나 문화에 대한 전이해(이는 선입견, 또는 문화적 지평이라고 부를 수도 있다)를 가지고 있다. 이 전이해는 새로운 이해의 전제가 되며, 인간은 전이해와 새로운 이해간의 끊임없는 순환과정을 통해서 이해의 지평을 넓혀가면서 보다 높은 차원의 이해에 도달해 간다. 따라서 이 접근에서는 문화교육의 목적을 학생들로 하여금 특정의 고정화된 수용하게 하거나 문화선택에 따른 불평등 또는 지배의 문제에 관심을 갖도록 이끄는 것이 아니라, 문화에 대한 지평을 확대하면서 문화에 대한 보다 높은 수준의 이해(그것이 끝이 없는 노력이라고 하더라도)에 도달하는 데 둔다.

가다머가 상징적으로 예시한 '나-너' 관계의 세 유형은 교육 전체에 적용될 수 있지만 문화교육에 유용하게 적용될 수 있다. 여기에서 '나'와 '너'는 문화에 대한 서로 다른 지평을 가진 문화의 담지자로서의 주체로 볼 수 있다. 우리가 다른 문화(여기에서 다른 문화는 타민족문화와 같은 외래문화뿐만 아니라, 문화 내 하위문화나 변이된 문화일 수도 있다)를 접촉할 때, 문화에 대한 두 지평간의 복잡하고 다양한 상호작용이 이루어지는 바, 이 때 일어나는 상호작용의 유형에 따라 문화를 정도나 수준이 달라지며, '나-너' 관계의 세 유형은 우리가 다른 문화를 해석하고 이해하는 과정과 밀접한 관련이 있다. 즉, 첫째 유형에서는 다른 문화가 객관적인 대상물로 간주되어 다른 문화를 자신의 문화적 지평에 환원시키는 방식으로 이해한다. 둘째 유형에서는 타문화의 지평은 인정하지만 그것이 자신의 문화와는 무관하게 존재하는 것으로 파악한다. 이 경우, 타문화와 자신의 문화는 고립되고 대립되는 방식으로 존재하며, 문화에 대한 보다 심층적인 이해나 새로운 문화의 창조는 일어나지 않는다. 그러나 셋째 유형에서는 타문화의 지평에 자신의 지평을 개방한다. 그리하여 문화에 대한 자신의 지평과 타문화의 지평이 융합되어 문화에 대한 보다 높은 수준의 새로운 이해에 도달하게 된다. 이러한 '나-너' 관계를 문화교육과 관련시켜 본다면, 민족문화적 접근과 이질문화통합적 접근은 첫째 유형의 범주에, 문화갈등적 접근은 둘째 유형의 범주에 해당한다. 그리고 셋째 유형이 비판해석적 접근의 범주에 속한다고 할 수 있다.

따라서, 문화교육에 대한 비판해석적 접근에서는 학교를 문화통합 장소나 문화갈등이 첨예하게 발생하는 투쟁의 장소로 보지 않는다. 그 대신 다양한 문화지평을 가진 교사와 학생들이 만나 다양한 문화적 지평들을 드러내고 주고받음으로써 자신들의 문화적 지평을 확대하여 보다 높은 수준의 이해에 도달할 수 있는 문화이해 및 창조의 가장 적절한 장소로 본다. 또한 학교에서 어떤 문화내용을 다루느냐, 그것이 자신들이 가지고 있는 문화와 갈등되느냐 하는 것은 하등 문제가 되지 않는다. 왜냐 하면, 그들의 목적은 특정의 문화를 수동적으로 수용하는 데 있는 것이 아니라, 그것을 통해서 문화적 지평을 넓혀감으로써 문화에 대한 새로운 이해에 도달하는 것이기 때문이다. 이렇게 보면, 비판해석적 접근은 문화접촉과 교류가 빈번해지고 문화변동의 속도가 가속화될 것으로 예상되는 문화의 세기에 적절한 문화교육 패러다임이라고 할 수 있다.

5. 요약 및 결론

문화교육이 강조되는 이유는, 21세기라는 시대적 상황에 비추어, 다음 세 가지로 요약된다. 하나는 탈산업사회에로의 전환에 따른 문화산업 비중의 증대와 문화상품의 높은 부가가치, 경제 발전의 문화적 영향과 같은 문화의 경제적 가치에 대한 인식 확대이며, 다른 하나는 정보화, 세계화의 촉진에 따라 국가간, 민족간 접촉, 교류, 협력 기회의 증대로 인하여 타문화에 대한 이해의 중요성 증대이며, 또 다른 하나는 근대의 방법론과 진리의 절대성에 대한 믿음의 붕괴와 지식의 다양성, 부분성, 상황성이 강조되는 포스트모던 시대의 도래에 따른 문화에 새한 새로운 인식의 확대 및 문화의 중심성 회복이다. 이러한 시대적 요청에 따라 선진 각국에서는 21세기를 대비하여 다양한 문화정책과 문화교육정책을 수립, 추진하고 있으며, 우리 나라에서도 산업화에서 뒤떨어졌던 역사적 경험을 교훈삼아 정보화 시대, 문화의 세기에는 이러한 역사를 되풀이하지 않겠다는 정서를 앞세우며, 의욕적인 계획을 수립·추진하고 있다. 그러나 현재 문화교육의 현실에서 보면, 문화교육정책은 선언적, 전시적인 수준을 크게 벗어나지 못하고 있으며, 더욱이 학교교육은 구시대의 교육관을 바탕으로 주입식, 입시준비 교육으로 일관하고 있어, 문화의 세기에 문화선진국에로의 도약을 어렵게 함은 물론, 문화전진국과의 격차를 더욱 심화시키지 않을 지에 대한 우려를 자아내고 있다. 문화교육이 21세기 문화선진국에로의 도약을 위한 높은 수준의 문화적 역량과 문화의식을 가진 인재의 양성에 공헌할 수 있기 위해서는 무엇보다도 먼저, 문화교육은 물론 교육 자체에 대한 패러다임의 혁명적인 전환이 선행되어야 한다.

　이 연구에서 문화교육의 새로운 패러다임의 탐색을 시도한 것은 이러한 시대적 요청에서이다. 이 작업은 문화의 의미와 특성에 대한 분석, 문화교육의 재개념화, 기존 문화교육 이론의 분석, 문화교육에 관련된 현대 해석학 이론의 분석을 통해서 시도되었다. 문화의 의미와 특성에 관련해서, 문화에 대한 다양한 의미를 살펴보고, 문화인류학에서 대체적으로 공감하고 있는 문화의 특성으로 문화의 공유성, 문화의 학습성과 누적성, 문화의 통합성, 문화존재의 보편성과 문화내용의 고유성 및 상대성, 문화의 탈유기체성, 문화의 가변성 등을 중심으로 논하고, 이러한 특성들이 현대라는 시대적 상황에 비추어 문화교육에 시사하는 쟁점과 문제들을 살펴보았다.

21세기의 시대적 상황에 적절한 문화교육은 이러한 쟁점과 문제들을 포괄적으로 수용하고 이를 창의적으로 극복할 수 있는 것이어야 한다. 그러나 현재 진행되고 있는 문화교육에 관한 논의들에서는 문화교육을 제한된 의미로 규정함으로써, 21세기 문화교육을 부적절한 방향으로 이끌 우려가 있다. 문화교육의 의미는 시대적 요청에 적절한 방향으로 재개념화할 필요가 있다. 이러한 의미에서의 문화교육은, 예술이나 문학, 전통, 문화재 등과 특수한 영역에 국한된 활동이 아니며, 특정의 문화내용을 후세에 그대로 전승시키는 문화적 사회화라는 활동과도 구별되어야 하며, 학교교육에서 교과학습과 구분되는 일상적인 문화학습에 제한시켜 파악하는 견해도 지양되어야 한다. 문화교육은 이러한 제한된 의미를 넘어서, 가르치는 자와 배우는 자 모두가 다양한 문화에 대한 경험을 바탕으로 부단한 반성과 새로운 발견을 통해서 보다 높은 수준의 문화적 역량과 문화의식을 재발견하고 창조해 가는 활동이요 과정이다. 그러므로 21세기 문화교육은 이와 같이 문화교육에 대한 보다 적절한 의미를 바탕으로 할 필요가 있다.

21세기 문화교육의 새로운 패러다임의 탐색을 위해서 문화교육에 대한 기존의 접근방법에 대한 분석을 필요로 한다. 문화교육 이론은 그 동안 문화인류학에서 문화화 또는 문화전계라는 주제로 발전되어 왔으며, 이는 크게 세 접근으로 요약될 수 있다. 하나는 한 민족의 문화적 전통의 계승 및 발전을 강조하는 민족문화적 접근이며, 다른 하나는 다양한 문화의 통합을 강조하는 이질문화통합적 접근이다. 그리고 세 번째 접근은 학교가 특정의 문화를 선택하여 가르치는 과정에서 나타나는 권력과 지배의 문제, 문화집단간의 갈등과 불평등의 문제를 부각시키는 문화갈등적 접근이다. 처음 두 접근은 자국문화 중심주의나, 문화적 절대주의의 입장을 가지는 한계가 있으며, 셋째의 접근은 교육과 문화에 대한 제한된 가정을 바탕으로 극단적인 문화상대주의의 입장을 취함으로써, 세계화·정보화 시대, 포스트모던 시대의 문화교육으로서는 부적절하다.

그리하여, 이 연구에서는 현대해석학, 특히 가다머(Gadamer)의 해석학을 바탕으로 문화교육의 새로운 패러다임을 제안하였다. 현대해석학은 계몽주의적 선입견의 절대성 부정, 이해의 조건으로서 선입견의 긍정적 특성의 회복, '나—너' 관계의 세 유형에 대한 분석, 영향력 있는 역사의식, 지평의 융합 등을 통해서 기존의 문화교육 패러다임이 가지고 있던 한계를 극복하고, 정보화와 세계화 시대, 포스트모던 시대, 문화의 시대에 적절한 문화교육의 가능성을 열어놓았다. 이 패러다임은 그것이 이론적으로 현대해석학을 바탕으로 하며, 고정된 문화의 전수나 문화의 통합을 통한 획일화를 지양하고, 문화에 대한 한 차원 높은 수준의 이해를 추구한다는 점에서 비판해석적 접근이라고 하였다. 물론 이 접근은 하나의 시도로서, 이의 심화를 위한 지속적인 노력과 관련된 쟁점에 대한 심층적인 논의과정을 통해서 앞으로 보다 정련된 형태로 발전시킬 것이 요구되지만, 현대라는 시대적 상황에 비추어 가장 적절한 문화교육 패러다임으로 볼 수 있다.

이 패러다임의 가장 기본적이면서 핵심적인 특성은 인간의 가장 원초적인 앎의 시작이라고 할 수 있는 소속된 것에 대한 경험의 회복이라고 할 수 있다. 인간은 본래 세계와의 직접적인 접촉을 통하여 앎을 형성해 왔다. 사실상, 인간의 종교적, 도덕적, 심미적 앎(이것은 곧 문화적 앎이기도

하다)은 이러한 원초적 앎을 바탕으로 한다. 그러나 이러한 원초적인 앎은 계몽주의적 선입견에 의해서 앎의 지위를 상실하였으며, 동시에 문화적인 앎도 그 합법적인 지위를 상실하였다. 그리하여 계몽주의의 선입견에 바탕을 두고 성립된 근대교육에서 교사나 학생들의 원초적인 앎은 철저히 배제되어 학교는 계몽적 선입견을 바탕으로 누군가에 의해서 만들어진 화석화된 지식을 교사는 전달하고 학생은 수동적으로 수용하는 장소가 되었다. 이렇게 보면, 획일적인 교육과정, 획일적인 교과서를 중심으로 입시중심, 암기중심, 시험중심의 교육으로 일관하고 있는 현재의 우리 교육은 계몽주의적 선입견을 가장 잘 추종하고 있는 셈이다. 이러한 교육체제하에서는 종교적, 도덕적, 심미적 교육을 포함하여 문화교육이 처음부터 불가능하다고 할 수 있다.

이러한 상황에서 가다머가 계몽주의적 선입견을 "다른 선입견을 부정하는 선입견"이라고 부르고, 앎의 전제조건으로 인간의 선입견을 부각시킨 것은 계몽주의적 선입견이 그 동안 누려왔던 특권을 박탈하고 인간의 선입견 －이것은 세계와의 직접적인 경험을 통한 원초적인 앎을 바탕으로 형성된 것이다－ 에 합법성을 부여한 가히 혁명적인 선언이라고 할 수 있다. 선입견의 복권은 교육, 즉 가르치고 배우는 활동에 혁명적인 변화를 가져다 준다. 즉, 교사와 학생들은 복권된 자신들의 선입견을 통해서, 화석화된 지식을 전달하고 수용하는 일에서 벗어나 지식의 생산, 창조과정에 직접 참여할 수 있는 권한을 확보할 수 있게 되었다. 말하자면, 이 경우에 가르치고 배우는 활동은 이미 만들어 놓은 지식의 전달하고 수용하는 활동이 아니라 가르치는 사람과 배우는 사람의 원초적 앎의 바탕에서 서로의 상호작용을 통하여 새롭게 만들어 가는 창조적 과정이며, 이렇게 만들어진 지식은 교사나 학생에게 죽은 지식이 아닌 살아있는 지식이 된다.

여기에서 교사가 고정된 화석화된 지식을 학생들에게 효과적으로 전달하는 활동을 기술이라고 한다면, 교사와 학생이 자신들의 경험을 바탕으로 지식을 창조해나가 활동은 가르치는 예술이나 배움의 예술이라고 할 수 있을 것이다. 그러나 가다머가 이러한 혁명적인 선언을 한지 거의 반세기가 지난 오늘까지도 교육실제에서는 계몽주의적 섭입견이 특권을 누리면서 교육실제를 지배하고 있다. 에드윈이 "오늘날 가르침에서 과학이 사악한 계모의 역할을 수행하면서 가르침의 예술을 신데렐라와 같이 대수롭지 안은 것으로 취급하게 되었고, 급기야 가르침의 예술을 쓰레기통에 처박히게 했다(Edwin, 1964)"고 한 40년 전의 탄식은 지금도 우리의 흉금을 울리고 있다. 우리는 하루 속히 신데렐라가 왕자를 만나게 해야 한다. 신데렐라가 지금처럼 쓰레기통에 방치되어 있는 한, 우리에게는 문화교육도 문화선진국도 기대할 수 기대할 수 없기 때문이다.

참고문헌

교육개혁평가연구회, 「21세기의 새 지평: 교육개혁」, 교육개혁평가연구회, 1997.

김기홍, 「문화교육의 필요성과 의미에 관한 고찰」, 『교육사회학연구』, 제6권 제1호, 1996, 51~70면.

김문환, 『문화교육론』, 서울: 서울대학교출판부, 1999.

문화과학편집위원회, 「문화공학과 문화정책연구」, 『문화과학』, 제14호, 1998, 251~273면.

박성익, 조용환, 박명진, 「일본문화개방에 대비한 한국청소년 교육전략 수립을 위한 기초연구」, 서울대학교 사범대학 교육연구소, 1997.

아야베 쓰네오(편), 이종원(역), 『문화: 개념과 정의의 한 비판적 검토』, 서울: 인간사랑, 1993.
양건열 등, 「창의적 문화국가 건설을 위한 정책 제안」, 한국문화정책개발원, 1998.
양현미, 「정부문화정책의 방향」, 『문화과학』, 제12호, 1997, 90~98면.
오만석, 한국인의 교육열에 대한 사회문화적 이해, 오만석 외, 『교육열의 사회문화적 구조』, 성남: 한국정신문화연구원, 2000, 187~219면.
오만석, 현대 해석학의 관점에서 본 교육적 의미소통과정, 허숙 등(편), 『교육현상의 재개념화』, 서울: 교육과학사, 1997, 145~200면.
이문원, 「박물관의 교육적 기능」, 한국교육학회소식, 제34권 제3호, 1~5면.
이종각, 『교육인류학의 탐색』, 춘천: 도서출판 하우, 1997.
이해준, 「박물관의 현황과 문화교육정책」, 『교육철학』, 제18집, 1997, 55~70면.
이홍우, 『교육의 목적과 난점』, 서울: 교육과학사, 1991.
임재해, 「한국 민속문화의 교육적 의미와 기능」, 『교육철학』, 제21집, 67~107면.
임철순, 「교육개혁과 문화교육」, 『교육개발』, 제112호, 1998, 10~13면.
조용환, 「한국 문화교육의 정책과 실상」, 『교육철학』 제21집, 1999, 205~220면.
조혜정, 「한국문화의 발전 전망과 교육의 과제」, 한국교육의 신세기적 구상: 2000년대 한국교육의 방향과 과제, 한국교육개발원 창립 25주년 기념 학술대회 자료집, 1997, 139~173면.
Bell, Daniel, *The Winding Passage-Essay and Sociological Journeys*, 서규환(역), 『정보화 사회와 문화의 미래』, 서울: 디자인하우스, 1992, 182~202면.
Debrock, Guy, Physical Science and Moral Confusion, J. Meyer(ed.), *Reflections on Values Education*, Waterloo: Wilfrid Laurier University Press, 1976, 3~17면.
Drucker, Peter, F., *Post-Capitalist Society*, 이재규(역), 『자본주의 이후의 사회』, 한국경제신문사, 1994.

Edwin, S. J., Artistic Teaching: The Cinderella of Modern Instruction, *The Journal of Education*, vol. XV, 1964.

Fukuyama, Frandis, TRUST : *The Social Virtues and Creation of Prosperity*, 구승회(역), 『트러스트 : 사회도덕과 번영의 창조』, 서울: 한국경제신문사, 1996.

Gadamer, Hans-Georg, *Truth and Method*, New York: Crossroad, 1982.

Heidegger, Martin, die Frage nach der Technik, *Vortäge und Aufsätze*, Verlag Gunther Neske Pfullingen, 1954, 9~40면.

Heidegger, Martin, *Being and Time*, New York: Harper and Row, 1962.

Huntington, Samuel P. and Lawrence E. Harrison(eds.), *Culture Matters*, Basic Books, 2000, 이종인(역), 『문화가 중요하다』, 서울: 김영사, 2001.

Huntington, Samuel, P., *The Clash of Civilization*, 이희재(역), 『문명의 충돌』, 서울: 김영사, 1999.

Kroeber, Alfred L. and Clyde Klockhohn, Culture: A Critical Review of Concepts and Definitions, Papers of the Peabody Museum, *American Archeology and Ethnology*, vol. 47, 1952.

Pinar F. William et. al.(eds.), *Understanding Curriculum*, New York: Peter Lang Publishing Inc., 1995.

Slattery, Patrick, *Curriculum Development in the Postmodern Era*, New York: Garland Publishing Inc., 1995.

Ⅵ장 21세기 사이버 공간과
        정보문화 정책

박동준(한국정신문화연구원, 교수)

1. 서론
2. 사이버 공간의 실태와 문제
3. 사이버 공간의 음란물 규제에 대한 근거
4. 사이버 공간의 음란물 규제에 대한 외국인 입법사례
5. 사이버 공간에 대한 정보문화 정책의 방향 모색
6. 요약 및 결론

Ⅵ장 21세기 사이버 공간과 정보문화 정책

1. 서론

사이버(Cyber)는 수학자였던 노버트 위너가 자신이 창안해 낸 메시지의 소통과 통제 이론을 지칭하기 위하여 '사이버네틱스'라는 용어를 만들어 내면서 처음 등장한 개념으로서 원래의 어원은 그리이스어로 배의 조타 장치를 뜻하는 'kyber'에서 유래되었다. 이후 윌리암 깁슨(W. Gibson)이 1984년 '뉴로맨서'(Neuromancer)라는 소설에서 가상현실이 구현되는 컴퓨터 네트워크의 세계를 '사이버스페이스'(cyberspace)라는 용어로 지칭하면서 대중적으로 널리 확산되었다. 그리고 세기말적 불안과 미래에 대한 동경, 정보통신기술의 급속한 발전과 인터넷의 보편화가 맞물리면서 이제 '사이버'는 21세기의 중요한 화두로 등장하게 되었다.

컴퓨터 네트워크의 세계를 사이버스페이스라는 용어로 지칭하게 되면서 흔히 '가상' 혹은 '허구'라는 의미로 대중들에게 알려지게 되었다. 그 결과 물질로 구성된 현실세계와 비트로 형성된 사이버 스페이스를 이분법적으로 구분하고, 사이버 스페이스는 실재로 존재하지 않는 '가상의 세계' 혹은 '허구의 공간'으로 간주하는 사고방식이 널리 확산되었다.

그렇지만 오늘날 사이버 스페이스는 허구의 세계가 아니다. 그곳은

---

* 박동준(한국정신문화연구원, 교수)

사람들 사이의 소통과 교류가 이루어지고, 감정과 정서가 흐르며, 나름의 독자적인 문화가 형성되는 엄연한 사회적 문화공간이다. 문화공간으로서의 인터넷은 사회적 성격을 가지고 있다. 점과 점이 연결되어 선이 만들어지고 다시 선과 선이 이어져서 하나의 면이 구성된다는 기초적인 수학원리처럼 비트라는 단위로 디지털화된 변형된 각종 정보들이 네트로 연결되자 다시 네트들은 벽을 뛰어 넘어 네트의 선을 타고 빛의 속도로 사이버 속을 향해한다. 인간들 역시 육체라는 물적 굴레로부터 벗어나 다양한 자아로 자신을 변형시키며 사이버 속에서 살아가게 된다. '사이버'는 분명 현실로 존재한다. 다만 그것은 우리들이 기존에 가지고 있던 물리적 개념의 현실이 아닌 '가상현실'이라는 새로운 차원의 세계인 것이다. 이러한 가상공간은 정보통신기술이 만들어낸 것으로 다가 오는 21세기는 지식의 축적 및 활용능력에 따라 국가의 경쟁력이 좌우되는 지식기반사회가 될 것이다. 정보통신 기술의 발달과 이에 따른 정보화의 추진으로, 금융, 무역, 의료, 에너지, 교육 등 사회 각 분야에서 정보화가 급속하게 진전되고 있다.

그러나 이러한 정보통신 시스템의 확대에 수반하여 지식과 정보에 대한 불법적인 침해, 불건전 정보의 유통, 사생활 침해 등의 역기능이 나타나고 있다. 따라서 우리는 이러한 역기능들에 수반될 폐해를 최소화 할 노력을 경주해야 하며, 이러한 노력을 소홀히 할 경우 바람직한 정보사회를 이룩할 수 없게 될 것이다.

정보통신 기술의 발달과 컴퓨터 보급의 확대 등 정보화의 진전에 따라 일반인도 컴퓨터를 이용하여 가상의 정보세계에 쉽게 접근할 수 있게 되었다. 특히 정보의 바다라고 하는 인터넷(Internet)의 급격한 보급확산과 정보통신망(Information Infrastructure)의 구축은 전통적 문화가치와 제도를 초월한 새로운 형태의 공간이 창조되었다. 이는 컴퓨터를 통해 세계적으로 긴밀하게 연결됨으로써 형성되는 커뮤니케이션의 새로운 공간을 사이버 공간이라 한다. 이 용어는 디지털 커뮤니케이션의 물적 인프라를 지칭할 뿐만 아니라, 정보의 바다 그리고 그 공간에 자료를 공급하고 항해하는 인간들까지를 포함하는 개념이다. 사이버 공간의 팽창에 따라 발달하고 변화하는 물적·지적테크닉·실천태도·사유방식 등의 총체를 정보문화(cyber culture)라고 지칭한다[1]. 이러한 사이버 공간을 뒷받침하는 것은 정보통신망, PC통신, 이동전화, 인터넷 등과 같은 정보통신 매체이며 이들과 TV, 신문 등 각종 미디어가 통합되어 다양화되어 가고 있다.

그러나 사이버 공간에서의 정보화의 확대와 더불어 지식과 정보에 대한 불법적인 침해, 불건전 정보의 유통, 사생활 침해 등의 역기능이 나타나고 있다.[2] 사이버 공간의 역기능방지를 위해서 기존의 법제도와 사법권, 범죄예방, 진압시스템 만으로는 이에 대응하기가 곤란하며 이러한 대응노력을 소홀히 할 경우 21세기 지식정보사회를 맞이하면서 그로 인한 폐해 또한 막대할 것이다.

역기능의 문제점으로는 가상공간에서의 첨단정보통신기술을 이용한 전산망 침해(해킹), 바이러스 유포행위, 개인의 프라이버시 침해에 의한 명예훼손, 음란물배포, 불법적인 변조·위조를 통한 각종 컴퓨터 범죄, 도청·감청 등 정보의 도난 및 정보의 오·남용 등의 각종 정보범죄, 정보시스템의 파괴로 인한 사회혼란 등을 그 예로 들 수 있다.

21세기 지식정보시대의 한국문화는 사이버 공간에서 형성되는 사이

---

[1] 피에르 레비 지음, 김동윤·조준형 옮김, 사이버 문화(서울: 문예출판사, 2000), 1~30면 참조.
[2] 박영식, "안전한 지식·정보사회의 구현을 위하여," 정보화역기능 방지대책공청회자료집(서울: 정보통신윤리위원회, 1999), 7면 참조.

버문화가 주도하게 될 것이며, 사이버문화가 요구하는 새로운 규범으로 공동체윤리가 새롭게 형성될 것이다. 전통적 농업사회의 공동체윤리는 힘을 잃고, 지식정보사회의 새로운 공동체 윤리의 형성을 위해서는 국가적인 새로운 정보문화 정책의 도움을 받아야 할 것이다.

본 논문에서는 사이버 공간의 역기능 중에서 사회적으로 문제가 심각한 인터넷 도박, 인터넷 매매춘, 사이버 성폭력, 사이버 공간에서의 명예훼손 등의 실태와 문제를 다루고, 사이버 공간의 가장 심각한 음란물 유통에 대한 규제는 장을 달리 하여 규제의 근거를 윤리와 법적으로 다루어 보고, 이러한 규제에 대한 외국의 입법사례를 살펴본 다음 사이버 공간에 대한 정보문화 정책의 방향을 모색해 보고자 한다.

2. 사이버 공간의 실태와 문제

기존의 범죄가 정보통신매체를 수단으로 하는 사이버 공간에서 발생되는 것을 사이버범죄라 한다. 따라서 정보통신매체가 가지고 있는 특성이 사이버범죄에서도 그대로 나타난다. 그 특징을 보면 다음과 같다.[3] 첫째 원격지에서 범죄를 행할 수 있으며, 둘째 범죄행위가 용이하고 간편하며, 셋째 피해가 발생할 경우 짧은 시간에 광범위하게 퍼져 피해규모가 크며, 넷째 신원확인수단이 미비하여 익명성을 악용할 수 있으며, 다섯째 불특정 다수인을 대상으로 범죄행위가 가능하며, 여섯째 사이버 공간의 특성상 국가간 국경이 없는 범죄가 활동가능하며, 일곱째 물리적 공간에서 행하는 범죄에 비해 사이버 공간에서 행하는 범죄에 대하여 죄의식이

---

[3] 오경식, "사이버 공간에서의 윤리문제에 대한 법적규제의 문제점," 한국사회와 정보통신윤리(서울: 정보통신윤리위원회, 1999), 40~50면 참조.

부족하다는 특징이 있다.

사이버범죄의 문제점으로는 사이버 공간을 이용하므로 국경이 없으며 이에 대한 수사를 위한 국가간의 협력체제가 국제적으로 아직 미흡하다는 것이다. 법률적 측면으로는 복수국가간의 사법관할권이 문제가 되며 국제적 통일법규가 아직 마련되어 있지 않으며, 사이버 공간의 매체적·기술적 특성을 고려한 법안의 부족과 사이버 공간에서 일어나는 범죄와 실정법과의 연관성에 대한 인식이 부족한 것이 문제점으로 지적된다. 그리고 기술적 측면에서 증거의 휘발성과 범죄자의 진입경로 및 범죄행위의 유통경로의 다양성, 동시다발성, 전기통신상의 익명성, 운영시스템의 다양성, 급변하는 기술적 환경을 문제점으로 들 수 있으며, 조직적 측면으로는 숙련된 인터넷 관련 범죄 담당 인력의 부족, 즉 관련 부서 내에서 숙련된 인력을 확보하기 곤란하며 교육 및 훈련에 소요되는 기간이 3~5년 정도되므로 급변하는 기술에 대한 수사당국의 적응력이 부족하며, 고도의 기술을 활용한 신종범죄 수법에 대한 사법당국의 대처능력이 미흡하다.

가. 인터넷 도박

1) 실태와 문제

인터넷이 활성화되면서 섹스, 폭력 등 음란사이트와 더불어 사행심을 조장하는 도박사이트가 인기를 끌고 있다. 이는 단순히 가상의 돈으로 게임을 즐기는 형태에서 신용카드를 이용하여 실제 도박행위를 하는 형태로 변질되었으며 그 시장이 급격히 증가하는 추세이다. 미국에서는 인터넷 도박이 불법이므로, 미국법의 적용이 되지 않는 바하마 등지에 기반을

두고 운영되고 있는 실정이다.4)

이들 도박사이트는 미성년자에게 여과 없이 개방되어 악영향을 미치고 있는 문제점이 있으며, 도박이 인터넷 상에서 이루어지므로 현실적으로 규제가 어려우며, 검은 돈의 돈세탁 등에 이용될 가능성이 있으며, 도박의 특성인 중독성으로 인한 폐해를 들 수 있다. 또한 도박관련 기록을 암호화할 경우 증거확보가 곤란한 점이 있으며 베팅금액에 한도를 두지 않고 있어 짧은 시간에 거액의 손해를 볼 위험이 있다.

2) 유형

인터넷도박의 유형은 다음과 같다. 먼저 신용카드를 통해 인터넷상에서 칩을 구입하고 웹브라우저 상에서 도박을 한다. 또 CD나 인터넷에서 전송받은 전용게임 에뮬레이터를 이용해 게임하는 방식 그리고 스포츠경기의 우승팀 등을 맞추는 내기 도박사이트를 이용하거나 도박사이트를 통한 기타의 불법행위를 들 수 있다.

3) 법적 대책

인터넷도박에 대한 법률대책으로는 형법상 도박에 대한 처벌조항이 있다. 형법 제246조(도박, 상습도박), 형법 제247조(도박개장), 형법 제248조(복표의 발행) 등이 있다. 그러나 도박이 허용되는 외국에서 사이트를 개설하고 영업하는 경우 이에 대한 국제형사공조가 이루어지기 어려운 문제점이 있다.

---

4) 미국과 유럽의 온라인 게임 및 도박 시장규모가 1999년에는 10억달러를 넘어설 전망이며, 2002년에는 온라인 도박시장이 미국이 70억달러, 유럽이 30억달러에 이를 전망이다(Datamonitor, 1998).

미국의 경우 인터넷도박금지법안(Internet Gambling Prohibition Act)[5] 과 미국 연방유선전화법에서도 전화선을 통해 경마와 같은 스포츠와 관련된 도박을 규제하고 있다. 미국 캘리포니아 주정부는 카지노도박의 홈페이지를 제공하는 ISP(인터넷서비스업체)들에 인터넷회선을 제공하는 전화회사가 있다면 기소할 방침이라고 경고하고 있다.

또한 돈세탁과 관련한 관계 법률 제정이 검토되어야 하며, 국제간 신용카드 결제의 통제수단이 마련되어야 할 것이며, 범죄예방을 위한 국제 공조체제가 수립되어야 하며, 도박 등 부정행위를 위한 암호사용을 금지하는 법안마련이 시급하다.

나. 인터넷 매매춘

1) 실태와 문제

불특정 다수인이 접속할 수 있는 인터넷에 폰섹스 및 유아 또는 성인 매춘 등을 알선하는 불건전 사이트가 등장하고 있다. 이러한 사이트는 대부분 외국의 서버를 이용하고 있으며 최근에는 한글로 서비스하여 국경을 초월한 국외의 무분별한 음란물 유포 및 폰섹스사이트를 통한 통신요금이 낭비되고 있다.

인터넷 매매춘의 문제점은 외국사이트를 이용할 경우 사법관할의 문제에서 규제가 곤란하며 이 경우 법에 의한 제재보다는 인터넷 서비스 제공자(ISP, Internet Service Provider)의 자율규제가 최선이라 할 수 있다.

---

[5] 주요내용은 외국이나 다른 주에서 운영하는 도박에 참여할 수 있게 하는 통신수단을 사용했는지, 송수신자에게 현금이나 신용카드를 통해 금액을 주고 받을 수 있게 하는 통신수단을 이용했는지 여부에 관계없이 도박에 참여한 사람들에 대해서 벌금과 금고형을 부과하도록 하고 있다.

2) 유형

인터넷 매매춘은 주로 PC통신의 게시판이나 대화방을 중심으로 독립적인 매춘알선이 진행된다. 매춘희망자를 인터넷 등을 통해 모집하거나 폰섹스 사이트를 개설, 운영하며 아동을 약취, 유인하여 음란물을 제작하거나 아동매매춘 알선행위를 하는 경우도 있다. 1996년 6월 경 수원지검의 성인방 단속이후 컴퓨터통신업체들이 성인방을 폐쇄하자 불건전한 이용자들이 일반대화방에서 음행매개, 윤락알선 등을 시도하다가 1998년 10월 부부교환제 모임사건, 1998년 11월 사이버 포주사건 등이 적발되었고, 컴퓨터 통신업체들의 자정노력에도 불구하고 비공개 대화방을 이용한 음란성 대화방이 계속 성행하고 있다.

3) 법적 대책

인터넷 매매춘의 경우 법률에서는 형법 제242조(음행매개) 또는 윤락행위방지법 제25조(벌칙)[6]를 들 수 있다. 한편 PC통신사업자의 약관에서

---

[6] 형법 제242조에서는 "영리의 목적으로 미성년 또는 음행의 상습 없는 부녀를 매개하여 간음하게 한 자는 3년 이하의 징역 또는 1천 500만원 이하의 벌금에 처한다"라고 규정하고 있다. 윤락행위 등 방지법 제25조에서는 "(1) 다음 각호의 1에 해당하는 자는 5년이하의 징역 또는 1천500만원 이하의 벌금에 처한다. 1. 영업으로 윤락행위의 장소를 제공한 자, 2. 영업으로 윤락행위를 알선한 자, 3. 제1호 또는 제2호의 범죄에 사용되는 사실을 알고 자금, 토지 또는 건물을 제공한 자, (2) 다음 각호의 1에 해당하는 자는 3년 이하의 징역 또는 1천만원 이하의 벌금에 처한다. 1. 영업으로 윤락행위를 유인 또는 권유하거나 윤락행위의 상대자가 되도록 유인·권유 또는 강요한 자, 2. 윤락행위의 장소를 제공한 자 3. 윤락행위를 알선한 자, 4. 영업으로 윤락행위의 장소를 제공하거나 윤락행위를 알선하기로 약속한 자, (3) 윤락행위를 하도록 유인 또는 권유하거나 윤락행위의 상대자가 되도록 유인. 권유 또는 강요한 자는 2년 이하의 징역 또는 500만원 이하의 벌금에 처한다. (4) 제1항 내지 제3항의 경우에는 징역과 벌금

범죄행위를 목적으로 하거나 범죄행위를 교사하는 행위, 선량한 풍속 기타 사회질서를 해하는 행위, 타인의 명예를 손상시키거나 불이익을 주는 행위에 대해서는 게시물을 삭제하도록 하는 규정이 있다.

이러한 인터넷 매매춘의 경우 현행 국내법으로서는 처벌가능하나 외국의 서버를 이용한 경우 현실적으로 수사와 처벌에 한계가 있을 수 있다.

다. 사이버 성폭력

1) 실태와 문제

사이버 성폭력은 현실공간에서의 성폭력 행위와는 달리 PC통신, 인터넷, e-mail 등 정보통신 수단을 이용하여 다수 또는 특정인을 성적으로 괴롭히는 행위(Sexual Harrassment)이며 사이버 스토킹도 이에 해당된다. 사이버 성폭력은 정보통신매체 이용의 익명성으로 인해 증거확보가 어려우며 게시된 정보가 빠른 시간 내에 광범위하게 확산되는 이유로 인해 그 피해의 정도가 심각하다.

사이버 성폭력의 문제점은 첫째 익명성으로 인해 그 증거확보 등 수사에 어려움이 있으며, 둘째 직접적으로 피해자의 생명이나 신체의 안전과 연관되지 않는 관계로 법적 차별이 곤란하며 사법당국의 관심 및 인지도가 매우 낮으며, 셋째 사이버 스토킹[7]은 on-line 상에서의 위협만으로 그치는 경우도 있으나 현실공간에서의 스토킹과 병행하여 발생되는 경우가 많아 별도의 법령으로 다루기 곤란한 문제가 있다.

을 병과할 수 있다."라고 규정하고 있다.
7) 스토킹에 대한 개념은 장규원, 새로운 사회문제: 스토커와 그 대책, 10면 이하 참조.

2) 유형

사이버 성폭력은 PC통신과 인터넷 대화방에서 상대방과 대화 중 성적 수치심을 유발하는 내용의 대화를 유도하거나 성희롱·폭언을 행하는 사례가 있으며 심야시간대를 이용하여 원조교제, 음란대화(컴섹), 불건전 만남(번섹)을 유도하는 내용의 대화가 증가 일로에 있다.

PC통신과 인터넷 게시판을 통하여 개인을 성적 희롱의 대상으로 이용하거나, 불특정 다수에게 음란·폭력적인 내용의 글, 영상물을 게시하여 간접적인 성폭력을 행사하는 사례가 있다. 그리고 E-mail로 특정인 또는 불특정 다수인에게 음란·폭력적인 내용의 글 또는 영상물을 발송하여 직접적인 성폭력을 행사하는 사례도 있다. 전화, 이동통신 수단을 이용하여 직접적으로 음란·폭력적인 통화를 하는 경우 또는 음성, 문자메시지 저장기능을 이용하여 성폭력을 행사하는 경우가 있다.

또한 사이버 성폭력의 대표적인 유형으로 사이버 스토킹(Cyber Stalking)을 들 수 있다. 이는 PC통신상의 대화방, e-mail 등 정보통신망을 통하여 특정인에게 원하지 않는 접근을 지속적으로 시도하거나 계속하여 성적 괴롭힘을 행사하는 경우를 말한다. 행위유형으로는 일반적으로 다양한 형태의 성폭력 행위가 동시에 행하여지며 연예인 등 유명인물은 물론 일반인에 대한 피해사례가 속출되어 사회문제가 되고 있다.[8]

사이버 성폭력은 익명성이 높은 이유로 그 증거확보가 어려워 수사에 어려움이 있으며, 직접적으로 피해자의 생명이나 신체의 안전과 연관되지 않는 관계로 법적 처벌이 곤란하며 사법당국의 관심 및 인지도가

---

[8] 1998년 실시한 삼성생명 사회정신건강연구소의 조사결과에 의하면 우리 나라 연예인의 41.5%, 일반여성응답자의 30%가 스토킹을 당한 적이 있다고 응답하였다.

매우 낮다. 또한 국경을 초월한 가상공간에서 이루어지므로 외국에서 행한 경우 관할권 문제를 야기시킬 수 있으며, 헌법상 표현의 자유와 상충될 수 있다는 점에서 규제입법의 어려움이 있다. 특히 사이버 스토킹은 On-line 상에서의 위협만으로 그치는 경우도 있으나 현실공간에서의 스토킹과 병행하여 발생되는 경우가 많아 별도의 법령으로 다루기 곤란한 문제가 있다.

3) 법적 대책

사이버 성폭력에 대하여 법률에서는 형법 제283조(협박죄), 제307조(명예훼손죄), 제324조(강요죄) 등이 있으며 성폭력범죄의 처벌 및 피해자 보호 등에 관한 법률 제14조(통신매체이용음란죄)[9], 통신비밀보호법 제13조(전화협박 등의 방지를 위한 제한)[10]와 1999년 5월 제안되어 입법추진 중에 있는 스토킹 처벌에 관한 특례법안[11] 등을 들 수 있다.

---

[9] 성폭력범죄의 처벌 및 피해자보호 등에 관한 법률 제14조(전화·우편·컴퓨터 기타 통신매체를 통하여 성적 수치심이나 혐오감을 일으키는 말이나 음향, 글이나 도화, 영상 또는 물건을 상대방에게 도달하게 한 자는 1년 이하의 징역 또는 300만원 이하의 벌금에 처한다). - 본죄는 친고죄이다.

[10] 통신비밀보호법 제13조는 "전화에 의한 폭언·협박·희롱 등으로부터 수신인을 보호하기 위하여 전기통신사업법의 규정에 의한 전기통신사업자는 대통령령이 정하는 바에 의하여 수신인의 요구가 있는 때에는 송신인의 전화번호를 수신인에게 알려줄 수 있다."라고 규정하고 있다.

[11] 스토킹처벌에 관한 특례법안 제3조(특정한 사람을 그 意思에 반하여 반복적으로 미행하여 특정한 사람 또는 그 家族에게 심각한 恐怖心이나 不安感을 유발하는 행위를 한 자(다만, 搜査機關의 犯罪搜査 등 다른 法律의 規定에 의하여 허용된 경우에는 그러하지 아니함)와 편지, 전화, 模寫電送機, 컴퓨터通信 등을 통해 반복하여 일방적으로 말이나 글 또는 寫眞이나 그림을 전달하여 특정한 사람 또는 그 家族에게 심각한 恐怖心이나 不安感을 유발하는 행위를 한 者에 대하여는 2年이하의 懲役 또는 500萬원이하의 罰金에 처한다). 이 특례

라. 사이버 공간에서의 명예훼손

1) 실태와 문제

언론의 자유라는 헌법상 기본권보장이라는 틀 속에서 개인의 명예보호의 범위를 어떻게 설정할 것인가가 사이버 공간의 출현으로 다시 사회 문제화가 되고 있다. 정보통신망을 통해 사회질서를 교란하게 하거나 지역간, 계층간 불신과 위화감을 조장하는 내용의 불건전정보가 유포되고 있다.12) 특히 기업 또는 국가경제에 대한 근거 없는 루머로 경제혼란을 야기하는 내용의 정보를 유통하거나 사실 또는 허위사실의 유포로 정치인, 연예인, 종교인 등 공인에 대한 비방, 명예훼손, 인권침해 사례가 증가하고 있다.13)

2) 법적 대책

이러한 문제들은 인터넷 이용자들이 사이버 공간을 익명으로 자유롭

법안에는 사이버 스토킹의 매체적·기술적 특성이 반영되어 있지 못하며, 사후적 처벌에 치중하여 단속을 위한 증거자료 확보를 위한 기술적·제도적 방안의 미비 및 사전예방을 위한 대책에 미흡하다는 평가가 있다.

12) 정보통신윤리위원회 심의실적(유언비어, 지역감정조장)

구분	1997	1998	1999년 상반기	계
심의건수	6	59	70	135
시정요구	6	30	9	45

13) 정보통신윤리위원회 심의실적(타인비방, 명예훼손)

구분	1997	1998	1999년 상반기	계
심의건수	77	141	497	715
시정요구	48	68	58	174

지난 1998년 7월 미주통일신문 발행인 배 모씨가 유명앵커인 백 모씨의 이혼 사유와 관련하여 '이혼한 모 여성앵커가 전남편과의 사이에 얻은 아들이 전남편의 아들이 아니라는 소문이 있다'는 내용의 글을 PC통신에 게시한 혐의로 구속되어 실형이 선고되기도 하였다.

게 여행할 수 있다는 점에서 발생되는 현상이다. 이와 관련하여 기존의 명예훼손관련법이 새로운 매체에서의 문제를 해결하기에 아무런 문제가 없다고 주장하는 입장과 기존의 명예훼손법을 사이버 공간에 적용하면 혼란이 생기므로 새로운 형태의 입법이 필요하다고 하는 입장이 입법화 되었다.[14]

서울지방법원에서는 1996년 8월 22일에 한 회사원이 인터넷의 전자 게시판인 '주제토론실'에서 특정정치인을 비방하는 허위의 사실을 공연히 적시한 혐의로 기소되어 벌금형을 선고받았다.[15] 그러나 법원의 인터넷에 대한 법정의적 판결이 없었으며[16] 고등법원에서는 문제가 된 비방내용이 해당정치인을 선거에서 당선되지 못하게 할 목적으로 쓰여졌다고 인정할 수 없음을 근거로 원심판결을 파기하고 무죄를 선고하였다. 다만 이 사건에서 피고인이 일부 구체적인 사실을 적시하여 특정 정치인의 명예를 훼손한 측면이 있음을 인정하였으나 피해자가 피고인의 처벌을 희망하지 않는다는 의사를 표시함에 따라 공소가 기각되었다.[17]

사이버 공간에서의 명예훼손행위에 대하여는 표현의 자유라는 원칙과 범위 내에서 누가 이에 대한 책임이 있는가. 그리고 통신서비스 제공자에게 책임을 지울 수 있을 것인가가 쟁점이 된다. 최근의 PC통신이나 인터

---

14) 이재진, 인터넷 상의 명예훼손 현상에 대한 비판적 고찰: 미국의 경우를 중심으로, 언론중재, 18권 1호, 1993. 3, 25면 참조. 2001년 7월 1일자로 개정 시행된 "정보통신망이용 촉진 및 정보보호에 관한 법률"은 정보통신망을 이용하여 개인의 명예를 훼손하는 경우, 7년 이하 징역 또는 5천만원 이하의 벌금에 처해져 기존의 형법상 명예훼손죄를 적용할 경우 처해지는 5년 이하 징역 또는 1천만원 이하 벌금형보다 중형이다.
15) 서울지법 1996.8.22, 96고합472.
16) 이재진, 앞의 논문, 26면.
17) 윤영철, 사이버 공간에서의 표현의 자유와 명예훼손, 언론중재, 1997, 겨울호, 11면.

넷 등 사이버 공간은 기존의 신문이나 방송과 같이 대중매체적 성격을 가지고 있으므로 신문과 방송 등에 적용되는 명예훼손이 사이버 공간에도 동일하게 적용되어 해결점을 찾아야 할 것이다.18) 통신서비스 제공자에 대한 책임의 경우 게시판이나 토론방에서처럼 통신업체가 이용약관을 통해 차단이나 삭제의 권한을 가질 경우 통신서비스업체는 자신이 제공하는 서비스영역에서 명예훼손에 대한 법적 책임을 져야 할 것이다. 물론 이는 통신내용에 대한 통제권한이 없는 서비스영역에서의 명예훼손에 대해서는 법적 책임을 지지 않는다고 해석된다.19)

사이버 공간에서의 명예훼손행위를 규제하기 위해서는 검열을 통한 삭제나 차단만으로는 해결 불가능하다. 이를 방지하기 위해서는 사이버 공간 이용자의 자율성과 토론의 질을 향상시키는 방안이 강구되어야 할 것이다.

현재 공직선거 및 선거부정방지법 제82조의 3(컴퓨터통신을 이용한 선거운동) 제2항과 국가보안법 제7조(찬양·고무 등), 제8조(회합·통신 등) 제1항, 전기통신사업법 제53조(불온통신의 단속), 제53조의 2(정보통신윤리위원회) 및 제71조(벌칙) 제7호와 형법 제2편 각칙 제1장 내란의 죄 및 제2장 외환의 죄 및 제307조 제2항이 관련 법규라 할 수 있다.

미국의 경우 프라이버시관련 입법은 일반적으로 적용되는 포괄적인 입법보다는 부문별 입법이 행해지고 있다. 즉 연방행정기관의 개인정보 취급원칙을 규정하고 있는 기본법령으로 1974년 "프라이버시법"이 제정되었으며 1980년 "문서감축법"은 예산관리국의 정보규제사무국이 연방기관이 꼭 필요한 정보만을 중복 없이 수집하도록 정보수집요청을 심사

---

18) 윤영철, 앞의 논문, 12면.
19) 윤영철, 앞의 논문, 13면.

할 것을 규정하고 있으며, 1988년 "컴퓨터연결 및 프라이버시보호법"을 제정하여 개인정보 취급원칙을 규정하고 있다.

일본법원에서는 컴퓨터 통신이 특정인의 명예를 훼손하는 내용을 실었을 경우 이를 서비스한 컴퓨터통신회사에도 손해배상책임이 있다는 판결을 내린 바 있다. 홍콩에서는 컴퓨터통신회사인 "아시아 온라인"사가 "크리스소"라는 이름의 인터넷 가입자를 상대로 허위사실 유포행위를 주장하며 손해배상청구소송을 제기하였다.

앞으로 사이버 공간에서의 명예훼손을 대응하기 위하여 형법 제309조에서 규정한 신문, 잡지 또는 라디오 기타 출판물로 한정되어 있는 매체를 보다 확대하여 사이버매체를 적용시킬 수 있는 입법이 검토되어야 한다.

3. 사이버 문화공간의 음란물 규제에 대한 근거

사이버 공간 또는 인터넷은 이제 신기술이라는 놀라움과 일부 전문가들의 전유물이 아니라 우리 생활 속에 자리잡은 문화공간이라 할 수 있다. 새로운 문화공간인 사이버 공간에서 인터넷 세대들은 무엇이든 할 수 있다는 자유와 해방의 상징이지만 인터넷을 모르는 세대들에게는 방종과 무질서 그리고 사회적 해체의 위험성까지도 느끼고 있다. 특히 청소년들의 컴퓨터 몰입현상을 사이버 공간의 음란물 탓으로 돌리는 경향이 있다. 이러한 측면에서 사이버 공간 속의 음란물의 범람은 새로운 문화공간에 대한 도전과 해악으로 평가해 버린다. 따라서 사이버 공간에 대한 정확한 현실 인식도 없이 사이버 음란에 대한 규제방안에만 모든 노력과 관심을 집중시킴으로써 실효성이 없는 강력한 법제도의 양산과 인터넷세대들의

강력한 저항을 받고 있다. [20]

음란의 개념이란 [21]규범적 개념이므로 그 시대와 장소, 문화관에 따라 판단되어 져야 한다.[22] 음란이란 그 내용이 사람의 성욕을 자극·흥분시켜 보통인의 정상적인 성적수치심을 침해하고 선량한 성적 도의관념에 반하는 것으로서,[23] 포괄적이고 그 범위 또한 광범위하다고 할 수 있다. 사이버 음란의 개념에 대해서 아직까지 판례는 없으나 음란성이 사이버 공간에서 행해지는 것을 말한다.[24]

그러나 일반적으로 통용되는 음란물과 사이버 음란물은 전달방법에 있어서 근본적 차이가 있을 수 있다. 사이버 음란물의 전달방법 중 컴퓨터파일에 담아서 전송하는 행위에 대해 법원이 프로그램파일은 형법 제243조에서 말하는 문서, 도화, 필름 기타 물건에 해당한다고 할 수 없으

---

[20] 1996년 2월 통과된 미국의 통신품위법(CDA, Comunication Decency Act) 223조 a('원격통신장치(telecommunications device)를 이용하여 18세 이하가 받을 것을 알고 이들에게 음란 또는 저속한 표현물을 전송하는 자는 2년이하의 징역과 25만달러의 벌금에 처할 수 있다')이 외설물의 개념이 불분명하여 표현의 자유를 침해할 수 있다는 사유로 1997년 6월 미 대법원에서 위헌판결을 받았으며, 이어서 1998년 10월 통과된 어린이인터넷보호법(CDA Ⅱ, Child Internet Protection Act)(주요내용: 인터넷 업체들이 동영상, 사진, 문서 등 음란한 내용의 성인용 자료를 미성년자에게 상업적으로 배포할 수 없으며, 이를 위반할 경우 최고 5만달러의 벌금 및 6개월간의 징역에 처함)도 1999년 2월 연방법원에서 위헌판결을 받았다.

[21] 음란의 개념에 대하여는 이경재, 性과 法, 自由와 規制: 성표현물을 둘러싼 문제점, 형사정책연구소식, 1997. 1·2월호, 14~15면에 자세히 설명하고 있다, 이경재, 판례를 통해서 본 음란성의 의미, 형사정책연구소식, 1991, 5·6월호, 17면 이하 참조.

[22] 이재상, 형법각론(서울: 법문사, 1996), 563면.

[23] 통설과 판례의 입장: 이재상, 앞의 책, 562~563면; 배종대, 형법각론 제3판, 1999, 678면; 대법원 1982.2.9, 81도2281; 1987.12.22, 87도2331; 대법원 1991.9.10, 91도1550.

[24] 정보통신윤리위원회 심의세칙 제7조에 음란성에 관한 기준을 설정하고 있다.

므로 형법 제243조에 해당되지 않는다는 판결을 내리고 있다.[25] 음란물에 대한 규제의 필요성을 윤리적 근거와 법적 근거를 통해 고찰해 보기로 한다.

가. 불법 음란물 유통

1) 실태와 문제

통신기술의 발달로 실시간 동화상, 온라인게임, 영상물을 담은 CD 등을 PC통신대화방이나 인터넷 그리고 불특정 다수에게 E-mail로 보내 판매유통하는 사례가 있다. 불건전 정보의 유통경로를 보면 PC통신의 게시판, 대화방, 동호회, CGU(폐쇄이용자그룹), 사설BBS, 인포샵, 인터넷, 전화(700번), 국내·국제폰팅, 전화방, 이동전화의 문자정보서비스 등을 이용하고 있다. 이들의 행위유형은 가상공간에 음란물의 판매를 유도하는 광고를 내고 이를 보고 대금을 입금하면 우편이나 downloading형태로 불법음란물을 유통한다. 이들은 타인의 주민등록증으로 ID와 예금통장을 개설함으로써 신분을 위장하는 수법을 쓰고 있다.[26]

문제점으로 판매대상이 특정되어 있지 않아 성인뿐만 아니라 청소년에게도 무차별 판매한다. 또 이들 음란물의 제작과정에서 개인의 사생활을 침해하는 내용의 불건전정보 유통(O양비디오, 몰래카메라 등)이 증가하고 있다. 개인의 사생활이 어느 정도까지 보호되어야 하는가에 대한 기본

---

25) 대법원 1999.2.24, 98도3140
26) 지역신문의 알림방에 아르바이트광고를 낸 대학생들에게 접근하여 신분증과 예금통장을 발급받아 이를 이용하여 PC통신에 ID를 개설받아 불법음란물을 유통하는 경우도 있다. 이 경우 범인의 신분은 위장되고 피해를 본 대학생만 사기죄 등으로 고소당하는 사례도 있다.

적인 논의부터 자신의 정보에 대해 자신 스스로 보호하거나 보호받지 못한다면 이것이 잘못 유출되었을 때 그 파장이 어떻게 될 것인가에 대해 논란이 된다.

2) 법적대책

법적대책으로 이러한 행위에 대하여는 공문서위조 및 동행사죄, 사기죄 등 일반 형법의 적용을 받으며 그외 청소년보호법위반 또는 컴퓨터프로그램보호법위반이 된다. 그러나 범인이 국내통신사나 서버를 이용할 경우에는 추적이 가능하지만, 외국의 서버를 이용한 경우이를 추적하여 적발하기는 인터넷의 특성상 어렵다고 할 수 있다.

나. 음란물 규제의 윤리학적 근거

1) 도덕적 절제의 요청

컴퓨터 통신이나 인터넷상의 음란물 문제가 정보통신윤리의 가장 커다란 문젯거리로 등장하는 것은 확실히 우리 사회가 갖는 특이한 현상이다. 근래 미국 등을 중심으로 쏟아져 나오고 있는 컴퓨터 윤리 관련 서적들에서도 우리는 이 문제를 크게 다루고 있는 책을 찾아보기가 힘들다. 그것은 아마도 이들 나라에서는 이 문제에 대해 범 자유주의적 관점에서 접근하기 때문에, 도덕은 개인적 선택의 차원에 놓여 있는 영역이지 공적 규제의 대상으로 바라볼 수 있는 영역이 아니라는 생각, 또 성 문제는 개인의 프라이버시와 관계되는 것으로서 타인에게 피해를 주지 않는 한 특별히 윤리적으로 문제 삼을 것이 없다는 생각 등이 지배적이기 때문이라 짐작된다.[27] 하지만 우리 사회에는 잘 알다시피 한편으로 오랜 유교문화의 전통을 지닌 윤리적으로 보수적인 사회 분위기가 엄존하는가 하면, 다른 한편으로는 급속한 서구화·개방화의 물결에 편승한 성 담론 해방의 분위기가 점차 확산되어가고 있다. 그래서 이 문제는 종종 첨예한 논쟁의 대상이 되곤 한다. 그러나 여기서는 성 담론 일반을 문제삼고자 하지 않으며, 다만 정보통신에 있어서 음란물 유통에 관한 규제의 필요성과 그 근거에 대해서만 논하고자 한다.

음란물(pornography)은 물론 위에서 언급한 칸트 윤리학의 기본 원리에 따르자면 그 자체로 부도덕하다. 왜냐하면 그것은 우선 항상 목적으로 대우받아야 할 인간을 한갓 (성적 욕구 충족의) 수단으로 취급하기 때문이다. 다음으로 그것은 그것을 즐기는 사람 편에서도 문제가 된다. 왜냐하면 그것을 즐기는 행위는 우리로 하여금 우리 자신을 한낱 성적 욕구의 제물로 만들어버림으로써 우리 스스로의 참된 자유를 침해하는 것이기 때문이다. 다시 말해서 우리 인격의 존엄성을 스스로 훼손하는 것이기 때문이다.

그러나 이러한 논거에 대해서는 곧 다음과 같은 반론이 제기된다. 즉 그것은 인간의 현실을 무시한, 너무나 이상적인 이야기일 뿐이라는 것이다. 우리가 경험하는 바, 현실의 인간은 사실상 이타심보다는 이기심이, 이성적 분별력보다는 자연적 욕망이 더 우세한 것이 아니냐는 것이다. 그러므로 도덕적 이상주의는 인간에게 현실적으로 불가능한 것을 요구함으로써 그에게 불필요한 부담을 주고, 또 이것을 감당할 수 없는 사람으로 하여금 아예 위선적으로 행동하게 함으로써 역효과만을 낳는다는 것이다.

---

27) 이들이 정보통신윤리를 다루는 방식을 검토하면서 필자는, 이들이 사용하는 '윤리'의 개념이 우리와는 얼마간 다르다는 느낌을 받았다. 즉 그들은 '윤리'·'도덕'을 우리가 상식적으로 이해하고 '윤리'·'도덕'의 개념이 아니라 '법' 개념에 더 가깝게 (그것도 주로 '상법'의 차원에서) 사용하고 있다는 느낌을 받았다.

작금의 우리 사회 분위기는 확실히 이러한 후자의 논거가 득세하고 있는 듯하다. 다시 말해서, 개인주의적·쾌락주의적 경향이 점차 목소리를 높이는 추세를 보이고 있다. 철학의 역사를 통해 볼 때, 쾌락주의는 늘 계몽의 분위기 혹은 당시 사회의 지배 이데올로기로부터의 해방의 분위기와 관련되어 있는 것 같다. 쾌락주의는 인간의 자연적 욕구를 억압하는 것에 반발하며, 이성적 분별력을 지나치게 강조함으로써 초래된 어떤 사회·문화적 경직성을 비판한다. 그래서 그것은 체제 유지의 형이상학을 배경으로 한 도덕주의·본질주의와는 근본적으로 대립되는 경향을 보여왔다. 역사의 흐름을 어떤 기운의 응집(聚)과 해체(散)의 과정으로 볼 때, 도덕·윤리가 항상 어떤 공동체의 결합을 지향하는 쪽으로 작용하는 힘이라면, 개인주의·쾌락주의는 분명 그것이 해체되는 경향과 관련된다. 전자가 엔트로피를 감소시키는 쪽으로 작용한다면, 후자는 엔트로피를 증가시키는 쪽으로 작용하는 경향이라 할 수 있을 것이다. 문명의 쇠퇴기나 해체기에는 늘 이러한 후자의 경향이 두드러졌다는 것을 우리는 알고 있다. 여기서 우리가 유념해야 할 것은, 서구에서 정치적으로 자유주의, 경제적으로 자본주의가 득세할 때에도 항상 한편에서는 프로테스탄트의 (금욕주의적) 윤리, 공동체주의 윤리 등이 제 목소리를 내고 있었다는 것이다. 그런데 현재 우리의 문제는, 과거 우리 사회의 규범 문화를 지탱해왔던 유교의 전통 윤리가 이미 힘을 상실한 마당에, 서구화·근대화와 더불어 일방적인 자유주의·쾌락주의적 경향만이 급속히 만연되고 있다는 사실이다. 서구인들이 그들 문명의 위기를 맞을 때마다 늘 되돌아가곤 하는 고대 그리스 로마의 문화와 사상, 또 2천년간 그들의 삶을 지배해온 크리스트교 문화의 뿌리인 성경과 초대 교회의 정신에 해당되는 것이 지금 우리에게 남아 있는가?

여기서 철학적 윤리학의 입장에서 다시금 강조해 두고 싶은 것이 있다. 그것은, 도덕이란 우리에게 내재되어 있으되 항상 초월적인 성격을 지니고 있다는 것이다. 즉, 도덕은 현실에 관여하되 거기에 근거를 두지는 않는다는 것이다. 따라서 도덕의 명령은 그 실현 가능성·불가능성을 따질 대상이 아니라 우리가 오로지 따르도록 노력해야 할 대상이라는 것이다. 이러한 형이상학적 접근이 아니더라도 인간이 절제하도록 되어 있다는 것은 우리의 상식이 또한 말해주고 있는 바이다. 실제로 청소년들의 PC통신상의 음란정보 이용에 대한 설문조사 결과, 절대 다수가 '그것이 잘못이며, 가급적 절제하는 것이 좋다'고 응답한 데서도28) 우리는 이것을 짐작할 수 있다. 물론 인간은 동물이고, 이러한 동물성에 뿌리박은 자연 본성의 충동들이 인간에게 있다. 아마도 자연은 인간에게 이런 충동들을 심어 놓음으로써 자기 자신을 보존하거나 자기가 속한 종족을 보존하도록 할 의도를 가졌을지도 모른다.29) 칸트 또한 이러한 인간의 자연적 본성을 결코 악하다고 보지 않았다. 그것은 아직 도덕 이전 단계에 있는 것으로서 도덕적으로 볼 때 중립적인 것이기 때문이다. 인간의 악의 성향은, 그가 경향성에 맞서 도덕법칙을 따라야 한다는 것을 알면서도 그것에 의도적으로 저항할 때, 다시 말해서 자신의 태도를 합리화하는 데서 드러난다. 칸트는 이를 '근본 악'(das radikal Böse)이라 불렀다.30)

사실 인간은 자신의 내부에서 들려오는 도덕의 요구에 늘 부담감을 느끼고 있을지도 모른다. 그래서 그것으로부터 무의식적으로 도피하고 싶

---

28) 김정기·김형일, 불건정 정보 유통 실태 및 윤리 의식 실태와 정보윤리 의식고취 방안 연구, (서울: 정보통신윤리위원회, 1997), 81~83면.
29) 백종현, 칸트 <실천이성비판> 논고, 성천아카데미문고7(서울: 성천문화재단, 1992), 121면 이하.
30) I. Kant, *Religion innerhalb der Grenzen der bloßen Vernunft*, 1. Stück.

은지도 모른다. 그는 프로이트(Freud)식의 설명에 해방감을 느끼고, 무절제한 욕구 충족을 합리화함으로써 모두 함께 공범자가 되고 싶은지도 모른다. 그러나 쾌락이 과연 우리 삶의 목표가 될 수 있을까? 우리는 자기중심적 쾌락의 추구에 진정으로 만족할 수 있을까? 만일 사람에게 있어 참된 행복이 있다면, 그것은 혼자서 쾌락을 추구하는 자유로운 삶에서가 아니라, 자기 말을 귀 기울여 들어주고 또 자기를 진정으로 이해해 주는 누군가와 함께 있을 때에 가능한 것이 아닐까? 그렇다면 쾌락이라는 허구를 좇을 것이 아니라 실제 삶 속에 뛰어들어 의미를 찾아야 하지 않을까?[31]

2) 음란정보에 대한 공적 규제의 범위와 근거

이상의 모든 주장이 옳다고 하더라도, 이를 근거로 음란정보에 대한 공적 규제를 정당화할 수는 없다. 왜냐하면 음란정보의 유통은 원칙적으로 도덕적 차원의 문제이지 법적 차원의 문제가 아니기 때문이다. 다시 말해서 타인에게 피해를 입히거나 타인의 권리를 침해하는 일이 아니기 때문이다.

여기서 우리는 이 논의를, 음란정보를 접하는 주체를 가지고 두 차원으로 나누어 접근해볼 필요가 있다.[32] 첫째는 그 주체가 미성년자(어린이와 청소년)일 경우이다. 이 경우는 공적 규제의 대상이 될 수 있다. 앞서의 논의에서 우리는 칸트를 따라 인간에게 두 가지 차원이 있음을 전제

---

[31] 철학적 윤리학의 입장에서 '쾌락주의'를 비판한 것으로는, 박찬구, "쾌락주의 일반에 대한 비판적 고찰", 수록: 『도덕윤리과교육』제9호, 한국도덕윤리과교육학회, 1998, 329~343면 참조.
[32] 박찬구, "정보통신윤리의 윤리학적 근거에 대한 고찰," 한국사회와 정보통신윤리(서울: 정보통신윤리위원회, 1999), 14~15면.

한 바 있다. 하나는 자연 경향성으로서의 욕구요, 다른 하나는 자율의 능력으로 표현되는 실천 이성이다. 이 후자는 인간의 이성적 분별력을 의미하는 것으로서, 이것 때문에 인간은 스스로 도덕적 책임의 주체가 될 수 있는 것으로 간주된다. 하지만 미성년자는 아직 이러한 이성적 분별력을 갖추고 있다고 볼 수 없으며, 따라서 자기 행위에 대한 올바른 선택을 할 수 있다거나 그것에 대해 도덕적 책임을 질 수 있다고 볼 수 없다. 이는 마치 우리가 동물이나 정신이상자에게 도덕적 책임을 묻거나 처벌을 할 수 없는 것과 마찬가지이다. 그러므로 미성년자는 그들이 이성적 분별력을 갖출 때까지 보호받을 필요가 있다. 만약 우리가 미성년자를 불건전정보에 무차별적으로 노출시킨다면, 이는 넓은 의미에서 그들의 교육받을 권리를 침해하는 것에 해당될 수 있다.[33]

다음은 성인들의 경우이다. 이 경우는 원칙적으로 공적 규제의 대상이 될 수 없다. 왜냐하면 남에게 피해를 주지 않는 한, 성인들은 자기 자신의 삶을 자율적으로 영위하고 거기에 대해 스스로 책임을 지면 되기 때문이다. 도덕은 법과 달라서 외적 강제로 이루어지는 영역이 아니라 내적 강제, 즉 자율의 영역이다. 그래서 도덕에서는 오직 자기 수양과 스스로에 대한 계몽이 과제가 될 뿐이다. 하지만 미성년에서 (진정한) 성년으로의 이행이 단지 나이에 따라 이루어지는 것이 아님을 우리 모두는 알고 있다. 칸트는, 우리가 마땅히 미성년 상태를 벗어나야 함에도 불구하고 아직 거기에 머물러 있는 것은 지성(Verstand)의 결핍 때문이 아니라 결단과 용기의 결핍 때문이라고 보았다.[34] 사실 도덕적 결단과 용기는 단지

---

[33] 음란·폭력정보가 미성년자에게 미치는 유해성의 정도에 대해서는 현상에 대한 실태 분석이 필요하며, 이는 사회과학적 연구의 영역에 속한다.(김정기·김형일, 위의 책, 20면 이하 참조) 정보통신윤리는 규범적 접근과 현상적 접근이 균형 있게 이루어짐으로써 더 설득력을 얻어갈 수 있을 것으로 생각된다.

지식의 문제는 아니다. 그것은 오랜 자기 절제의 훈련 없이는 불가능하다. 그렇기 때문에 우리 조상들은 그토록 신독(愼獨)을 중시했던 것이며, 아리스토텔레스 또한 '덕은 오직 습관의 산물'임35)을 강조했던 것이다.

이제 이러한 필요성을 인정한다면, 우리는 각자 서로 도울 필요가 있다. 넓은 의미에서 우리가 서로 돕는다는 의미 속에는, 우리가 서로 서로의 본능적 충동을 과도하게 자극하지 않는다는 것이 포함되어 있다. 자기자신과 타인에 대한 지나친 성적 자극은, 어느 정도 절제해야 할 필요성을 이미 스스로 느끼고 있는 대부분의 사람들에게 있어 사실상 자학(自虐)에 지나지 않는다. 그것은 일종의 병적 현상이다. 그러므로 우리가 이러한 문제에 있어 사회적 합의를 이룰 수만 있다면, 우리는 스스로를 지키기 위한 최소한의 법적 제재도 생각해볼 수 있다.36)

물론 이러한 논변에 대해서는 곧 다음과 같은 반론이 제기될 것이다. 프로테스탄트의 금욕 정신에 바탕을 둔 1919년 미국의 '금주법'이 결국 실패한 것이나, 어느 나라에나 매매춘을 금하는 법이 있음에도 불구하고 사실상 그것이 지켜지고 있지 않은 현상 등을 볼 때에도, 현실을 무시한 지나친 도덕주의는 성공하기 어렵다는 주장이 그것이다. 더구나 PC통신이나 인터넷상의 정보를 규제하는 것은 기술적으로도 사실 한계가 있다.37)

---

34) I. Kant, *Beantwortung der Frage: Was ist Aufklärung?*, A 481.
35) 아리스토텔레스(최명관역), 『니코마코스 윤리학』, 서광사, 1984, 제2권 제1장 참조.
36) 서로 서로를 도와야 할 인간의 '도덕적' 의무도 사회적 합의만 있다면, 얼마든지 '법적' 의무로 설정될 수 있다. 이것을 우리는 서구(예컨대 독일)의 예에서 찾아볼 수 있다. (R. Spaemann, *Moralische Grundbegriffe*, München: Beck, 1994, S. 59f. 참조)
37) 김정기·김형일, 위의 책, 16~17면 참조.

하지만 우리는, 결핵균이 늘 새로이 변이(變異)하기 때문에 기존의 항생제가 듣지 않는다고 하여 새로운 항생제의 개발을 포기하지는 않는다. 결핵균을 궁극적으로 박멸할 수는 없다 하더라도 우리는 우리 자신을 지키기 위해 항상 새로운 싸움을 벌이지 않을 수 없는 것이다. 음란물을 즐기고자 하는 수요가 있는 한 음란정보의 유통을 완전히 통제하려는 시도가 성공할 수는 없다. 다만 최소한의 중용을 지키기 위해서라도, 손쉽게 음란정보를 접할 수 있는 환경은 막아야 한다.[38] 그것이 우리의 미래 세대를 보호하는 것이자, 우리가 서로 서로를 돕는 길이기도 하다.

다. 음란물 규제의 법적 근거

1) 형사법적 제재

사이버 공간의 음란물에 대하여는 먼저 형법 제243조를 들 수 있다. 구성요건으로는 음란한 문서, 도화, 필름 기타 물건을 반포, 판매 또는 임대하거나 공연히 전시 또는 상연한 경우이며, 사이버 공간에서 음란한 영상화면을 수록한 컴퓨터 프로그램을 컴퓨터 통신망을 통하여 전송할 경우 법원은 컴퓨터 프로그램파일은 소정의 문서, 도화, 필름 기타 물건에 해당되지 않는다고 판시하였다.[39]

그리고 성폭력범죄의 처벌 및 피해자보호 등에 관한 법률 제14조를 들 수 있다.[40] 이 법률은 친고죄로 규정되어 있으므로 가해자를 특정할

---

[38] 음란정보의 유통을 막는 방식에는 여러 가지가 있을 수 있다. 이 여러 방식을 복합적으로 활용함으로써 막을 수 있는 한 최대한으로 막으려는 시도를 해야 한다. 예컨대 음란정보 접속을 차단하는 프로그램 개발을 지원하고, 개발된 프로그램을 신속히 보급하는 노력을 계속하는 것 등이 그것이다.
[39] 대법원 1999.2.24, 98도3140.
[40] 성폭력범죄의 처벌 및 피해자보호 등에 관한 법 제14조 (통신매체이용음란; 자

수 있어야 하므로 제한된 형태의 가상공간에서만 적용될 수 있을 것이다.

청소년보호법 제17조(판매금지 등), 제23조의 2(외국매체물에 대한 특례) 및 제50조(벌칙)에서 청소년유해매체물41)을 청소년들 대상으로 판매, 대여, 배포하거나 시청, 관람, 이용에 제공하는 행위를 3년 이하의 징역 또는 2천만원 이하의 벌금에 처하도록 하고 있다. 청소년유해매체물이라함은 음란성과 폭력성이 있는 매체물(음반, 비디오물, 신문, 잡지, 전자출판물, 음성정보, 영상정보, 광고선전물 등)을 의미한다. 이는 불건전정보 유통에서 청소년의 접근을 차단하려는 의도에서 제정된 법률이다.42) 그러나 이는 형법상 음란죄의 문제를 그대로 안고 있어 가상공간에 적용되기에는 한계가 있다.

2) 전기통신기본법상의 제재

사이버 음란물에 대한 포괄적 범위의 법적 제재로서 전기통신기본법 제48조의 1을 들 수 있다.43) 본 조문은 사이버 음란물에 대하여 인쇄매

기 또는 다른 사람의 성적 욕망을 유발하거나 만족시킬 목적으로 전화·우편·컴퓨터 기타 통신매체를 통하여 성적 수치심이나 혐오감을 일으키는 말이나 음향, 글이나 도화, 영상 또는 물건을 상대방에게 도달하게 한 자는 1년 이하의 징역 또는 300만원 이하의 벌금에 처한다). 본 죄는 친고죄이다.
41) 이경재, 음란물에 대한 규제방식의 문제점, 형사정책연구소식, 1997년 7·8월호, 4~5면.
42) 1998년 1월부터 1999년 8월까지 천리안, 하이텔, 유니텔 등 국내6대 PC통신사에 접수된 음란대화 등 불건전대화, 음란물 유통 등 불건전정보제공 등에 관한 신고건수가 모두 20만 8410건에 달하였다고 국회 정무위의 청소년보호위원회 국정감사에서 김민석 의원이 지적하면서 이에 대한 대책이 시급하다고 강조하였다(한겨레, 1999.9.30자).
43) 전기통신기본법 제48조의2 (전기통신역무를 이용하여 음란한 부호·문언·음향 또는 영상을 반포·판매 또는 임대하거나 공연히 전시한 자는 1년 이하의 징역 또는 1천만원이하의 벌금에 처한다).

체를 전제로 하는 기존의 형법 제243조로 규제하는 것이 문제가 있다고 보아 1996년 12월에 신설되었다. 본 조문의 음란물 규제를 물건의 개념이 아니라 내용의 개념으로 보고 규정하였다. 대법원에서는 컴퓨터 파일에 담아서 전송하는 행위에 대해 형법 제243조에 해당되지 않는다는 판결을 내리고 있다.44) 형법 제243조의 경우 음란한 문서, 도화, 필름 기타 물건임에 비하여 전기통신기본법 제48조의 2에서는 음란한 부호, 문언, 음향 또는 영상을 디지털형식으로 가상공간에 올려진 경우 적용된다.

부호란 전기통신에서 사용되는 기호형태를 말하며, 문언이란 전기통신에서 사용되는 텍스트 형태로 사용되는 것을 말하며 음향이란 전기통신에서 소리의 형태로 사용되는 것을 말하며 영상이란 움직이는 화상을 그래픽파일로 저장하여 사용되는 것을 말한다. 여기서 부호, 문언, 음향 또는 영상이란 가상공간에서 생길 수 있는 매체의 사용형태라고 볼 수 있다.

행위유형으로 반포란 가상공간에 음란내용을 올리는 행위이며 이에 따라 이를 다운받는 것을 말한다. 그러나 가상공간이라 하더라도 단순히 특정 상대방에게(e-mail) 또는 폐쇄적 공간(뉴스그룹, 대화방 등)인 경우에는 반포의 개념으로 볼 수 없는 경우도 있으므로 이에 대한 범위설정을 명확히 하여야 할 것이다.45)

인터넷 상에서 해석의 논란이 되는 것은 링크이다. 링크란 한 홈페이지에서 하이퍼링크 형태로 다른 홈페이지의 경로와 주소를 밝혀 이를 마우스 등으로 클릭하면 전 세계 어느 곳이든지 접근할 수 있다. 따라서 음란한 내용의 홈페이지를 링크만 한 경우 이에 대한 법적 책임을 지울 수

---

44) 대법원 1999.2.24, 98도3140.
45) CUG(폐쇄그룹)의 경우 회원수와 접근성에 따라 공연성이 인정될 수 있다.

있을 것인가가 문제된다. 현행법상 이 경우 처벌가능성은 없다고 보아야
한다. 그러나 실제로 가상공간의 음란물 반포는 행해졌다고 할 수 있다.
링크의 경우 단순히 초기 화면에만 링크해 놓은 경우와 음란한 내용을
링크한 경우는 달리 취급해야 한다. 전자의 경우 가벌성의 범위를 확장시
키기는 곤란하나 후자의 경우 이를 인정할 수 있을 것이다.

가상공간에서 판매와 임대는 동일한 내용으로 볼 수 있다. 가상공간
의 음란물의 경우 회원으로 가입하거나 정보이용료를 지불하고 이를 열
람하거나 다운로드 받는 경우이다. 또한 공연히 전시하는 행위는 인터넷
상에서는 배포의 의미와 동일하다고 할 수 있다.

라. 사이버 공간의 음란물에 대한 행정명령

정보통신부장관은 공공의 안녕질서 또는 미풍양속을 해하는 것으로
인정되는 통신에 대하여는 전기통신사업자로 하여금 그 취급을 거부·정
지 또는 제한하도록 명할 수 있으며(전기통신사업법 제53조), 동시행령 제
16조에서는 공공의 안녕질서 또는 미풍양속을 해하는 것으로 인정되는
전기통신은 첫째 범죄행위를 목적으로 하거나 범죄행위를 교사하는 내용
의 전기통신, 둘째 반국가적 행위의 수행을 목적으로 하는 내용의 전기통
신, 셋째 선량한 풍속 기타 사회질서를 해하는 내용의 전기통신으로 규정
하고 있다.

정보화 촉진기본법시행령 제11조의 2에 의하여 정보통신부 장관은
불특정 다수인이 정보통신망을 이용하여 정보를 검색·저장·송신 또는
수신할 수 있는 장비를 설치한 공공기관의 장에게 법 제12조의 2의 규정
에 의하여 당해 장비에 음란물 및 폭력물 등 불건전 정보에 대한 접속을

차단할 수 있는 소프트웨어를 설치하도록 권고할 수 있다.

전기통신사업자 등에 대한 이러한 행정명령은 전기통신사업자 등이 통신의 취급을 거부·정지 또는 제한하면 이용자의 표현의 자유가 실질적으로 제한되어 위헌의 소지가 있으며 공공의 안녕질서 또는 미풍양속이라는 개념자체가 모호하고 추상적이어서 행정기관의 자의가 개입될 우려가 있다.

마. 사이버 공간의 음란물에 대한 정보통신윤리위원회의 규제

사이버 공간의 불건전정보를 규제하기 위하여 정보통신윤리위원회를 두어 심의를 통하여 사이버 공간의 음란물을 규제한다. 동위원회는 정보제공자가 심의를 신청한 경우, 위원회가 불건전정보라고 인지한 경우와 불건전정보통신 신고센터에 신고된 경우에 심의규정에 위반되는지 여부를 심의한다. 즉 동 위원회의 심의대상은 사이버 공간 전체의 불건전정보가 아니라 제한된 형태인 PC통신회사를 매개로 하는 정보만을 심의할 뿐이다. 또한 동위원회에서 심의적합 판정을 받더라도 그 정보가 사후에 음란성이 인정되면 형사처벌이 가능하다. 이러한 현실은 실제 PC통신사업자의 경우 성인서비스 란에 청소년의 접근을 제한하는 장치를 두어 음란물을 게재하였더라도 형법상 음란물의 기준에 적합하면 음란죄로 처벌되는 것이다. 동위원회에서 적합판정을 내렸다 하더라도 동일한 사안에 대해 형사처벌이 가능하다고 할 수 있다. 따라서 동위원회의 심의만으로는 사이버 공간의 음란물에 대한 규제역할이 일부분일 수밖에 없다.

바. 사이버 공간의 음란물에 대한 법적 규제의 한계

사이버 공간의 음란물에 대응하기 위하여 법적 규제 대책을 행하는 것은 신중하게 고려해야 한다. 인터넷이란 물리적이거나 유형적인 실체가 아니며, PC통신회사(천리안, 유니텔 등)에서 행하는 제한된 서비스도 아니다. 또한 사이버 공간에서는 인터넷을 관리하고 있는 중앙기관도 없으며, 인터넷 접근방법도 제한되어 있지 않으며, 인터넷 접근에 대한 비용지불도 없거나 장소나 시간의 제약도 없으며 국경도 없이 세계를 한 네트워크로 연결한다. 따라서 이러한 가상공간을 대한민국이라는 제한된 공간에서 음란물이라는 제한된 정보만을 차단 또는 규제하기는 어려우며 더구나 법적 규제를 가한다는 것은 극히 미미한 영향만을 줄 따름이다. 전 세계의 모든 인터넷 이용자를 규제한다는 것은 이제는 물리적으로나 법적으로 불가능하다.

인터넷의 속성은 모든 호스트 컴퓨터가 서로 연결되어 있을 뿐만 아니라 접속과 전송경로도 물리적으로 통제할 수 없으며 인터넷에서 정보를 받았을 때 그 정보가 국내에서 온 것일 수도 있고 외국에서 온 것일 수도 있다. 따라서 가상공간에서의 음란물이 국내에서 올린 것일 수도 있고 외국에서 올린 것일 수도 있으므로 국내의 인터넷 규제법으로 외국을 규제할 수는 없는 것이다.

우리의 수사기관에서는 현재 오프라인형태인 PC통신에 대해 강력한 음란물 단속을 하여 많은 성과를 거두고 있다. 그러나 이러한 PC통신은 가까운 장래에 모두 근거리통신망(LAN) 또는 또 다른 기술적으로 발전된 매체로 대체될 것이며 그렇게 될 경우 지금까지 행해온 수사기법은 아마도 통하지 않을 것이다. 즉 내국인이 내국의 ISP를 이용하여 인터넷에 음란물을 게재하면 한국의 수사기관은 검색 프로그램을 이용하여 적발하고 이에 영장을 발부받아 당사자를 검거할 수 있으며 국내법에 따라 처벌할 수 있다. 그러나 내국인이 외국의 ISP를 이용하여 인터넷에 한글로 된 음란사이트를 개설하여 음란물을 게시할 경우나 외국인이 외국의 ISP를 이용하여 한국인을 대상으로 한 음란사이트를 개설하여 음란물을 게시할 경우 그리고 해외교포가 외국의 ISP를 이용하여 음란물을 게시할 경우 법률규제는 현실성이 없다.

미국의 통신품위법(CDA)이 표현의 자유를 침해한 것이라는 이유로 위헌판결을 받은 것과는 달리 우리 나라에서는 별 저항 없이 가상공간의 음란물에 대하여 강력한 법적 규제를 가하고 있다. 그러나 그 강력한 규제법 또한 실효성 부분에서는 의문이라 할 수 있다.

4. 사이버문화 공간의 음란물규제에 대한 외국의 입법례

사이버 공간의 음란물이 가지는 문제는 남녀노소와 관계없이 인터넷에 접속할 수만 있다면 누구나 쉽게 접근할 수 있다는 것이다. 음란물이 끼치는 사회적 해악은 상대적으로 성인층과 청소년층에게 달리 나타난다. 음란물이 끼치는 해악은 청소년들에게 훨씬 크며 호기심 또한 크다고 할 수 있다. 설문조사결과에 의하면[46] PC통신을 이용한 청소년들의 4명중 3명이, 인터넷을 사용하는 청소년 2명중 1명이 음란물을 접촉한 경험이

---

[46] 노성호, 청소년의 온라인음란물 접촉실태, 형사정책연구소식, 1999, 5·6월호, 8면 이하 참조(본 논문의 설문조사는 1998년 10월부터 11월까지 하이텔의 텔레리서치 코너에 설문조항을 게재하여 응답을 받은 청소년 649명을 대상으로 분석되어 있다).

있는 것으로 나타났다.

　기존의 영화나 인쇄매체를 통해 음란물이 제공된 경우 어떤 물리적인 경로를 차단함으로써 청소년의 이러한 매체접근을 통제하여 왔다. 특히 외설잡지를 사기 위해서는 신분증의 제시로 구매자의 나이를 확인하여 이를 통제할 수 있었다. 그러나 음란물사이트 접근시 나이제한으로 통제하거나 신용카드가 성인에 대해서만 발급되므로 음란사이트이용을 위한 이용료지불을 신용카드만으로 하여 청소년의 접근을 막으려는 장치는 현실적으로 청소년들이 얼마든지 이를 속여 접근할 수 있으므로 매우 어렵다. 따라서 청소년들이 가상공간에서 음란물사이트에 접근하는 것을 막기 위한 장금장치 마련이 제도적으로 요청되고 있으나 문제는 가상공간에서의 음란물에 대한 규제를 허용하여야 한다는 견해와 헌법상 보장된 표현의 자유라는 기본권을 내세워 규제불가라는 주장이 대립되고 있다. 이에 외국의 사례를 살펴보자.

가. 미국과 영국의 경우

　미국 연방통신위원회(Federal Communications Commission)에서 표현의 자유를 보장한 수정헌법 제1조에 대해 높은 가치를 두고 최소한의 내용규제를 바탕으로 사이버 공간에 대한 규제입법을 추진하여 왔다.

　미국의 통신품위법(CDA)[47]에서 규정하는 "품위에 어긋나는"이란 기준이 애매모호하기 때문에 법규정상에서는 품위에 어긋난 정보만을 단속한다고 하지만 결국 인터넷상에서의 정보교류를 통제하게 되어 결국 헌법에 보장된 통신을 통한 표현의 자유가 침해된다는 이유와 청소년보호

---

47) 鄭陳燮, 인터넷과 컴퓨터범죄의 신동향, 저스티스, 제29권 2호, 43면 참조

의 측면뿐만 아니라 성인의 권리도 보장되어야 한다는 이유로 위헌소송을 제기당하였으며 미대법원의 위헌판결을 받게 되었다.[48] 이에 미 행정부는 위헌판결을 받은 통신품위법을 수정 보완하여 새법안의 제정을 추진하고 있다.

미국 대법원에서는 음란물규제에 대하여 이중의 기준을 가지고 있다. 즉 음란물(obscenity)은 표현의 자유의 보호대상이 아니나 저속한 표현(indecency)의 경우 성인들의 접근은 허용하나 청소년의 접근은 규제하고 있다.[49]

1998년 10월 미 하원을 통과한 어린이인터넷보호법(Child Internet Protection Act; CDA II)에서는 인터넷 업체들이 동영상, 사진, 문서 등 음란한 내용의 성인용 자료를 미성년자에게 상업적으로 배포할 수 없으며 이를 위반할 경우 최고 5만 달러의 벌금 및 6개월의 징역에 처한다. 그러나 이 법률은 1999년 2월 연방법원에서 위헌판결을 받았다.

1995년 미 상원을 통과하고 현재 입법추진 중인 어린이온라인보호법(Children's Online Protection Acts)은 5만 명 이상의 고객을 가진 인터넷 서비스업체는 3년 이내에 차단 소프트웨어를 해야 하며, e-rate의 인터넷 보조금을 받고 있는 학교와 도서관 등에 차단 소프트웨어사용을 의무화

---

[48] ACLU(American Liberties Citizen Union) vs. Reno사건의 판결내용을 간추리면 다음과 같다. 첫째 "품위없는", "명백하게 불쾌한"이라는 용어의 표현이 너무 애매모호하여 상황에 따라 달리 해석적용될 가능성이 있어 "표현의 자유"를 억압할 가능성이 있으며, 둘째 인터넷상의 음란물차단프로그램(Cyber Patrol, Net Nanny, SurfWatch 등)이 개발되어 자율적 억제가 가능하며, 셋째 비록 청소년들에게는 유해한 음란물이지만 이를 제도적 차원에서 규제하기 보다는 관련 산업계와 가정 그리고 교육계를 통한 자율적 규제가 인터넷 발전에 도움이 될 것으로 판단된다고 하였다.
[49] MIller vs. California(1973): 음란물(obscency)의 경우 수정헌법 제1조의 표현의 자유의 보호대상이 아니다라고 판결하였다.

하고 있다.

영국에서는 1978년에 제정된 "어린이 보호법(Protection of Children Act)"이 일부 개정되어 가상공간에 적용되고 있으며, 인터넷서비스제공자(ISP)가 서버에 불법내용물을 올렸을 때 현행법에 의해 명백한 책임이 있고 이를 방조했을 경우에도 처벌하도록 하고 있다.

나. 독일의 경우

독일연방정부가 1996년 12월 정보통신서비스의 활용을 위한 제반여건을 마련할 목적으로 제정한 정보통신서비스법(Information Communication Service Bills:IuKDG)이며 인터넷서비스에 관한 종합적인 법체계를 갖춘 최초의 법이다. 1997년 6월 연방하원에서 동법을 의결하여 7월에는 상원의 승인을 거쳐 8월 1일부터 발효되었다. 동법의 목적은 인터넷의 상업화를 촉진하는 동시에 음란물의 무분별한 유통과 인터넷의 부작용을 차단하는데 있다. 특히 동법에서는 약자인 청소년 보호에 관해 서비스 항목을 첨부하고 미성년자 보호란 상주조항을 덧붙여 청소년을 보호하려는 의도를 반영하고 있다.

주요 내용은 첫째 인터넷 서비스 제공자가 제공한 내용에 대해서는 일반법에 의거한 책임을 묻는다. 둘째 ISP가 불법적이고 유해한 정보가 유통되고 있다는 것을 알고 있고 그것을 차단할 수 있는 방법이 기술적으로 가능하고 또 그러한 차단조치가 합리적으로 기대될 수 있다면 제3자가 올린 인터넷 정보내용에 대해 ISP는 책임이 있다. 셋째 ISP는 제3자가 올린 정보를 이용자들이 단지 이용할 수 있도록 제공자 역할만을 수행했을 경우 그 내용에 대해서는 책임을 지지 않는다. 넷째 통신법

(Telecommunication Law) 제85조의 통신비밀보호규정을 준수하는 가운데 불법적인 내용의 유통을 인지했고 또 그 내용을 기술적으로 차단할 수 있고 아울러 그러한 차단이 합리적으로 기대되는 한 인터넷 서비스 제공자는 일반법이 규정한 불법내용 차단의무를 지켜야 한다.

동 법률은 인터넷에 대한 지나친 규제로 인터넷 사용의 부정적 영향을 미칠 것이라는 논란이 일고 있으며 정보제공자 또는 외국서버를 이용할 경우 법적 관할권 문제가 여전히 남아 있다.

다. 아시아제국의 경우: 일본·중국·싱가폴

1998년 4월 일본의회는 성인정보제공자의 어린이를 소재로 한 음란물 및 Hardcore적 음란물의 유통방지를 위한 정화노력을 의무화한 "풍속영업정화법"을 시행하고 있다.

중국은 인터넷에 접속하는 국내 네트웨크인 차이나네트에 신규가입을 의무화하고 1996년에는 법령으로 국제전화를 이용한 인터넷 접속을 금지하고 있다.

1996년 7월 싱가폴의 방송청(SBA)은 외국에서 유입되어서는 안 될 정보(음란·폭력적인 정보, 인종적·종교적 화합을 저해하는 정보)에 대한 규정, ISP와 정보제공자(CP : Content Provider)의 의무에 대한 규정 등이 포함된 인터넷 윤리실천강령(Internet Code of Practice)을 제정하였으며, ISP와 CP에 대한 면허지침을 제정하였다. 동 면허지침에 따르면 ISP는 반드시 SBA에 등록하여야 하며, ISP는 인터넷과 그 이용자를 모니터 할 의무는 없으나 SBA가 인지한 대표적인 포르노사이트 100개에 대한 접근을 차단하여야 하며, CP는 기본적으로 정치적, 종교적 문제를 다루지 않는

한 등록대상엣 제외하도록 하였다. SBA의 인터넷 정책은 음란·폭력정보와 인종·종교적 침해정보에 그 초점을 두고 있다.

라. 오스트리아의 경우

오스트리아 정부는 인터넷 관련규제를 오스트리아 방송청(ABA, Australian Broadcasting Authority)이 맡도록 하였다. 이에 의하면 ABA는 1996년 6월에 인터넷상의 외설적인 내용을 규제하기 위하여 "온라인/인터넷 서비스내용에 관한 조기검토안"을 발표하였다. 이에 의하면 첫째 온라인 서비스제공업자들은 이용자 ID를 제공할 때 성인들에게 제한적인 ID를 제공하여 성인용 정보이용자를 대상으로 성인ID를 가진 자에게만 나이확인을 해야 하며, 둘째 사이트내용에 관하여 PICS(Platform for Internet Content Selection) 등급을 적용하여 제시하고 서비스 제공업자들에게 등급표시를 장려하며, 셋째 이용자들은 등급표시에 따라 내용을 차단하는 여과장치를 활용하며, 넷째 서비스 제공업자가 음란물 게재를 허용하거나 어린이에게 부적격한 내용물에 관한 사항에 따른 조치를 위배했을 경우 규제대상이 된다.[50]

마. 국제기구의 경우

국제기구를 통한 협력으로 1997년 7월 OECD의 정보통신정책위원회(ICCP)에서는 자율규제, 인터넷 내용선별소프트웨어의 보급, 내용등급제 시행의 필요성을 확인하였으며, 1998년 3월에는 파리에서 개인정보의 보호, 검열, 스팸메일 및 저작권 등에 대한 각국의 규제에 관해 논의를 하

---

50) 윤영철, 앞의 논문, 18~19면 참조.

였다.

UNESCO는 정보윤리정책과 관련하여 회원국간의 국제협력을 도모하고 있는데 이에는 정보사회에서의 평등, 정의와 상호존중의 촉진, 정보의 생산, 접근, 확산, 보존 및 이용에 관한 주요 문제를 도출하며, 이들 문제와 관련한 회원국들의 전략과 정책형성에의 조력 등의 내용이 포함되어 있다.

1999년 5월에는 AOL, IBM, MS, BT, 유로 ISPA 등 컴퓨터 인터넷 관련 미국 및 유럽의 대기업을 중심으로 기존의 "오락소프트웨어 자문위원회(RSAC, Recreational Software Advisory Council)를 승계한 "인터넷내용등급협회(ICRA, Internet Content Rating Association)"을 결성하여 PICS를 기반으로 업계 자율의 인터넷 내용등급제의 확산 및 개별국가의 상황에 맞는 시스템개발의 기본틀을 마련하였다.

5. 사이버문화 공간에 대한 정보문화 정책의 방향 모색

정보화의 기술적 측면의 역기능과 아울러 우려되는 점은 유통되는 정보내용으로부터 야기되는 또 다른 측면의 역기능이다. 청소년에게 유해한 음란폭력적인 정보, 불법 복제물, 타인의 명예를 훼손하거나 사생활을 침해하는 정보, 허위사실로 사회불안을 조성하는 내용의 정보 등이 정보통신망을 통하여 밤낮없이 유통되어지고 있고, 이를 우려하는 일각에서는 정보화 무용론을 넘어 그 유해론을 거론하고 있는 실정이다. 이를 불식하고 정보화의 밝은 면을 확산시켜 나가기 위해서는 불건전정보의 유통 억

제와 각종 침해로부터의 정보보호를 위한 다각적인 대응방안이 모색되어
야 할 것이다.

가. 법·제도적 기반구축

정보보호에 관한 법·제도적인 대책으로는 각종의 법제를 정비함은
물론이요, 효과적인 정보보호를 위해 전자서명제도의 활성화, 암호사용제
도의 도입 등이 추진되어야 한다. 그리고 사업자들의 영업목적에 개인정
보의 활용이 높아짐에 따라 개인정보의 오남용을 방지할 수 있는 법·제
도의 정비도 필요하다.

아울러 정보내용적 측면에서도 청소년 유해정보 등 불건전정보의 유
통을 효과적으로 차단하기 위해 불건전정보 유통행위자에 대한 다양한
형태의 규제방안이 제도화되어야 할 것이다.

현재 세계 각국은 정보기술의 발전에 수반되는 각종 부작용을 방지하
기 위한 법·제도의 정비와 정보보호기술의 개발과 이의 이용을 위한
법·제도의 마련을 국가적 차원에서 추진하고 있다. 우리도 세계적 정보
화에 앞장 설 수 있기 위해서는 정보보호에 관한 종합적인 법·제도가
마련되어야 할 것이다. 또한 조직의 정보보호대책을 위해서는 보안계획
도구, 위험분석 도구, 감사추적 도구 등을 이용해야 할 것이며, 이와 함께
기존의 각종 안전관리 지침을 재평가하여, 기술발전에 따라 불필요하거나
형식화된 규정을 정비해야 할 것이다.

나. 역기능 방지를 위한 환경조성

정보화의 진전은 사회구조의 변화와 새로운 가치창출에 기여할 것이

분명하다. 그러나 자료의 유출, 내부자료 변조나 파괴, 부정 정보처리, 해킹, 금융범죄, 비윤리적 정보 유통행위, 컴퓨터 바이러스 등의 부작용을 발생시키고 있다. 그 외에 소유주나 운영자의 특별 데이터베이스에 대한 공격, 정보통신네트워크에 행해지는 공격, 첩보활동을 목적으로 하는 공격, 서비스를 불가능하게 하기 위한 공격, 해로운 명령어 삽입을 위한 사이버 공격 등이 있을 수 있다.

이러한 역기능은 고도정보사회건설에 위협이 되기 때문에 이에 대한 대책이 시급하다. 그런데 이러한 새롭게 나타나는 장애요인들은 기술의 발전이 법의 개정보다 빠른 속도로 진행되기 때문에, 기존의 법체계로는 다루기 어렵다. 따라서 그 책임을 소유주 운영자 정부가 공유하면서 역할을 분담해 나가야 하며, 정보보호와 정보윤리에 대한 교육·홍보활동이 병행되어야 할 것이다.

다. 정보보호 기술의 개발

정보보호는 다른 경우와는 달리 자기 나라만의 고유한 기술과 제품을 사용할 때에 그 효과를 극대화할 수 있다. 만일 외국의 보호기술에 의존하거나 외국제품을 사용할 경우에는, 보호하고자 하는 시스템의 정보는 이미 그 제품의 제작국에 개방된 것이나 다름없는 것이다.

조직의 특성에 알맞은 정보보호시스템을 구축하기 위해서는 사용자 신분확인기술, 접근통제 기술, 무결성 기술, 암호화 기술, 감사추적 기술, 키관리 기술 및 침입차단 시스템과 같은 정보보호 응용기술과, 이들 정보보호 기술의 성능을 평가하기 위한 정보보호 안전성 평가기술 등이 요구된다.

이 밖에 암호화 및 복호화 기술 등의 정보보호 핵심기술의 개발, PC 및 워크스테이션에 대한 정보보호시스템 등의 정보보호 응용기술의 개발, 정보통신시스템에 대한 보안성 평가기술의 개발, 방화벽시스템 등의 해킹방지기술 개발 등이 있다.

이러한 기술개발 때문에 정보보호산업의 규모는 점차 확대되는 추세에 있으며, 현재 정보산업 시장의 약 5% 전후를 점유하고 있으며, 2002년에는 6%의 점유율에 약 677억달러 수준으로 성장할 것으로 보고 있다. 그러나 우리나라는 아직은 세계정보보호산업 시장 대비 0.1%에 불과한 미미한 수준에 있다.

더구나 정보보호 기술의 특성상 정보보호제품의 지나친 외국의존은 국가안전을 위해 바람직하지 못하기 때문에, 취약한 정보보호 관련산업의 육성이 절실하다. 창의성 있는 벤처기업에 대한 적극적 지원으로 창의적 우수한 제품을 생산할 수 있도록 정보보호 기업을 육성·발전시켜야 할 것이다.

나아가서 정보보호산업의 발전을 위해서는 국내 수요기반이 확충되어야 하기 때문에, 개발된 제품을 안정적으로 공급할 수 있는 시장이 형성되도록 해야 할 것이다.

라. 정보보호 기술의 응용분야 확대

정보보호기술의 발전과 각 분야에서의 수요의 확대로 정보보호 기술 분야는 날로 확대되고 있다. 현재 정보보호기술이 응용되고 있는 분야로는 전자상거래를 위한 전자서명, 스마트 카드, 전자자금이체, 키관리 서비스 등을 들 수 있다.

암호기술은 자료의 기밀성·무결성·가용성을 보장하고, 그 자료에 대한 인증기능을 제공함으로써, 정보기술을 안전하게 사용할 수 있는 효과적 수단을 제공한다. 그리고 정보통신망으로부터 개인의 사생활, 지적 재산권, 사업·금융정보의 보호, 공공의 안전, 국가안보 등을 보호받게 된다.

그러나 이러한 암호기술은 불법적으로 악용될 수 있으며, 결과적으로 공공안전, 국가안보, 기업이윤, 사생활 등에 불이익을 초래할 수도 있다. 따라서 국가와 공공의 안전을 방해하지 않는 범위에서, 암호기술을 촉진시켜야 하며, 암호수단에 대한 사용자의 신뢰증진, 암호수단 선택의 자유보장, 암호수단에 대한 표준 준수, 암호기술의 국제적 수용을 위한 국제협력 등의 원칙들을 준수하도록 해야 할 것이다.

마. 정보통신 윤리의식의 고취

정보통신기술은 우리의 삶을 풍부하고 편리하게 하고 있으나, 심각한 윤리 문제를 야기하고 있다. 우리사회는 정보화시대에 대비하여 정보화를 미래사회를 위한 슬로건으로 내세우면서 정부의 주요 국정목표로 설정하고 있다. 그러나 정보통신기술이 갖고 있는 이로움과 편리함에만 치중한 나머지, 정보통신에 수반된 역기능과 윤리적 문제에 대한 관심과 성찰을 간과한 결과, 지금 매우 심각한 윤리적 위기를 맞고 있다.

정보사회도 인간 중심의 사회로 되어야 한다. 그러나 정보사회로의 이행과정에서 나타나고 있는 여러 가지 문제들은 인간의 존엄성과 인간의 본래적 가치를 위협하고 있으며, 다른 무엇보다도 도덕적 혼란을 초래하고 있다. 따라서 도덕적 혼란을 극복하면서, 건전한 정보문화를 창출하기 위해서는 정보통신윤리 의식을 함양시켜 나가야 할 것이다.

정보통신윤리의 확산을 위해서는 자율적인 시민운동, 영향력 있는 매체를 통한 홍보, 학교를 비롯한 기타 교육기관에서의 교육이 중요할 것이다. 이와 더불어 현재 분산되어 있는 정보통신윤리에 관한 법제의 정비가 요청되며, 그 위에 국경을 초월하여 전달되는 불건전 정보에 대응하기 위해서는 국제적 협력을 강화하는 방안도 함께 강구해야 할 것이다.

6. 요약 및 결론

21세기를 맞으면서, 국제적 고부가가치의 원천인 정보산업을 선점하기 위한 경쟁이 치열해 지고 있으며, 선진국들은 지식과 정보에 기초한 경제 구조로 전환하고 있다. 이러한 환경에서의 국가경쟁력은 그 사회가 얼마나 지식을 생산·저장·유통·활용하는 능력을 지녔느냐에 의하여 결정된다고 하겠다. 따라서 지식을 사회 전체에 확산하여 그 활용을 고도화하는 일이 중요시되고 있다. 현재 우리 사회에서도 이미 금융 유통 통신 등에서 전자거래가 일부 시행되고 있으며, 이러한 추세는 날로 증가할 것이며, 이는 전자상거래시대가 임박했음을 나타내는 것이라고 할 수 있다.[51]

정보기술의 발달에 따라 상거래가 물리적인 시장에서 가상공간으로 이행하고 있다. 가상시장에서는 판매자와 구매자 사이에 상품정보만 교환되고, 상품의 유통은 부수적으로 발생한다. 가상시장에서의 경제활동은

---

51) 박영식, "안전한 지식정보사회의 구현을 위하여," 정보화 역기능 방지대책 공청회-정보화 역기능 어떻게 대처할 것인가?(서울: 정보통신윤리위원회, 1999), 7~12면 참조.

물리적 시장에서와는 다르다. 물리적 시장에서는 현물이 거래되지만 가상시장에서는 상품에 대한 정보가 거래될 뿐이다. 이러한 가상시장은 제품의 구매비용 절감, 제품의 생산주기 단축, 재고품의 감소, 고객서비스의 효율성, 새로운 판매기회의 제공 등의 효과를 가져올 수 있다.

그러나 이러한 정보통신 서비스의 중요성은 정보보호에 대한 우려와 관심을 낳게 한다. 정보에 대한 보호는 국가안전뿐 아니라, 금융기관과 일반 기업체 나아가서 개인들에게까지 중요한 문제로 된다. 정보사회에서는 모든 거래의 흐름이 전자적 데이터에 의존하기 때문에 정보시스템이 부적절하게 보호될 때, 그 영향은 국가와 기업의 의사 결정자에게는 물론이요, 개인의 프라이버시를 침해할 수 있고, 사회의 전반적 신뢰도를 저하시킬 수 있기 때문이다.

컴퓨터들이 인터넷 등 각종 정보통신망으로 연결되어 있는 상황에서는 모든 조직과 개인들이 서로 밀접히 연결된다. 거대한 정보통신망에 의한 상호연결은 사람들에게 공통적 이익을 가져올 수도 있지만, 이 상호의존성은 시스템을 공격하는 침입자의 구분을 어렵게 하기 때문에 조직에 손실을 일으킬 위험이 높아질 수 있다.

오늘날 각종의 컴퓨터 시스템들은 다양한 형태로 서로 연결되어, 컴퓨터를 이용하는 한 어느 누구도 정보 침해의 문제로부터 자유로울 수 없으며 정보보호는 더 이상 국가나 기업체들만의 문제가 아니다. 사회 전반에 걸쳐 정보보호에 관한 의식이 고양되고 정보통신의 안전한 이용이 보장되는 장치가 마련되어야 한다.

건전한 지식정보사회를 구현하기 위해서는 정보화를 위한 기반을 조성하고, 정보의 활용을 확산하며, 이를 통해 정보활용을 고도화시키는 노력이 필요하다. 우선 정보화를 위한 기반조성을 위해서는 정보통신기술의 개발, 정보통신망의 확대구축 등을 촉진하여야 하고, 정보의 활용을 확산하기 위해서는 민간의 정보화를 정착시키고 충분한 수요를 창출함으로써 민간의 활력과 창의를 통해 정보통신의 보편적 서비스를 실현해 나가야 한다.

그리고 정보활용의 고도화를 위해서는 필요한 정보를 원하는 대로 생산, 유통, 이용할 수 있도록, 유·무선통신, 위성, CATV가 통합된 초고속 통신망을 가정에까지 연결하여 정보의 생산과 서비스를 강화하여야 한다.

그러나 이러한 지식정보사회 구현을 위해서는 정보의 안전한 유통을 위한 여건조성에 역점을 두어야 한다. 정보의 안전한 유통을 위해서는 우선 법·제도적인 기반이 구축되어야 하고, 문제해결을 위한 기술개발과 기술응용을 확대하여 정보화의 역기능을 최소화하여야 하며, 정보윤리나 정보보호에 대한 국민적 인식을 높여 건전한 지식정보사회를 이루어 나가야 할 것이다.

21세기를 목전에 둔 우리의 국제환경은 나날이 급변해 가고 있다. 냉전체제의 붕괴 이후 세계의 각 국가들은 자국의 안녕과 번영을 위해 기술개발에 박차를 가하고 있다. 최근의 기술개발 중 가장 두드러진 분야는 정보통신분야이며, 세계적인 정보화 욕구에 의하여 비약적으로 발전하고 있다. 정보통신의 발전은 그 획기적 파급효과로 인하여 우리사회의 정치·경제·사회·문화 전반에 큰 변화를 일으키고 있다.

그러나 정보통신기술의 발달은 그 순기능만이 아니고 역기능을 노중하고 있으며, 정보화의 순기능만을 고려하여 마련된 정책이나 법·제도 등이 이제 그 한계를 맞이하고 있는 것이다.

따라서 지식과 정보의 원활한 생산·유통·축적을 위해서는 그 안전성과 신뢰성이 보장되지 않고서는 우리가 추구하는 지식정보사회의 달성은 요원할 수밖에 없다. 우리가 21세기에 대비하여 건전한 지식기반사회를 만들기 위해서는 사이버공간의 새로운 공동체윤리 형성을 위한 정보문화정책을 개발하고 이에 대한 실천을 서두르면서 기술개발에 총력을 기울여야 할 것이다.

가상공간에서의 음란물 등 불건전정보의 차단을 위해서는 기술적·법적·제도적 대응방안이 강구되고 있다. 이 중 기술적 대응방안으로는 첫째, 유해정보의 DB구축[52] 및 차단 소프트웨어의 보급확대를 들 수 있다. 국내 ISP의 Router 혹은 proxy서버를 통하여 IP address 또는 URL별 필터링이 가능하므로 차단하고자 하는 해외 유해사이트를 등록하여 선별적 접근이 가능하게 한다. 그리고 인터넷 관리자, 학교, 기업, 공공기관의 LAN 서버에 차단 소프트웨어를 설치, 운영하도록 하며, 개인 PC에도 차단 소프트웨어를 설치하도록 보급을 확대한다. 둘째, 인터넷 정보내용등급제의 추진을 검토한다. 언어, 성과 누드, 폭력 등의 영역에 전 연령 이용가능, 만19세 이상 성인이용가능, 등급외 등 3등급으로 분류하여 시행하는 제도로 2001년 시행을 목표로 공청회 등을 통해 우리 나라의 등급기준표를 연구해 왔으나 아직 확정된 상태는 아니다. 셋째, ID실명제 실시에 따른 PC통신상의 불건전 정보 제공자 내역 DB화 및 이들에 대한 사업자간 이용제한 연계를 시행한다. 즉 각 PC통신사를 연계하여 불건전 정보 이용자에 대한 체계적이고 통합된 관리시스템 구축을 추진한다. 그리고 PC통신 신규가입시 타 PC통신사의 이용제한 중인 자에 대한 이용규제 연계를 시행한다.

법제도적 대응방안으로는 첫째, 벌칙규정을 정비한다. 형법, 전기통신

---

[52] 해당 유해사이트 목록DB는 정보통신윤리위원회에서 구축하도록 한다.

사업법, 성폭력범죄의 처벌 및 피해자보호 등에 관한 법률, 전기통신기본법, 청소년기본법 등에 산재 있는 벌칙적용 기준을 명확히 해야 할 것이며, 이러한 제 법률을 형법에 통합할 필요성이 있다. 그리고 현재의 헌법은 가상공간을 전제로 제정된 것이 아니므로 헌법에서도 이러한 가상공간의 적용가능성을 위해 헌법개정도 검토할 필요가 있다.

효과적인 대책으로는 법률적, 제도적 차원에서만 시행되는 것뿐만 아니라 거시적이고 포괄적인 사회정책에서 시도되어야 한다. 위원회차원에서의 자율적 규제정책이 필요하다. 즉 학교, 학원, 도서관, PC방 등 공공시설물 및 청소년이 출입하는 장소에 음란물차단사이트 프로그램의 설치를 의무화하는 것이 필요하다.[53] 이는 프로그램개발기술과 관련되므로 형벌적 조치보다는 행정명령이나 벌금형으로 해야 할 것이다.

검찰, 경찰, 국정원, 정보통신윤리위원회 등 관계기관과의 공조체제를 구축하여 통신을 통한 음란물 판매, 음란사이트 운영자, 통신을 통한 매매춘 알선, 반국가적 정보 등 음란정보 유통단속의 신속성과 실효성을 확보하는 것이 필요하다.

전 세계를 실시간으로 연결하고 있는 인터넷을 통한 불건전정보 유통의 폐해가 세계 각국의 공동문제로 등장함에 따라 이를 효과적으로 대응하기 위한 국제간의 협력이 더욱 필요하다. 이를 위해서 국제기구(UNESCO, OECD)를 통한 각국간의 협력에 적극 참여하고 우리 나라에 필요한 정책개발을 세우는 것이 필요하다.

---

53) 현재 정보화촉진기본법 시행령에서는 권고사항으로 규정하고 있다.

참고문헌

니콜라스 네그로폰테 (백욱인 옮김), 『디지털이다』(서울: 커뮤니케이션북스, 1999)

라도삼, 비트의 문명, 네트의 사회: 『가상공간에 대한 철학적 탐색』(서울: 커뮤니케이션북스, 1999)

마크스미스・피터콜록 편(조동기 역), 『사이버 공간과 공동체』(서울: 나남출판, 2001)

손연기 외. 『정보문화 확산 및 내실화 방안연구』, 서울: 정보통신부, 1998.

윌리암 미첼 (이희재 옮김), 『비트의 도시』(서울: 김영사, 1999).

이재현, 『인터넷과 사이버사회』(서울: 커뮤니케이션북스, 2000).

윤영민, 『전자정보공간론: 컴퓨터 네트워크의 사회학적 탐색』(서울: 전예원,1996).

정보통신부, 「정보화역기능 방지대책 및 정보보호기능 강화방안」, 1999년 7월

조성규, 「통신망을 통한 불건전정부 유통 실태와 대응방안」, 정보보호 뉴스, 99년8월(통권23호).

한국정보보호센터, 「정보화 역기능 현황, 분석 및 대응방안 연구」(서울: 한국정보보호센터1999).

홍성태 (엮음), 『사이버공간, 사이버문화』(서울: 문화과학사, 1996)

홍성태 (엮음), 『사이보그, 사이버컬쳐』(서울: 문화과학사. 1997)

Brand, Steward, *The Media Lab: Inventing the Future at MIT* (New York: Penguin Books, 1988)

Dery, Mark, *Escape Velocity: Cyberculture at the End of the Century* (New York:Grove Press, 1996)

Dery, Mark (ed.), *Flame Wars: The Discourse of Cyberculture* (Durham: Duke University Press, 1994).

FIRST. "The Forum of Incident Response and Security Teams: A Description," <http://www.first.org/about/first-description.html>.

Goodlatte, Bob, "The Internet Freedom Act of 1999 (H.R.1686): General Summary," <http://www.house.gov/goodlatte/gensum.htm>.

Harris, Blake. *"The Geopolitics of Cyberspace,"* <http://channel-zero.com/meta/articles/geopolit. html>

Jones, Steven G. (ed.), Virtual Culture: Identity & Communication in Cybersociety. London: Sage, 1997)

Mathieson, Rick., *"Info War: The Battle Against Cyber-Terror,"* E Business, December <http://www.hp.com/EBusiness/december97/cyberterror.html>.

Mitchell, William J., *City of Bits: Space, Place, and the Infobahn* (Cambridge, MA: MIT Press, 1995)

Negroponte, Nicholas, *Being Digital* (New York: Alfred A. Knop, 1995)

Rushkoff, Douglas, *Media Virus: Hidden Agendas in Popular Culture* (New York: 1998)

Slevin, James, *The Internet and Society* (Cambridge, UK: Polity Press, 2000)

Stratton, Joe, *"Cyberspace and the Globalization of Culture"*, In David Porter (ed.), *Internet Culture* (New York: Routledge, 1999)

U.S. Department of Commerce, *The Emerging Digital Economy Report*. <http://www.ecommerce.gov/viewhtml.htm> 1998. 4.

'문화의 세기' 한국의 문화정책

2003년 2월 23일 인쇄
2003년 2월 28일 발행

저 자 · 김복수, 강돈구, 이장섭, 전택수, 오만석, 박동준
편 자 · 한국정신문화연구원
발행인 · 김흥국

발행처 · 도서출판 보고사
등 록 · 1990년 12월(제6-0429)
주 소 · 서울시 성북구 보문동 7가 11번지
전 화 · 922-5120~1(편집), 922-2246(영업)
팩 스 · 922-6990
메 일 · kanapub3@chollian.net
www.bogosabooks.co.kr

ISBN 89-8433-169-4
ⓒ한국정신문화연구원

잘못된 책은 교환하여 드립니다.

정가 12,000원